江 沛—主编

中国近代交通社会史丛书 001

不充分发展

1930年代以来的
连云港港口、城市与腹地

张志国 ———— 著

社会科学文献出版社
SOCIAL SCIENCES ACADEMIC PRESS (CHINA)

本书由云南师范大学中国史学科资助出版

关于开展中国近代交通社会史研究的
若干思考（代总序）

江　沛

　　人类生活空间的大小，长期受地理空间及自然条件约束，限制着生活、生产、文化等诸种交流。此种空间与条件约束着人类获得各种生活资源的能力，影响着其视野的拓展、知识的丰富性甚至想象力的丰富程度，这也是约束人类能否相识相知、能否构建人类共同体的关键所在。而拓展空间的关键所在，一是借助交通工具"压缩"空间距离展开交流，二是借助通信手段进行信息交流。

　　古代人类生活的空间，受制于旧式交通工具的简陋及传统交通体系的落后，而无法达成真正的自在生活状态。庄子曾有《逍遥游》，称自北冥南迁的大鹏："怒而飞，其翼若垂天之云。……鹏之徙于南冥也，水击三千里，抟扶摇而上者九万里。去以六月息者也。野马也，尘埃也，生物之以息相吹也。天之苍苍，其正色邪？其远而无所至极邪？"① 其想象力不可谓不丰富，但羡慕与无奈之情溢于言表。受制于交通落后，古人要想远足，只能"适百里，宿舂粮，适千里者，三月聚粮"。② 直至清末，曾国藩从湖南赴京应试，水陆并用仍需费时三月之久。出行处处受制，极度不便，古人何来"逍遥"？难以克服地理局限的人类，只能局促一地，坐井观天。从这个意义上讲，世界古代的历史，基本是各地域单独的历史发展进程，难称人类文明融合的真正意义上的世界历史。

　　古代人类交流信息，除利用飞鸽传书外，多需借力牲畜（如驿运）、水运

---

① 　陈鼓应注译《庄子今注今译》，中华书局，1983，第 1～3 页。
② 　陈鼓应注译《庄子今注今译》，第 7 页。

或人的行走。同样受制于交通工具的落后，信息交流十分不便，唐代诗圣杜甫曾有"烽火连三月，家书抵万金"的慨叹；宋代赵蕃也有"但恐衡阳无过雁，书筒不至费人思"的感怀；宋代陆游更有"东望山阴何处是？往来一万三千里。写得家书空满纸！流清泪，书回已是明年事"的无奈。

人类自 18 世纪渐入近代社会，随着工业技术飞速发展、工业化规模生产及市场化的需求，以机械为动力的现代交通运输业应运而生。限制人类交流、沟通的地理空间，因现代交通及信息技术的发达日益缩小，人类活动的地理及文化空间大增。庄子当年浩叹的大鹏飞行距离，在现代交通体系下，普通的民航飞机、高速列车均可在以小时为单位的时间内完成，对于航天飞机而言则只是以分钟计算的事情。显然，人类借助以现代交通工具克服了农业社会地理空间的羁绊，拓展了自己的生存空间，虽然未至自由王国，但自在状态已大大提高。

人类社会在人、信息与物的交流上发生的这一重大变化，得益于英国工业革命后以铁路、公路、航运、航空为表征的现代交通体系的建立及日益成熟。它不仅使世界各国间经济连为一体，市场贸易体系真正世界化，使不同地域间各民族对于异文化的了解成为可能，极大丰富了各自的知识体系，拓宽了视野，也使人类社会在逐渐的相知相识基础上互相学习、取长补短、摆脱偏见、渐趋大同。也只有在这一基础上，我们才能谈及"地球村"、全球化的可能性。由此，我们应该对现代交通体系与人类社会发展间的重要关系有一个清晰的认识。

一 与世界比较中产生的问题意识

众所周知，英国工业革命在推动人类克服自然限制、开发资源、提高生产能力与效率的同时，也拉开了真正意义上的世界近代历史进程的大幕。工业技术的日益成熟及工业生产效率的大增，既推动了交通运输能力的成熟，更需要交通技术的支撑，现代交通体系的完善使工业化向全世界扩展，使欧美国家迈开了向现代化转型的步伐。工业造就了近代世界，工业也改变了人类历史进程。工业化与欧美国家现代化发展间的重要关系，得到了普遍认可。

当眼光转向近代中国历史进程时，在关于工业化与近代中国社会变革进程间关系的认识上，我们的思考却有了极大差异。一方面，自鸦片战争直至 1949 年，近代中国饱受西方列强包括日本的武力侵略及政治、经济上的掠夺，形成了极为强烈的民族主义情感，追求国家与民族独立成为近代中国一股强大的思潮。另一方面，在世界现代化进程中处于领先地位的西方国家，在侵略中国的过程中又不自觉地持续输入以工业生产、国际贸易、革命思想、民族及人权观念、民主共和体制为特征的现代性思潮，马克思曾言英国对中国的侵略就是在不自觉地充当着推动中国进步的工具。马克思、恩格斯还认为，资本主义经济"首次开创了世界历史，因为它使每个文明国家以及这些国家中的每一个人的需要的满足都依赖于整个世界，因为它消灭了以往自然形成的各国的孤立状态"。[①] 吊诡的是，侵略中国的西方列强同时又是现代性的倡导者和引入者，中国人既要反对西方对主权的干预，又要不断学习西方的现代化，尽管"国学"理念的提出，旨在强调中华民族特性及儒学文化的特性，但以传统儒学为核心的本土资源显然无法提供抗拒西方现代化进程的思想资源。以魏源、林则徐、薛福成、王韬、郭嵩焘、曾国藩、慈禧、张之洞、李鸿章、袁世凯、孙中山等为代表的清末民初重要人物，无论政治倾向如何，在面对世界现代化进程中国应如何抉择的重大课题时，均会在面对西方的双重性特别是现代性时陷入欲迎还拒的窘态。这种意识在日本侵略时期、冷战时期持续强化，演变成一种面对西方不自觉猜测其"阴谋论"的心态，极大影响着我们看待世界现代化进程的角度及思维。

受此影响，在世界现代化进程中处处影响巨大的现代交通体系，在中国近代史的研究中却呈现出了极不正常的研究意识及学术状态。当铁路、航运进入近代中国时，我们正确地看到了西方国家开拓中国市场时对于政治、经济利益的贪婪追求，但基本停留于此，没有进一步讨论现代交通体系在清末民初构建时的艰难，其经济功能对于中国经济转型、城市化进程甚至人们思想的开放所具有的重要价值及深层次的影响，去思考近代中国对外开放的规律性；对近代港口及航运、铁路运输如何改变近代中国经济结构、贸易走向、经济中心变革与城市格局、农村人口向城市流动甚至跨

---

① 《马克思恩格斯全集》第 3 卷，人民出版社，1960，第 68 页。

区域流动，交通运输（包括电政）推动信息传播与改变地方主义、家族意识间关系，交通及信息传播与近代中国国族认同间的重大关联性等，均缺少从世界经济体系视野展开的认真而有逻辑性的思考与研究。显然，对中国近代交通社会史的讨论，是对 60 余年来侧重展示近代中国反帝反封建运动的革命正当性及道德正义性的一个重要补充，也有助于理解被纳入世界经济体系的近代中国社会所呈现出的新旧杂陈、变与不变的历史复杂性，更有助于思考这种历史复杂性背后实际生发着的从传统向现代转型的社会发展主旋律及其深刻的社会影响。

二　技术与经济：近代中国转型的根本动力

在这一由欧美国家主导的全球现代化进程中，中国并不能自外于源自"西方"的这一发展趋势。近代中国历史的发展特征显示，中国文化与历史的内在能量强大，如美国学者柯文（Paul A. Cohen）所言，不能只从西方出发去考察近代中国的变化，要"在中国发现历史"，但近代中国至今几乎所有的制度变革、经济变革、生活变化等重大事件，都是在以现代技术、外贸为主导的经济体系变革和西方体制冲击下产生的，这是不争的事实。只有具有国际视野，才能真正理解近代中国历史与社会变革的根本动力所在。

以轮船、铁路为主导的现代交通体系，其知识系统是在 1920 ~ 1940年代传入中国的。据樊百川先生考证，中国有火力推动的轮船驶入，是在1828 年。1830 年，一艘属于英国麦尼克行（Magniac & Co.）的名为"福士"（Fobers）的轮船，抵达珠江口。至 1840 年鸦片战争失败后中国开放五口通商，英轮陆续进入中国内河航运业。1870 年 4 月，清廷准许英国大东公司（Eastern Extention, Australasia and China Telegraph Co.）开设沪港航线，但 3 月丹麦大北公司（Great Northern Telegraph Co.）开设的沪港线未经允许即已完工。1865 年，英商杜兰德在北京宣武门外造小铁路 1里许，试行小火车，是为铁路输入中国之始；此后，英人于 1875 年在上海建造联结吴淞码头与县城的淞沪铁路 15 公里，营运不久即被清廷收购并拆毁。中国真正意义上的第一条铁路，是 1881 年李鸿章主导下出现在由唐山至胥各庄煤矿的轻便铁路——唐胥铁路，该线持续延伸到天津。此后，随着开埠通商逐渐扩大与外贸需求、行政控制、国防与垦边的需要，也由于俄、日、英、德对在华利益的争夺与瓜分，缺少水运条件和拥有政治中心的华北、东北地区率先在建筑港口的同时修筑了京汉、津浦、胶济、北宁、陇海、南满、中东等诸条铁路，华东地区修筑了沪宁路，华南也有粤汉路。这些铁路线路不仅与港口连通，形成原料、农产品出口与工业品进口的重要通道和经济腹地，强化了区域间的经贸往来，也成为清末民初中国行政管理的重要通道和国防运输线，构成了今天中国铁路网络的基本格局。以铁路、港口为骨干，公路、水路、驿运互为关联而形成的这一现代交通体系，对于近代中国从自然经济向现代经济转型、区域城市成长、工矿化生产与相关产业生长、农业产业化种植等，具有前所未有的重要推动作用。以之为基础，电信业日渐发达，邮政业崛起，新闻媒体业快速成长，区域间人员流动大增，对于国防、军事甚至防疫也有重要作用。这些现代性因素，对于近代中国民族—国家意识的形成以及中华民族凝聚力、认同感的形成，也是意义非凡的。从今天看，作为一个产业和经济发展基础的现代交通体系，在近代中国社会变动中的作用是举足轻重的，正体现了工业技术体系对于现代经济与社会发展的引导性与基础性，而这些却因为学界基于传统史观过于强调社会变革中政治、人文因素的重要性而有所忽略。毕竟如马克思所言，是物质决定意识、生产力决定生产关系而非相反。

因此，中国近代交通社会史的研究，要力求在宏大的国际视野下考察近代中国经济与社会变动，立足于现代交通体系引发区域变革的切入点，希冀形成相关的系列研究成果，以弥补过去对于现代交通体系推动经济与社会变革所具有的重要价值的认识之不足，推动学界在新的视野下重新审视近代中国社会变革的若干新生产力及其新技术形式问题。

三　中国近代交通社会史研究的主要范畴

关于中国近代交通社会史的研究，首先要对其学科性的基本要素进行分析，在强调其与以技术特性为出发点的交通史研究旨趣相异的同时，特别要注重把握现代交通体系与近代中国社会变动间的关系。

第一，对近代中国交通体系基本形态进行考察。主要是对诸如铁路、港口、内河水运的规划方案、管理机制、规章及实施效果的考察，特别要考察现代交通体系整体建设过程中，历届政府是基于何种原因进行定位和规划的，其建设方案优劣及实际效果如何。深入探讨现代交通体系形成的诸种因素，特别是政治、外交、经济、民生间的诸种复杂关系，摆脱非正即反的思维，有助于既从现代化进程也从中国近代社会转型的特点上把握现代交通体系的个性及其多方面的影响。从纯技术性层面考察现代交通体系的功能与效率，是过去较少展开却不容忽视的分析视角，诸如规划线路更改、铁路轨距、车箱大小、整车运输能力、车站功能等，港口的选址、迁移及扩展，相关配套企业的设立、港口与铁路连接等问题，都是理解现代交通技术在商贸经济、军事、城市空间扩展等方面重要影响所不可缺少的，也可以由此透视现代交通体系在近代中国不断完善与发展的艰难历程。现代交通体系的管理部门、规章制度、管理阶层、线路维护、联运制度、价格制定、诸种交通方式间的衔接等，也是影响现代交通体系能否顺利发生作用的重要因素。管理的效率是经济发展的生命线，也是提升经济效率不可缺少的重要环节。

第二，对诸种交通方式间的关系进行考察。现代交通体系是在传统运输体系的基础上转型而来的，铁路、水运、港口三位一体，逐步压缩畜力、人力运输的空间，也是内河水运日益衰落的主因。然而这种趋势并非一蹴而就。在清末民国时期中国地域广大、地理条件复杂、交通体系落后的整体背景下，诸种交通方式间的竞争与互补关系，共同构成了交通体系向现代转型的有机整体、过渡性和复杂性。如各铁路线间既有连接、互补的关系，联运制度便是最好例证。在货源相对紧张时，各线路均以降低运价、减少税收为吸引力，其竞争也是十分激烈的。作为铁路运输网络的诸环节，如何在统一协调下共同发展，是清末民国时期各届政府努力的目标。在铁路与河流并行的地区，水运在与铁路的竞争中势头良好；在与铁路与河流逆向的地区，水运与铁路形成了自然互补关系。人们想象中的铁路一出，水运立衰的状况并未出现，铁路与水运的共同协调发展，是 20 世纪前半叶的主流。作为近代外贸的终极市场，港口与铁路的有机连接，是现代交通体系的主要形态。海运激增，不仅使港口不断扩大，港口城市空间扩张，工商业日益发达，也使铁路运输日益增长。但港口对于铁路线的依赖非常明显，没有铁路线扩大港口的腹地，港口衰落就是必然。烟台与青岛此消彼长的格局，就是一个生动的例子。在 20 世纪前半叶，由于技术及设备的需求较高、价格过高，汽车运输难以普及，公路运输在各地商贸运输体系中只占有 3% 左右的运输量，位列铁路、水运、人力运输之后，但在一些大城市周边的特定地区，少数公路与铁路还是形成了一定的互补关系。当现代交通体系发展起来后，人力、畜力运输由于成本过高逐步减少，甚至被取代，但在偏远乡村和山区，人力、畜力的运输仍是主力。

　　第三，对港口—铁路体系与经贸网络的重构进行研究。近代交通体系的规划及建设原因颇多，甚至国防、军事、行政管辖等因素更为突出，但交通线路完成后其服务经济的基本性质无从改变。[1] 以北京为中心的华北区域铁路建设，最终却成就了天津的华北最大贸易与工业中心地位，要因在于天津具有持续扩张吞吐量的良港。在外贸拉动下，津浦、津京、京汉、京奉（北宁）、胶济铁路与天津、青岛等港口形成了东西向的新的商贸走势及网络，东部的率先开发与工业中心的建立，是经济发展的自然选择。以上海为中心的港口—腹地关系，决定了长江流域以水运为中心的经贸运输体系，但此时华东地区的铁路系统则受经济不发达的限制而建设缓慢。这些探讨对于重新认识近代中国开发的世界因素、思考近代中国东西部差距形成的诸种原因以及现代交通体系与腹地开发的关系具有重要价值。以港口为终极市场、以铁路为主干的近代交通体系的构建，其基本功能在于获得丰富的物资及客流，因此腹地的开发是至关重要的。腹地开发既要沿袭商贸传统网络，也会因现代交通体系的运转而重新构建，以铁路枢纽为依托的中级市场是腹地开发的关键所在，腹地范围越大，表明现代交通体系参与经济和社会发展的辐射能力越强。现代交通体系运量大、运速快、运距长、安全性好的特点，不仅促进了商贸网络的延伸，更是催生现代工业的"媒婆"，诸如传统运输体系条件下难以大量开采的铁、煤矿因此而生，引入近代技术可以大量生产的工业制造中心亦赖此兴起，两者关系相互依存、相互补充，甚至一些城市完全依赖现代交通体系而生，在

---

① 江沛：《清末华北铁路初成诸因评析》，《历史教学》（高校版）2011 年第 7 期。

成为新的工业中心后地位日升并逐渐演变为新的政治中心。华北区域的传统商贸网络，多以行政中心及沿官道、河流而设的城市为结点，也有如经张家口展开的边贸固定路线。近代交通体系兴起后，因外贸需求刺激，以港口为终极市场的新商贸网络不可避免地展开，传统商路以南北向为主，此时则一变而东西向；以往以行政中心为结点的商贸网络，此时发生重构，铁路交叉点或铁路与港口的连接点成为新的商贸中级市场或终级市场，而交通枢纽的变更导致中级市场或地域经济中心的此兴彼衰，是由现代交通体系引发的商贸格局变化的必然。

　　第四，关注现代交通体系与产业转型的关系。现代交通体系本身既是一个物流、人流与信息流的运输系统，也是一个工业部门，又是一个经济领域，其成长对于传统社会难以扩张的工业、矿业的开发与增长的刺激作用是非常明显的。华北区域一些地方如焦作、唐山、阳泉、博山等，即因现代交通体系的成长催生出工矿业的发展。由于需求旺盛，不少工矿业迅速引入先进技术，大大提高了劳动生产率和产品质量。为保证工业原料的供应，一些地方如胶济沿线的美种烟草、河南许昌地区的烟草与棉花也开始了产业化种植，高阳土布业的产销形成了规模化生产，农产品商业化趋势大增，石家庄城市则是在铁路转运业的刺激下成长起来的，这一形态的变化构成了华北区域经济的近代转型进程。现代交通体系的完善方便了出行，刺激了客流量的增长。20 世纪前半叶，不少区域的旅游业增长快速，各条铁路均出版了旅行指南，一些偏远地区的自然及人文景观不断受到关注，相应的产业也有所发展。据统计，客运收入在各条铁路均占约 1/3 的份额。现代经济发展的核心是产业分工导致的生产率提高，是劳动与资本分离，使用机器大大增加了企业的固定资本，流动资本愈益增大，区域经济的互补性因交通而得以实现，现代经济制度逐步形成。[①] 这一变化，离开现代交通体系的运作难以为继。

　　第五，考察现代交通体系与社会变动的关系。以现代交通体系为纽带，商贸市场网络、工业体系、农业产业化体系渐次形成，巨量商品流通

---

　　① 〔法〕保尔·芒图：《十八世纪的产业革命》，杨人楩等译，商务印书馆，1983，第 21 ~ 22 页。

的结果，不仅是经济利益的增长，更是工农业的发展、人们生活水平的提高，特别是这种经贸网络的日益紧密，大大加快了区域经济的分工与整合进展，改变了人们大而全、小而全的经济与生活理念。由于现代交通体系推动了产业化发展、贸易运输的快速发展，市场竞争带来了产业、贸易内部及外部环境的利益分歧及重新分配，传统社会较为缺少的社会组织随之应运而生，诸如各个层次的商会、产业工会、员工协会逐步产生并发展，成为协调利益、保护工人、理顺产业内部机制的重要组织和手段，带动了新职业的兴起和就业机会的扩大，对于市场的有序运作具有重要作用。现代交通体系的兴起，大大加快了城市化进程。新式交通枢纽的建立，是近代经济中心所必需，也是市场链式扩张的需要，由此，不少地区因交通线路所经而完成了乡村到城市化的进程。哈尔滨、长春、营口、石家庄、郑州、张家口、徐州、兰州、宝鸡、武汉、镇江、上海、重庆等地的崛起，都是极好的例证。当然，如保定、开封则因失去交通枢纽而渐次衰退。此时多数城市人口数量有限，但各区域的城市格局及经济格局由此而变，影响至深且巨。对于现代交通体系与行政管理、移民、救济、疾病传播、犯罪、工人运动、军事、现代时间观念形成等的关系的探讨，是考察现代交通体系特征及功能不可缺少的。由于现代交通体系的建立，人员流动大增，信息产业增长，邮政、电话、电报、报刊业在清末民初高速增长。长期以来因国土广阔、山河相隔的区域、内地与边疆间得以连通，一体化进程使工业时代的政治、文化、风俗、理念得以广泛传播，国人的文化认同、民族认同、国家认同有了实现的前提及可能性，这是民国以来社会运动风起、社会动员得以实现的必要技术条件。"中华民族"等概念，之所以在20世纪上半叶渐次形成，除了外来侵略的强化作用外，一个很重要的条件是现代交通体系包括媒体传播手段的日益完善，在共同信息影响下的民众心态及社会思潮渐次形成，这使现代民族国家意义上的新中国成为可能。

综合而言，开辟中国近代交通社会史的研究，具有丰富中国近代史研究范围的功能，对于细化近代中国从传统向现代转型的过程十分必要，有助于以国际化和世界历史的视野去理解近代中国变动的起因及动力；从现代技术与经济变革的角度切入，中国近代交通社会史研究，也具有方法论和价值观上的启示意义。究竟如何看待近代中国社会变革的动力及走向，是一个亟待重新认识的学科基础性问题，是一个有助于深化理解中国近代历史规律及特征的重要课题，更是一个如何理解与运用历史唯物主义史观的问题。

（原载《史学月刊》2016 年第 8 期，收入本书时有所修改）

目　录

序言　关注不充分发展十分必要 / ⅰ

绪　论 / 001

第一章　开港前海州区域概况 / 019

　　第一节　海岸线及港口的变迁 / 020

　　第二节　物产以淮北盐最负盛名 / 025

　　第三节　交通运输状况 / 027

第二章　陇海路东筑与连云开港及其提升 / 031

　　第一节　陇海铁路东段走向与港口选址的确定 / 031

　　第二节　陇海铁路东展与港口修筑 / 048

　　第三节　港口基础设施提升与东陇海线改造 / 061

第三章　依港建市：筹建与发展 / 071

　　第一节　连云市筹设 / 071

　　第二节　1930～1940 年代的都市计划 / 084

第四章　港口、城市的成长与分离 / 096

　　第一节　港口周边城镇的初步发展 / 097

　　第二节　港口与城市的分离 / 109

第五章　铁路与港口运营 / 119

　　第一节　抗战前铁路、港口运营情况 / 119

　　第二节　日本对连云港的统制与经营 / 150

　　第三节　1949～1977 年的港口生产 / 174

　　第四节　改革开放以来的港口运营 / 183

第六章　腹地整合与延伸：竞争与合作格局下的连云港 / 194

　　第一节　腹地情况 / 194

　　第二节　新亚欧大陆桥及淮海经济区 / 212

　　第三节　竞争与合作：沿海港口格局中的连云港 / 219

第七章　基于时局与政策影响的考察 / 234

　　第一节　民国政局下的陇海铁路与连云港 / 234

　　第二节　计划经济体制下的连云港 / 237

　　第三节　政策影响 / 240

结　语 / 259

参考文献 / 263

后　记 / 270

图表目录

图 1 - 1　海州（连云港市）海岸线变迁／021

图 2 - 1　徐海铁路预测路线／033

图 2 - 2　一号码头工程打桩机架／055

图 2 - 3　连云港一号码头施工现场／057

图 2 - 4　施工中的连云港二号码头／058

图 2 - 5　连云港第一次入港之商船／060

图 3 - 1　连云市政筹备处办公楼／077

图 4 - 1　海州区域城镇变迁／097

图 4 - 2　1984 年连云港市行政区划／110

图 5 - 1　连云港水陆联运码头／128

图 5 - 2　1933 年陇海铁路东段及台赵支线／142

图 5 - 3　1939 年 11 月连云港略图／161

图 5 - 4　连云码头事务所组织结构／165

表 1 - 1　1920 ~ 1929 年淮北盐销售情况／027

表 1 - 2　1932 年海州公路干线情况／028

表 1 - 3　1932 年海州地区县道情况／028

表 2 - 1　1912 年陇海铁路借债情况／045

表 4 - 1　1925 年新浦较大商号资本统计／099

表 4 - 2　1984 ~ 2000 年连云港市经济、人口与港口吞吐量统计数据／115

表 5 - 1　陇海铁路营业收支情况／120

表 5 - 2　临时码头货物输出统计／122

表 5 - 3　　1934 ~ 1937 年连云港货物吞吐量统计 / 123

表 5 - 4　　1937 年上半年进出港口货物品种数量情况 / 124

表 5 - 5　　汽船出入港只数调查 / 125

表 5 - 6　　戎克船（中国式帆船）出入港只数调查 / 125

表 5 - 7　　1934 年连云港货物进出口统计 / 135

表 5 - 8　　1935 年 7 ~ 12 月连云港联运货物进出口统计 / 136

表 5 - 9　　中兴煤各地销量（1925 ~ 1927）/ 139

表 5 - 10　中兴煤矿煤焦销售统计（1920 ~ 1936）/ 144

表 5 - 11　1941 年 3 月至 1942 年 6 月连云港输出煤炭计划 / 168

表 5 - 12　连云港煤炭、铁矿石输出统计（1941 年 4 月
　　　　　　至 1942 年 9 月）/ 169

表 5 - 13　华北各港输出能力统计 / 170

表 5 - 14　连云港主要货物输出量（1939 ~ 1942）/ 171

表 5 - 15　1940 ~ 1942 年连云港输出输入货物统计 / 172

表 5 - 16　连云港国内外进出口货物分类统计（1952 ~ 1958）/ 175

表 5 - 17　连云港进口货物流向统计 / 179

表 5 - 18　连云港出口货物流向统计 / 179

表 5 - 19　1966 ~ 1976 年连云港货物吞吐量分类统计 / 181

表 5 - 20　连云港 1967 年、1971 ~ 1973 年进出口对比统计 / 182

表 5 - 21　连云港 1967 年、1971 年、1973 年国内出口煤炭
　　　　　　流向统计 / 183

表 5 - 22　1978 ~ 1991 年连云港港口吞吐量及利润统计 / 184

表 5 - 23　1992 ~ 2000 年连云港港口货物吞吐量统计 / 185

表 6 - 1　　1930 年代连云港农产品预计输出情况 / 206

表 6 - 2　　1985 ~ 1993 年日照港内外贸货运 / 228

表 6 - 3　　1990 ~ 2002 年连云港港口与邻近海港吞吐量统计 / 230

序言　关注不充分发展十分必要

云南师范大学历史与行政学院张志国副教授，在博士学位论文基础上修改并形成的此稿即将进入出版程序，依例约请导师作序。看到中国近代交通社会史领域又有新成果问世，极为快慰。

我从 2000 年以后进入中国近代交通社会史领域，至今已近 20 年，出版了《中国近代铁路史资料选辑》（104 册）、《近代中国地理志》（60 册）等基础性文献资料，与同行合作召开了 5 届全国性学术会议，带动了一批青年人进入这一研究方向，取得了一些令学界认可的成绩，但与此前的计划尚有距离。我明白，进入一个多学科交叉领域是需要勇气和时间的，需要新的理论知识的储备，在方法论上也需要重新思考，视野同样不同于以往，需要足够的定力沉潜为之，是急不得的。

中国近代交通社会史领域的研究，是在全球化的视野下，以现代交通体系的建设、发展及对经济社会深刻的影响为主题，强调技术、经济与社会各领域的互动关系，强调在全球化背景下中国与世界互为市场的不可分割性，其问题意识在于生产力是推动中国近代经济与社会发展的核心动力，是相关制度、观念变革的根本所在。

整体而言，中国近代交通社会史领域的关注点以铁路、航运为中心，进而分析其对区域经济变革、工业化程度、城市化进程及其他领域的影响力。这是一个以外贸带动腹地经济转型、工业化持续深化、财富持续增长、人口向城市迁移的进程，是一个全球化背景下市场经济运行规律的必然结果。晚清至民国时期的开放以及 1978 年后的改革开放，尽管存在被迫与主动开放的不同，但从经济规律上看，都是由东南沿海各港口通过长江和珠江水运、铁路拉动中西部腹地的发展，在此过程中逐步形成各区域的经济中心，再推动各区域工业化的发展。自东南向中西部的经济扩展，有着惊人相似的进程。显然，中国近代交通社会史领域所涉问题，是解释近代以来中国社会从传统向现代化转型进程的重要切入点。

事实表明，东部沿海主要港口作为中国参与全球经贸活动的交接点，经过多年建设后，均表现出港口通过铁路联结对于邻近区域及广大腹地的巨大拉动作用，港口城市也由此获得资金投入和扩大建设，成为区域经济中心。然而也有一些港口及城市的发展陷入尴尬局面，即因各种要素配置出现不平衡、不协调，或因腹地经济存在问题，其发展始终不温不火。从经济学上讲，经济发展的平衡是暂时的，不平衡才是常态。问题是处于不充分发展中的这一类事例中，相关要素为什么没有形成对发展的推动力或推动有限，在对比中寻根探源，目的在于解决问题甚至积累相关知识，以求在不平衡中寻找突破的契机。

十几年来，我所指导的以中国近代交通社会史为研究方向的 10 篇博士学位论文中，唯独志国这篇分析的是不充分发展一类的个案，具有很强的问题意识，也让人看到历史发展中的不平衡性和复杂性，值得推荐。

连云港 1930 年代开港，作为陇海铁路的出海口，位居中国海岸线的中间偏北，北有山东半岛，南有长江三角洲，通过铁路联结的腹地极其广阔，自东向西穿越苏北、河南、陕西、甘肃直至新疆，贯穿东部、中部和西部三大经济区，沿途物产丰富，人口众多，市场宽广，有较强的消费能力。自 1937 年抗战全面爆发至 1949 年，地处兵家必争之地的连云港，遭遇战争的持续影响，无力发展。而南北两边的上海和青岛则在诸多因素加持下快速发展为南方和北方的重要港口，货物吞吐量激增，上海腹地由长江水运和沪宁、沪杭铁路拓展，青岛则依赖胶济铁路延伸，逐渐形成了各自的商业线路和贸易惯性。由于陇海铁路战前只通至潼关，战时被中日兵力分成几段占领，起步较晚的连云港港口，难言腹地的支撑，出海的货物较少。

1949 年新中国成立后，计划经济体制下的连云港港口在国家投资下吞吐量上升，但与 40 公里外的连云港城市间，缺乏足够的互动关系。港城分离现象成为连云港城市发展的重大缺陷，港口自身也无法完成从运输枢纽到新兴产业基地和现代城市发展中心的实质性提升。此外，连云港的

中部腹地，长期处于率先发展起来的上海、青岛港的南北夹击中，1980
年代后，又遭遇邻近的山东日照港的强势冲击，处境十分尴尬。

　　90 年来，作为中部经济外向桥头堡的连云港，通过铁路、公路对沿
途省份经济发展的带动作用虽然强大，但相对于长江沿线、华北平原、胶
东半岛等地始终不温不火，处于缓慢的发展层次上。1987 年，作为国务
院公布的首批沿海开放城市，连云港发展至今，多项经济指标位居中游，
与广州、上海、宁波、天津、青岛港等差距较大，2019 年港口吞吐量排
在第 19 名，城市发展在苏北地区也处于尾部。2012 年后，国家推动新亚
欧大陆桥建设，发布了淮海经济区的建设方案，也发布了"一带一路"
倡议，连云港似乎迎来了发展新契机。由于国内外形势的影响，这些发展
战略对于连云港的发展刺激并不符合预期。

　　志国的研究在叙述连云港港口及其临港城市的发展历程中，始终没有
忘记其写作的问题意识，即导致连云港港口及城市发展不充分的要因何
在。他总结出来的要因，一是过度追求发展速度，二是港口的无序竞争，
三是固有的腹地分割及服务质量。

　　1978 年后的数据表明，连云港港口的货物吞吐量增长可观，城市的
建设也有较大提升，港城分离现象逐步缓解，其与徐州的联系更加紧密。
河南、陕西及西北各省的货物由此的出海量也在增长。中国海岸线很长，
沿海港口较多，内地经济在 1980 年代至 21 世纪初对于出口的依赖程度较
高，2008 年经济危机后逐年下降，不可能支撑所有港口都如上海、宁波、
广州、青岛、天津港那样超速发展。在此背景下，连云港的发展速度也算
正常。

　　因此，发展不充分的估计，某种程度上是一个由进步史观或现代化史
观引发的问题。基于民族主义情怀，中国近代以来对于发展速度的追求，
已近乎崇拜。没有质量的速度存在巨大浪费，是一个极其危险的认识误
区，但在现代化成长初期，速度又是一个无法忽视的评价标准。

　　自 1978 年展开的中国改革开放，除了引进外资、外来技术之外，以
对外贸易拉动经济发展也是重要举措之一。由于对外贸易直接拉动港口城
市的技术进步、工业生产及腹地的产业升级和经济增长，沿海各省市在各
自行政管辖区内纷纷建造和改造港口，以争取在对外贸易上的主动权。于

是，沿着 3.2 万公里的漫长中国海岸线，相继建有 87 个港口（2013 年统计），主要港口有海口港、防城港港、湛江港、珠海港、广州港、深圳港、汕头港、厦门港、福州港、温州港、舟山港、宁波港、上海港、南京港、镇江港、苏州港、南通港、连云港港、日照港、青岛港、烟台港、天津港、秦皇岛港、营口港、大连港 25 个。2018 年度，吞吐量进入世界前十名的中国港口有 7 个：宁波港、上海港、唐山港、广州港、苏州港、天津港、青岛港。可以想见，如此之多的港口无序上马建设并发展，必须有广大的经济腹地予以支撑。而在中东部各省市经济有限、市场有限的背景下，众多港口纷纷喊出建设国际级大港、世界级港口的口号，致使对于腹地和货物运输的争夺达到了白热化。

世界上的第一经济体美国，其东西海岸线 2.7 万公里。2017 年，美国 20 个主要港口，承担了 98% 的货物吞吐量，集装箱数量远高于中国。两相比较，发展速度较快的中国多数港口的吞吐量，并没有达到足够的投资效益。

在志国看来，基于历史上贸易路线及惯性的影响，在高速公路已成为货物运输的主要通道的背景下，特别是在上海港、青岛港南北两大港口的服务质量、税费等条件仍具巨大吸引力的情况下，连云港港想要迎头赶上是十分困难的。1982 年，山东省在靠近连云港港 100 公里处再建日照港，并于 1986 年投入运营，在区域内与连云港港形成直接竞争关系。在地方保护主义政策导引下，鲁中、鲁南地区的煤铁资源纷纷流入日照港。2018 年，日照港吞吐量位列全国第 7 位。

或许在众人眼中，连云港港的基础设施条件、经营策略存在重大问题，否则为什么别人就可以发展得更快呢？志国讨论连云港港口的发展问题，在于通过一个典型案例观照沿海港口及其临港城市发展的全局问题，如何调结构、上水平，如何进行供给侧的改革，这是一个在新时代经济发展中不容忽视的、能否科学发展的大问题。

从改革开放之初，中国经济进入了快速发展期，各地经济部门在 GDP 的排名压力下，以地方思维进行经济布局，导致重复性、短期效益性建设，甚至不分技术层次盲目建设的事情时有发生。短期见效却违背了工业化以分工追求效益的基本逻辑。2002 年以后，在中央"科学发展观"

的倡导及经济发展深化改革的需求下，领域分工、资源互补、各呈特色的发展态势日见雏形，中国工业化及市场经济进入了深层次发展阶段。

　　志国认为，不充分发展，是中国改革开放进程中经济发展不平衡性的典型反映，本来这一平衡可以通过市场经济自我调节来完成。然而，我们的经济结构是在经济与政治两种不同性质因素的纠缠中运行，成为一个难解的结。影响连云港发展的要素很多，如深水大港建设的推迟，耽误了其扩张黄金期；如多省集资建港的半途而废；如依港建设大型钢铁项目的申报失败等。但要因之一在于沿海港口的无序开放及过度竞争，港口资源严重浪费，腹地经济缺乏有力支撑，加上南有上海，北有青岛、天津港已占据有利位置，连云港的腹地过窄，发展受限。一旦发生国际贸易摩擦问题，其受到的影响更巨。类似的情况并非只有连云港，营口、锦州、葫芦岛、唐山、威海、龙口等港口均如此。

　　志国这部著作对于连云港港不充分发展历程及根源的研究，正是在上述思考背景下呈现出了重要的学术及现实意义，问题意识清晰，或许对政策制定者也具有一些启发作用。

　　志国为人，颇重情义，坦诚率真。对于论文，肯下功夫，循序渐进，终有所成。庚子疫情渐息，得承邀请，至为感叹。

　　拉杂数句，是以为序。

江　沛

庚子年白露于南开大学津南校区

绪　论

一　选题缘起

以铁路、轮船为标志的新式交通运输业，是一国现代工业大规模发展的先驱和基础。从历史上看，铁路、轮船的发明和使用直接推动了现代煤矿、钢铁和机械等资本主义最主要工业部门的发展，促进了市场扩大、贸易增加、人口聚集和新兴城市的兴起。[①] 铁路和港口在现代经济社会中的重要作用毋庸置疑。

近代中国新兴城市的崛起，大多以铁路沿线和沿江沿海优越的交通环境为必要条件。上海、青岛、汉口等通商口岸皆为极好的例证。上海在开埠初期，县城周围约 5 英里，人口约 12 万人，仅是一个不大的县城，但其交通条件相当便利，紧邻苏州河、黄浦江，面朝东海，经由水路可以与中国 1/3 的区域联系起来。[②] 1908 年沪宁铁路通车，1909 年沪杭甬铁路的沪杭段通车，1929 年连接全国各大口岸的航空线开通，上海成为国内举足轻重的交通枢纽。发达而密集的交通网络与上海在近现代中国经济版图中的地位紧密相连。

青岛原本只是黄海边的一个小渔村，因德国人修筑胶济铁路而成为该条铁路的出海口。伴随着胶济铁路和津浦铁路的相继通车，近代华北铁路交通网的成形，青岛迅速取代烟台成为新的区域性贸易中心。在青岛港和胶济铁路的作用下，青岛完成了由小渔村到现代化城市的嬗变，并由此带

---

① 复旦大学历史地理研究中心主编《港口—腹地和中国现代化进程》，齐鲁书社，2005，第 39 页。

② 姚贤镐编《中国近代对外贸易史资料》第 1 册，中华书局，1962，第 559 页。

动了山东省乃至近代华北地区交通和经济格局的变动。[1] 汉口地处九省通衢，毗邻长江、汉江，水运发达，开埠之前就是以港口贸易为主的商业城市。京汉铁路通车后，汉口成为该铁路与长江的连接点。粤汉铁路建成通车后，汉口与广州的联系更为紧密，汉口成为区域性交通枢纽，当时西方人甚至将汉口与美国洛杉矶相比拟。[2]

因铁路过境或交会而崛起的类似近代城市还有郑州和石家庄。郑州此前只是一个一般的小城市，但京汉铁路和陇海铁路相继修通至郑州以后，郑州在河南省内经济政治地位迅速上升，最终取代开封成为区域经济中心、河南省省会。直到清光绪三十一年（1905），石家庄只是隶属于直隶省获鹿县的一个"街道六，庙宇六，井泉四"，仅有村民三四十户的小村庄，其有关资料仅在《获鹿县志》中有极简单的记载。是年京汉铁路全线竣工，两年之后的 1907 年，正太路通车，与京汉铁路交会于石家庄。石家庄一跃成为华北的交通枢纽，其城市化进程迅速推进，至抗战前已有 6 万余人。[3] 铁路交通对石家庄城市的兴起和发展至关重要。

新式交通体系对近代以来上海、青岛、汉口以及郑州、石家庄等城市的崛起具有明显的推动作用。从目前交通社会史的研究情况来看，在铁路沿线区域尤其是枢纽或终端所在地的城市，现代交通体系构筑后，会促进区域商品经济的发展，奠定工业化的初步基础，带动产业结构的调整，甚至发生区域中心城市的变迁。值得关注的是，也有一些交通枢纽之地，其发展却并未如人所料，甚至出乎意料，这一类型都市与交通的关系特别值得探讨。

连云港是陇海铁路的出海口，也是新亚欧大陆桥的东桥头堡。港口位于黄海之滨，水文条件优越。连云港背后腹地广阔，是陇海铁路沿线江苏、山东、安徽、河南、陕西、甘肃等省最短路径的出海口。早在陇海铁

① 江沛、徐倩倩：《港口、铁路与近代青岛城市变动：1898~1937》，《安徽史学》2010 年第 1 期。

② 〔日〕水野幸吉：《汉口——中央支那事情》，湖北嘤求学社译，1908，第 541 页。

③ 江沛、熊亚平：《铁路与石家庄城市的崛起：1905~1937 年》，《近代史研究》2005 年第 3 期。

路展筑至海州之前，该地即被寄予厚望，孙中山曾设想在海州设立二等港，作为连接东方大港和北方大港的重要中继。[①] 在陇海铁路东展至海，终端海港修筑前后，无论是官方的江苏省政府，还是学界或民间人士，均对连云港寄望至深。在当时的时代背景下，国人希望在连云港的背后建成一座由中国人自己规划、建设的现代大城市，并将其与带有外国势力背景的天津、青岛和上海一较高下。连云港和连云市的规划承载了相当大的期望。[②] 港口建成以后，其货运业务在短时间内飞速增长，呈现一时繁荣之景象。为配合连云港而特设的连云市，各项事业也取得积极的进展，假以时日，必将取得巨大成绩。不幸的是，随着抗日战争的全面爆发，国民政府为避免港口为敌所用，拆走设备，炸毁码头。连云港及连云市的发展因此而中止，这对处于起步阶段的港口及城市而言，打击不可谓不大。

日占时期，连云港成为日本掠夺华北资源的重要转运基地。日本为加大煤炭等战略资源输出，曾紧急修复部分码头设施，并由华北交通株式会社统一经营铁路和港口，"路港一体化"的管理体制初步形成。在整个日占时期，连云港始终作为向日本转运战略资源的输出地而备受日本重视。其间，对日输出的大宗物资为煤炭、铁矿石、磷矿石、盐，且枣庄中兴煤矿所产优质原煤占据了整个港口进出口总量的绝对比例，与之形成鲜明对比的则是进口物资的乏善可陈。日占期间，港口作为纯粹资源输出地的特征非常明显，因此，一般港口对周边地区经济社会发展的显著促进作用在连云港根本无法体现。日本基于长期占领的目的，曾组织力量对连云港港口的发展及城市的规划进行仔细调查，并制定发展计划，但在战争的背景下，根本无法实施。日本投降后，国民政府接收的连云港很快因内战爆发，苏北成为国共两军对垒的前沿，其作用无法发挥。

1949年以后，经过修复，连云港吞吐量于1950年代中期达到抗战爆

---

① 广东省社会科学院历史研究所等编《孙中山全集》第6卷，中华书局，1985，第326、327页。

② 陈果夫就任江苏省政府主席期间，适值连云港修筑。陈积极筹划设立连云市，划定市区范围，设立市政筹备处，延聘赖琏为市政筹备处主任，形成了初步的市政规划方案，并初步实施。

发前水平。在整个计划经济时代，连云港一改过去陇海铁路局实施的路港一体化管理体制，长期由交通部管理。① 连云港承担的主要任务是中东部地区工业制成品的输入和基础原料的输出以及与东欧等地区社会主义国家的贸易，其基本定位和港口战略只是海陆转运的连接点。在这种管理体制下，港口的经营、管理、发展规划等权力均属交通部，同时，作为连云港与腹地连接的主要通道——陇海铁路，也实行了与以前大不一样的分区管理体制，连云港市区域内的铁路管理权长期处于铁道部济南铁路局或徐州分局管控之下。铁路与港口分别由铁道部和交通部管理，其使用和发展完全被纳入整个国家的发展计划。地方政府对港口和铁路的影响很小，其城市发展规划往往只能被动地适应由中央制定的港口和铁路发展计划，始终不能较好地衔接。城市不能为港口提供较好的基础设施，港口对城市发展的拉动作用同样无法实现，城市与港口的良性互动在这一时期较少。

改革开放以后，连云港一度承载了极大的期望。1984 年连云港市被列入首批 14 个沿海开放城市，其优越的地理位置和广阔的腹地是相当重要的促成因素。此后，随着国家和地方政府对港口建设的支持，连云港港口的发展取得了长足的进步，目前其年吞吐量超过亿吨，在国内港口中占有重要地位。然而值得深思的是，从 1980 年代起，作为第一批被列入沿海开放城市的连云港市，在港口吞吐量高居全国前列的同时，其区域经济的发展却不尽如人意。连云港市的经济发展水平虽较以前有较大提高，但与其他 13 个同批沿海港口城市相比较，其主要经济指标始终处于较低水平，差距甚至越来越大。在江苏省内，非但较苏南等发达地区相去甚远，就是在经济欠发达的苏北地区②，也仅达到平均水平。③ 港口地位与区域经济的黯然失色形成了巨大的反差。拥有如此优越的地理位置、如此广阔的腹地，港口的地位如此重要，连云港何以如此？

连云港港口和城市间的这种状况，促使人们深思：是什么造成了这种

---

① 其间仅有 1950 年代末至 1960 年代初连云港曾下放江苏省管理，但很快又收归交通部直接管理或由交通部上海港务局代管。直至 2003 年才再次下放连云港市。

② 一般意义上，当代的苏北地区包括徐州、盐城、淮安、连云港、宿迁五个省辖市。

③ 主要经济指标见《江苏统计年鉴》（1990～2000），中国统计出版社，1991～2001。

严重脱节？换言之，一个地位如此重要的港口，依托长达数千公里陇海铁路的广阔腹地，为什么没有像其他条件类似的城市一样迅速成为一个区域经济的中心？一条铁路的终端海港所在地，必然会成为区域经济的中心吗？铁路和港口这类现代化的交通体系的建立，会带来一定的社会变动，但其影响力到底有多大？这些问题，正是本书所要探究的。

连云港港口和城市相互间发展的反差，从学术研究的角度来看，对以往交通社会史研究的拓展意义重大。考察这个特点极其鲜明的个案，剖析港口与城市、腹地间的互动关系，铁路、港口周边区域社会生活的变化，社会结构的变动，并为区域社会发展研究和交通社会史研究培育新的学术增长点，具有当然的学术意义。此外，从港口、铁路与城市结合的视角，审慎地分析连云港以及苏北地区现代化过程中的特点和规律，也可为现代化研究的发展提供启示。

二　概念界定

（一）连云港、连云市、连云港市

连云港，其名称源自陇海铁路当局在修筑临时海港时，因港口面临东西连岛、背靠云台山而命名。连云市，1934 年南京国民政府因配合连云港建设而筹设的普通市，抗战胜利后正式设立市政府。其市域为东临大海，烧香河以北至临洪河以南，新浦以东。连云港市，江苏省省辖市，现辖海州区、连云区、赣榆区、灌云县、灌南县和东海县。[①] 连云港在民国时期系港口名称，而在当代，指代港口时使用"连云港港"的名称，用连云港市作为地域和行政区划的指代。在界定相关地名的时候，连云港地区地名的混乱令人颇感无奈：连云港港口位于连云区，连云港市行政中心则在远离港口的海州区；连云港站原本是港口边的铁路终点站，现在该站名为连云港东站，原来的新浦站则更名为连云港站。本书中，因其地名称迭变，地域名称依据不同时期官方颁布标准而变动（有时会有各种名称交替出现，但一般不会引起歧义。应考虑名称有变化但不影响理解）。

---

① 1996 年 8 月，灌南县从淮阴市划入连云港市。

（二）新亚欧大陆桥

东起连云港，西至荷兰鹿特丹，全长 10900 公里，途经中国、中亚各国、俄罗斯、波兰、德国、荷兰等国家。1990 年 9 月 12 日，中国北疆线阿拉山口站与苏联土西铁路友谊站（现哈萨克斯坦土西铁路友谊站）接轨，新亚欧大陆桥全线接通。新亚欧大陆桥在中国境内长 4131 公里，由陇海、兰新铁路组成。陇海铁路，原名陇秦豫海铁路，由汴（开封）洛（洛阳）铁路分别往东、西两端拓展而来，东起江苏连云港（海州），西至甘肃兰州，途经江苏、安徽、河南、陕西、甘肃等省，沿线有徐州、开封、郑州、洛阳、西安、宝鸡、兰州等较大城市，全长 1700 余公里，是近代以来中国东西交通的大动脉。兰新铁路建造于 1952 年，与陇海铁路相接于甘肃兰州。1962 年，自兰州至新疆乌鲁木齐全长 1903 公里的兰新铁路干线全线建成。1985 年 5 月，自兰新铁路乌西站引出至中哈边境口岸阿拉山口站的北疆铁路动工修建，1990 年全线通车。

（三）苏北地区

现代一般指江苏北部的徐州、连云港、宿迁、淮安、盐城等地，本书所引用的苏北地区概念，其地域则指清末的徐海道所辖各县，即铜山、萧县、砀山、丰县、沛县、邳县、宿迁、睢宁、东海、灌云、赣榆、沭阳。笔者将根据具体情况而略做调整。[1]

（四）腹地

按照地理学的解释，腹地是指位于港口城市背后，提供出口物资和销售进口商品的内陆地区。腹地面积的广度及其经济潜力的大小，通常受港口背后内陆地区的地形、气候、河流、自然资源等自然条件以及人口、经济因素的影响。一国沿海地区往往建有相距较近的多个港口，其腹地范围存在彼此重叠和相互交错的现象。绝大多数国家港口的腹地范围只限于本国领土内，但少数大型国际性港口的腹地范围超出了本国疆域，扩及邻近国家，如鹿特丹港和新加坡港。[2] 复旦大学历史地理研究中心主编的《港

---

[1]   萧县、砀山二县在 1950 年代初被划入安徽省；1949 年设置新安县，1952 年更名为新沂县，1990 年撤县建新沂市，现属徐州市管辖。

[2]   中国大百科全书出版社编辑部主编《中国大百科全书（简明版）》第 3 册，中国大百科全书出版社，1998，第 1452 页。

口—腹地和中国现代化进程》一书则主张，某一港口或其部分腹地有陆地相连、直接销售港口进口物资和直接提供出口物资的区域，为该港口的腹地。[1] 从运营情况来看，连云港港口的腹地为陇海、兰新铁路沿线及附近地区，主要有苏北、鲁南、皖北、河南、陕西、山西、四川、甘肃、青海、新疆等地区。

（五）研究时段界定

本研究拟以 1930 年代连云港开港为起点。当然在涉及近代海州开埠方面时，因海州开埠一事费时较长，而且与陇海铁路选址开港事务多有关联，研究上限会适当延伸至 20 世纪初。研究下限截至 2000 年前后，目的在于考察并理清其在较长时期内的发展脉络。

三　学术史回顾

自 1912 年中国政府决定延长汴洛路到 1920～1930 年代陇海铁路修筑至海州及连云港的选址、建成起，连云港的功能及其可能对中原腹地、鲁南、苏北、皖北、豫东至西北诸省经济的拉动作用就被不断论及。

1913 年发表在《地学杂志》上的一篇文章《海兰路选择海口之争点》，[2] 对海州沿海之地的战略地位极为重视。文章认为，海兰路（陇海铁路）在江苏海岸的出海口选择，海州的临洪口和灌云的灌河口可供勘测备选。将铁路终点选址于海州并建设出海口，则北可掣青岛之扩张，南可复上海已失之利权，"完全握有黄海中心健固之海权"。万不可局促偏隅，迁就从事，忘记当初德国军舰企图勘测海州的往事，忽视当时德国力图从胶州往南扩张进而图谋海州的历史，而匆忙决定将铁路修筑至海门大港及通州北天生港或清江浦。[3]

民初"江北名流"张謇和沈云霈在陇海铁路选址问题上颇有分歧。

---

[1] 《港口—腹地和中国现代化进程》，第 11 页。

[2] 《海兰路选择海口之争点》，《地学杂志》第 4 卷第 4 期，1913 年。

[3] 海门县，位于长江口北侧，现为海门市，属江苏南通市管辖。通州，初为江海域中的沙洲，清雍正二年（1724）开通州直隶州，民初改称南通县，1949 年将原县域改设南通市。今江苏省辖南通市下设通州区。清江浦，位于今江苏省淮安市，为北宋以来历代王朝南北漕运的枢纽，清漕运总督部院驻地。

张謇主张铁路经清江浦南下，陆通苏北，港设崇明，而沈云沛则主张在海州筑港，争论的具体情况将在下文详述，此处从略。孙中山在其 1919 年 2 月完成的《实业计划》中对海州在中国沿海的重要战略地位亦有明确认识。他认为，在中国东部沿海可供规划的东方大港和北方大港两大世界港之间，中部平原东陲的海州恰好位于其中点，加上横贯东西的铁路干线海兰铁路（即陇海铁路）终点定址于此，海州可以规划为二等港，即全国性枢纽港口。加上海州内地水运交通便利，如再将大运河改良疏通，则可以"北通黄河流域，南通西江流域，中通扬子江流域"。①

　　关于设立连云市以及扩大连云港的代表性意见主要有：杨哲明就连云市建设的市区范围、市政筹备处的组织和职能、市区测量、市区规划、道路交通规划和土地整理等六个方面提出了自己的见解，认为连云市的建设应"务以'远大'"为原则，建设目标是"远东工商业之枢纽"。② 赵兴让也肯定了连云港在国防军事上的重要价值，同时认为，在东北沦亡之后，开发西北和繁荣中原刻不容缓，连云港与这两件大事密不可分，是"调剂港"，彼此"相依为命"；与此同时，连云市的建设也应加紧，其中市政建设中基本的环境卫生事业必不可少，并对建筑物、自来水、排污管道、菜场（屠宰场）以及街道清洁和绿化等方面提出建议。③ 仇需生则提出了极有见地的建议，认为连云市区的范围其西界不应该划在新浦以东，应将新浦从东海县④纳入连云市区域，以便统筹规划，并促进连云市的建设和港口的繁荣。⑤ 这一建议即使是从今天来看仍然极有价值，自 1980 年代起重又提起的行政中心搬迁到连云区即港口区附近的墟沟一带的建议，事实上与仇氏之主张一脉相承。此外，《连云市及市政筹备处》一文对市政筹备处的情况做了介绍，并分析指出连云设市存在的四种困难：一是经费短缺，市政筹备处没有财政收入，每年全部经费仅有 8300 元，即使全部用来修筑道路，也仅能修筑 6 米宽的砂石路面不足 10 公里，遑论

---

① 《孙中山全集》第 6 卷，第 326、327 页。
② 杨哲明：《连云市的建设计划》，《东方杂志》第 32 卷第 7 期，1935 年 4 月 1 日。
③ 赵兴让：《自连云港谈到连云市》，《江苏月报》第 4 卷第 3 期，1935 年 9 月 1 日。
④ 此时的东海县地域范围相当于今连云港市海州区及今东海县。
⑤ 仇需生：《连云市区域问题之商榷》，《江苏月报》第 4 卷第 4 期，1935 年 9 月 1 日。

其他事业。二是当地旧势力的掣肘，主要有豪绅大地主、投机土地的银行界及高级公务员、原有当地机关等三种势力，均可对市政开展造成不利影响。三是自然环境的限制，码头所在的老窑，紧邻后云台山，平地很少，用于码头建设的空间极其狭窄，限制了港口的发展。四是当地百姓的贫愚。文章认为，在推进城市发展的过程中，市政筹备处应对农民、盐民和渔民等贫弱群体的权益予以关注，不可将其抛弃于现代化之外。作者认为，连云建港设市，完全由中国人自己主导，也是对国人建设能力的考验。[①] 蒋君章则建议扩大连云港的建设规模，认为连云港既是作为腹地广阔的陇海铁路的出海口，其港口建设自然应当符合其腹地经济规模。当时在老窑所建港口港池规模过小，而且水深不足，应将鹰游门之港池填土作为陆地，以连岛为依托从连岛东西两侧往外海分别修筑防波堤并围成一片港池。这个计划在老窑港口规划之初，也曾是考虑的方案之一，但因耗资巨大而无法实施。不过蒋氏认为港口建设不应由陇海路局独立承担，江苏省政府也应当积极参与进来。[②]

　　1984 年，连云港被列入沿海港口开放城市，人们对连云港再次寄予厚望。然而经过大约 20 年的发展之后，连云港港口与城市发展脱节，城市社会经济发展水平即使在苏北这个欠发达的广大区域内仅处于中游，更不要说成为当初所设想的一个可以与上海、天津比肩的国际大都市和重要的经济中心。这种现象再次引发了学术界的思考，也出现了一批基于不同视角和学科的研究论著。

（一）相关的区域研究

　　连云港港口与城市的发展吸引了众多目光，当地史志从港口筹筑运营、工矿业及交通的近代发展等方面，对连云港港口及城市状况做了较为完整的梳理。学术界的研究则多从区域发展的视角出发，集中关注港口的战略设计及其对产业、贸易和区域经济的作用。

　　徐德济主编的《连云港港史（古、近代部分）》[③] 和《连云港港史

①　佚名：《连云市及市政筹备处》，《淮海》第 5 期，1935 年 10 月 1 日。
②　蒋君章：《扩大连云港之建议》，《江苏研究》第 1 卷第 1 期，1935 年 5 月 1 日。
③　徐德济主编《连云港港史（古、近代部分）》，人民交通出版社，1987。

（现代部分）》① 是 1980 年代出版的水运史系列丛书之一，两书以翔实的资料对连云港港口发展的历史，尤其是近代和现代部分做了全面的记述，对近代以来港口的选址、营造过程、经营情况的论述尤为详尽。连云港港务局史志编审委员会编的《连云港港志》② 则是《连云港港史》的续篇，其内容及体例特征与《连云港港史》基本相似。《连云港口岸志》则从口岸环境、设施设备、运输储转、管理、服务等方面对连云港口岸的发展历程进行了记述。③ 上述史志资料皆因主题所限，对港口与城市的互动关系方面着墨甚少，但其附有大量的统计数据和报表，对本研究而言，资料意义颇为重大。

倪爱传主编的《锦屏磷矿志》，对近代以来即久负盛名的锦屏磷矿的发展历程、勘察建设、生产经营、管理等方面进行了比较详备的整理，但由于民国时期相关资料的散佚，该书关于磷矿生产、运销等具体业务的记述基本集中于 1949 年以后。④ 余明侠的《徐州煤矿史》详尽论述了徐州煤矿的发展历程。⑤ 姜新的《苏北近代工业史》对苏北近代工业的发展做了全景式的研究。该著作以苏北应用机器生产的近代工业为研究的主要内容，详细记述了苏北工业发展的艰难历程，概括勾画了近代苏北徐州、连云港、淮安三分天下的工业结构，广泛考察了苏北工业与区域环境、政府政策、外来势力之间的关系，探讨了诸如洋务运动、晚清新政、民国政策、日本侵略对苏北工业的促进与制约，也探讨了资源、交通、教育、城市与工业之间相辅相成的关系。⑥

《连云港市交通史》则梳理了连云港地区古代至现代交通事业发展的史实。连云港地区自古即为淮北盐业中心，因盐业发展而兴起的盐业运输成为陇海铁路和连云港港口修筑之前该地区对外交通的主要特征，但并未形成海运的中心和海州古港的地位，直到陇海铁路通车特别是海港的建设

① 徐德济主编《连云港港史（现代部分）》，人民交通出版社，1989。
② 连云港港务局史志编审委员会编《连云港港志》，人民交通出版社，1993。
③ 《连云港口岸志》编纂委员会编《连云港口岸志》，人民交通出版社，1992。
④ 倪爱传主编《锦屏磷矿志》，中国矿业大学出版社，1999。
⑤ 余明侠：《徐州煤矿史》，江苏古籍出版社，1991。
⑥ 姜新：《苏北近代工业史》，中国矿业大学出版社，2001。

才使当地交通有进一步的发展。①

　　曲永岗的博士学位论文《港口发展战略及其在连云港港口发展中的应用》认为，中国港口目前存在四类问题：港口发展缺乏有效的战略，港口基础设施薄弱和运营管理信息化滞后，港口经营管理体制的民营化程度不高，港口的布局、业务物流化和港城一体化仍有较大差距。解决上述问题的核心在于制定合适的港口发展战略。文章对连云港港口发展的战略环境进行了详细的分析，将港口发展战略研究的理论构架具体应用于连云港港口发展战略研究之中，提出了连云港港口发展战略目标，并从组织战略、人才开发战略、投资理财战略、形象塑造战略四个方面提出了连云港港口发展的具体职能战略。②

　　朱榕榕的《连云港港口与其腹地对外贸易发展研究》一文，利用连云港海关口岸数据，结合各个省市进出口情况，对连云港港口与腹地外贸发展进行了定量定性分析，并借鉴国内外知名港口的经验，提出了提升连云港港口服务腹地功能的对策建议。③

　　朱勤虎的博士学位论文《沿东陇海线产业带发展研究》选择沿东陇海线产业带作为研究课题，以产业带的点—轴系统理论模型、双核结构理论模式、日本临海工业带形成理论为依据，在开展沿东陇海线区域经济社会发展现状分析基础上，进行了沿东陇海线产业带形成的分析；按产业带构成的点、线、面空间三个要素，探讨了适合沿东陇海线产业带的发展模式。④

　　章银杰的硕士学位论文《近代徐连经济区形成和发展研究：以路、港的筹筑为中心的考察》以传统历史学研究方法，从徐连经济区形成和发展的角度，着力探讨了陇海铁路和连云港港口的建设过程，并考察了港口、铁路对徐连经济区形成的影响，以及徐连经济区的弱势地位。文章认

---

①　连云港市交通局交通史编写办公室编《连云港市交通史》，南京大学出版社，1989。

②　曲永岗：《港口发展战略及其在连云港港口发展中的应用》，博士学位论文，河海大学，2003。

③　朱榕榕：《连云港港口与其腹地对外贸易发展研究》，硕士学位论文，南京理工大学，2007。

④　朱勤虎：《沿东陇海线产业带发展研究》，博士学位论文，南京农业大学，2006。

为，修建通海铁路，加强与长三角地区的联系，是徐连经济区腾飞的重要条件。[①]

研究实践表明，试图单纯从某个方面去解析问题，难免有失偏颇。关于连云港港口与城市的研究，应当尽可能多角度地予以探讨和分析。本研究的选题涉及的学科、理论，除历史学外，还有交通经济学、港口经济学、交通社会学、城市学、现代化理论、经济圈理论、"港口—腹地"理论等。

谷中原的《交通社会学》[②]，王庆云主编的《交通运输发展理论与实践》[③]，张文尝、金凤君、樊杰主编的《交通经济带》[④]，宋炳良的《港口城市发展的动态研究》[⑤]，宋炳良、德兰根编著的《港口经济、政策与管理》[⑥]，竹内良夫的《港口的开发及其评价方法》[⑦]，张丽君、王玉芬的《改革开放三十年中国港口经济发展》[⑧] 等著作，阐释了交通方式与社会变动、港口与城市经济、港口评价与规划方面的基本原理，其中已有部分港口的实证研究，虽未直接涉及连云港港口与城市，但可以为本研究提供理论和方法基础。

（二）交通与区域社会变动

近年来，南开大学中国社会史研究中心江沛教授等致力于交通社会史，尤其是铁路史的研究，取得了丰硕的成果。他们以华北区域为视域，在铁路与城市化、铁路与商贸结构的重构、铁路与社会现代化等方面进行了深入研究。江沛、徐倩倩在《港口、铁路与近代青岛城市变动：1898～1937》一文中指出，青岛市在 1898 年至 1937 年的变动与港路休戚相关，港路运输体系的构建，极大地改善了当地的交通运输条件，使青岛成为陆上交通枢纽并跃居山东省沿海第一大港。在青岛港和胶济铁路的作

① 章银杰：《近代徐连经济区形成和发展研究：以路、港的筹筑为中心的考察》，硕士学位论文，苏州大学，2007。
② 谷中原：《交通社会学》，民族出版社，2002。
③ 王庆云主编《交通运输发展理论与实践》，中国科学技术出版社，2006。
④ 张文尝、金凤君、樊杰主编《交通经济带》，科学出版社，2002。
⑤ 宋炳良：《港口城市发展的动态研究》，大连海事大学出版社，2003。
⑥ 宋炳良、〔荷〕德兰根编著《港口经济、政策与管理》，格致出版社，2009。
⑦ 〔日〕竹内良夫：《港口的开发及其评价方法》，王益萍译，人民交通出版社，1989。
⑧ 张丽君、王玉芬：《改革开放三十年中国港口经济发展》，中国经济出版社，2008。

用下，青岛完成了由小渔村到现代化城市的嬗变，并由此带动了山东省乃至近代华北地区交通和经济格局的变动。[1] 青岛距离连云港较近，两港贸易联系一向密切，因此，关于青岛港口与城市的研究对本研究有较大的启发意义。

秦熠的博士学位论文《津浦铁路与沿线社会变迁（1908～1937）》，考察了津浦铁路这一连接华东和华北两大区域的铁路干线对沿线区域社会变迁的重大推动作用。在以大运河、沿海海运和驿路运输为核心的东部传统交通网络逐渐式微的境况下，津浦铁路的修通，沟通了南北两大区域，与原有交通和市场体系结合，将华北经济中心天津和全国经济中心上海与冀、鲁、苏、皖广大腹地联结起来，重构了华北与华东的市场体系，并将传统的农村市场与现代工业经济联系在一起。津浦铁路还促进了沿线社会生产生活方式的变化，以及沿线区域的文化交流。[2] 郭海成的博士学位论文《陇海铁路与关中城市化进程研究：1905～1945》认为，陇海铁路入陕，客观上打破了陕西长期与东部地区的自然阻隔，关中地区因而建立起以铁路为中心的现代交通体系，其传统商贸体系亦因之而变，关中地区的城镇格局随着铁路的贯通而彻底改变。[3] 刘晖的博士学位论文《铁路与近代郑州城市化进程研究（1905～1937）》以铁路为切入点，详细论述了铁路与郑州城市化进程的关系，认为郑州作为典型的交通功能型新兴商业城市，铁路在各种交通方式与城市化进程的综合作用中处于中心地位。[4]

（三）港口与腹地关系

吴松弟、戴鞍钢等学者从历史经济地理的视角，研究生产力的空间分布及其形成原因，力图对中国历史的发展从时间和空间的不同维度予以解释，并逐渐形成了"港口—腹地"的概念。[5] 吴松弟主编的《中国经济百

① 江沛、徐倩倩：《港口、铁路与近代青岛城市变动：1898～1937》，《安徽史学》2010年第1期。
② 秦熠：《津浦铁路与沿线社会变迁（1908～1937）》，博士学位论文，南开大学，2008。
③ 郭海成：《陇海铁路与关中城市化进程研究：1905～1945》，博士学位论文，南开大学，2009。
④ 刘晖：《铁路与近代郑州城市化进程研究（1905～1937）》，博士学位论文，南开大学，2010。
⑤ 樊如森：《港口—腹地与中国现代化进程学术研究综述》，《史学月刊》2004年第12期。

年拼图：港口城市及其腹地与中国现代化》一书，在分析上海港口与长三角地区现代化过程中的互动关系时，提及了连云港。作者认为，连云港没有出现人们期待的起飞，白白拥有了一片极其广阔的腹地。除了腹地许多货物被分流到其他港口外，连云港市及其所在的苏北、鲁南地区商品经济不发达，不能提供太多的出口物资，也无法消费太多的进口物资应是最主要的原因。[①] 不过，作者并未深入分析和探讨。

基于"港口—腹地"视角研究国内港口的历史地理类论著还有《港口—腹地和中国现代化进程》，论文主要有王列辉《区位优势与自我增强——上海、宁波两港空间关系演变的多维分析（1843～1941）》[②]、陈为忠《近代山东港口与腹地研究》[③]、唐巧天《上海外贸埠际转运研究（1864～1930 年）》[④] 等。

以上相关的研究，要么是从工业发展的角度对连云港市近代工业的情况加以研究，要么是将目光集中于港口本身的发展，或者是从产业经济学的角度分析产业带内的连云港市产业经济，甚至是将连云港市作为研究其他港口城市的参照系。从历史学的视角和较长的时段内，对连云港港口与城市变动的关系、港口与腹地以及港口城市与外部商圈的关系做系统研究的论著并不多见。

四　重点与难点

通过对学术史的梳理以及相关理论研究的分析，本研究的研究重点在于以下四个方面。

（1）以交通社会史的研究方法，通过对港口与城市变动的历史考察，分析连云港现代化进程发展缓慢的原因，并力图探索出自然条件相对优越的港口城市发展缓慢的一般规律。探讨一个在现代化背景下拥有优良条件

① 吴松弟主编《中国经济百年拼图：港口城市及其腹地与中国现代化》，山东画报出版社，2006，第 20～21 页。
② 王列辉：《区位优势与自我增强——上海、宁波两港空间关系演变的多维分析（1843～1941）》，博士学位论文，复旦大学，2007。
③ 陈为忠：《近代山东港口与腹地研究》，硕士学位论文，复旦大学，2003。
④ 唐巧天：《上海外贸埠际转运研究（1864～1930 年）》，博士学位论文，复旦大学，2006。

却难以发展起来的个案。

（2）多角度和较长时段的研究是目前连云港研究中相对缺乏的，这也是本研究的主要创新点之一。探讨连云港现代化进程缓慢的原因，无疑是一个非常艰巨的任务，前述各研究分别基于不同的角度进行仔细探究，但历史现象的复杂性决定了其研究必须从多个角度和较大的时空范围内展开，唯其如此，方能尽可能地接近或还原历史的本真。

（3）将政策以及发展战略对于城市变动影响的研究引入本研究，这是以往连云港研究中所不多见的。研究将着力考察各级政府关于连云港港口和城市的政策和发展战略的情况，尤其是这些政策和发展战略在多大程度上影响了港口和城市的发展，并力求归纳出初步的理论。

（4）目前对日本占领时期对连云港的战略、统制、经营以及连云市的城市发展规划方面的研究比较薄弱。本研究收集了大量的日文档案、调查报告、海关数据等资料，依靠这些资料可望对上述问题予以系统梳理及补充。

本研究的主要难点在于多学科理论和方法的有效整合。如前文所述，本研究涉及的学科理论和方法很多，如何恰如其分地使用，做到论证有力而不过度阐释，是本研究面临的一大挑战。此外，连云港建港之前和早期的资料不足，也是一个棘手的问题。

五　本书架构

本书第一章通过对连云港（海州）地区的自然环境和社会人文以及传统工商业的考察，基本理清近代海州在铁路及其终端海港修筑之前的状况。在近代海州所在的苏北地区，黄河改道造成了水系混乱、土壤沙化、生态环境恶化，社会民生凋敝，工商业衰败。20世纪初，当地工商业有所发展，但并未对社会产生较大的影响。

第二章主要探讨以下问题：陇海铁路局修筑连云港的考虑、东部沿海港口布局以及贸易路线、不同时期港口与铁路基础设施条件等。连云港港口集疏运最重要的通道——陇海铁路修筑和扩建历时甚久，导致港口在集疏运通道上存在严重的瓶颈。集资建港的失败，也导致连云港港口设施长期滞后，并由此背上沉重的债务负担。

　　第三章主要探讨早在最初的海港还在建设时，南京国民政府即已筹划在港口背后规划建设一个大都市作为连云港的载体，并划定区域，组织市政筹备处进行规划。与此同时，社会各界也对连云市的建设提出了一些极有见地的建议，但最终因资金短缺和抗日战争的全面爆发而被迫中止。日占期间，连云港港口作为日本输送华北战略物资的重要支撑而备受重视，基于长期占领的目的，日本同样对港口背后的城市制定了相应的都市计划。

　　第四章主要探讨不同时期港口、铁路与连云港城市发展的关系。通过港口区所创造的价值与城市经济总量的对比，衡量港口经济对于城市的重要性和关联程度。铁路沿线和临港地区一般为两种交通方式最直接的辐射区域。现代港口在原来的海陆运输枢纽的功能基础之上，又增加了产业活动的基础和现代城市发展的中心两大功能。参照上述标准，结合连云港市城市发展、港口与腹地经济包括港口贸易结构的相关资料，可以认为，港口与城市在空间上的分离，导致港口区城市基础设施水平长期低于中心城区；没有形成相对发达的临港工业，港口没有成为新产业的活动基地，使得连云港港口虽有较大的吞吐量，但其对地方经济，尤其是新兴产业的促进作用很小；连云港港口与城市 "港城分离" 的特征是其城市发展的重大缺陷，港口自身也无法完成从运输枢纽到新兴产业基地和现代城市发展中心的本质性提升。

　　第五章主要选取开港至抗战前、日占时期、计划经济时期和改革开放后等不同阶段展开分析。尤其是日本统制期间，连云港作为煤炭输出港的特征大大加强，这一特征和传统对连云港发展的影响长期存在。该章通过对各时期相关统计数据的分析，考察港口与铁路运输货物的来源、种类、去向等情况。

　　第六章讨论竞争与合作格局中的连云港。分属苏鲁两省而又比邻而居的连云港与日照港，相距仅有几十公里，目前年吞吐量均过亿吨，其经营货物种类和腹地范围有较大的交叉和重合，因此不可避免地存在竞争关系。除此之外，连云港又处于青岛和上海两大港口地理中点的位置，并且分别接受过上海港务局、青岛港务局的管辖，在港口业务上也长期处于两港的喂给港地位，因而连云港的腹地事实上也成为两大港口的争夺区域。

在这种竞争大过合作的格局下，连云港港口与城市从中脱颖而出的可能性并不大。对连云港与日照、青岛、上海等港口的竞争与合作关系的考察，有助于理清连云港在东部沿海港口格局中的地位。

连云港是淮海经济区最便捷的出海口，而淮海经济区中大部分地区亦为连云港之核心腹地。淮海经济区是苏、鲁、豫、皖四省的 20 个地区、市的"自由组合"，并不是国家层面发展规划的产物，其相互之间仅有一个联络办公室和每年举行的合作联席会议从中协调。该区域中各成员地、市均为所属省份经济社会发展的落后地区，在本省中也是处于边缘的地位，区内也没有一个辐射能力足够强的中心城市将周边地区紧密联结在一起。松散、边缘化是淮海经济区的重大缺陷。新亚欧大陆桥在境内主要以陇海、兰新铁路将东部和中、西部地区连接起来。连云港作为新亚欧大陆桥的东桥头堡，与沿线各省区市以及中亚、欧洲的经贸往来，在新亚欧大陆桥处于刚刚起步的短期内很难有较大作为，所谓"大陆桥经济带"能否成为经济活动的热点地带暂时很难断定。

第七章主要考察政治和政策对连云港的影响。民国时期，连云港所处的苏北地区战乱频仍，曾是各军事势力反复争夺的区域，铁路和港口的正常运营常因时局变化而受到干扰甚至打断，连云市的规划即将起步却因抗日战争全面爆发而中止。政治局势是民国时期连云港发展的最重要影响因素，这也是整个中国近代时代背景的缩影。陇海路局"路港一体化"的管理模式，使得港口与地方政府的互动极少。新中国成立后，在相当长的时间内，承接了这一模式，其区别只是港口是由交通部以港务局的形式进行管理，其规划和管理、运营与地方政府依旧没有太多关系。此外，改革开放以来，几次动作较大的宏观经济政策调整，使得连云港港口本已确定实施或正在建设的项目取消或中止，这对于基础薄弱的港口影响至巨，港口硬件建设迟滞，集疏运条件得不到改善，同时包括连云港和徐州在内的苏北各地也没有借助 1990 年代经济飞速发展的良好机遇脱颖而出。连云港地方政府对港口与城市发展规划的迟滞也是值得检讨的。

连云港港口与城市发展失衡的原因很复杂，既有最初修建港口时的先天不足，比如资金短缺、发展空间较小等，也有腹地经济社会发展水平较低，无法充分发挥港口效用的客观现实。此外，国家对连云港港口的宏观战略定位、港口滞后的管理体制和运营模式，地方政府尤其是江苏省政府历来重苏南而轻苏北的政策导向，某种意义上也对连云港城市的发展造成了不利影响。上述各种原因交织在一起，并相互影响，最终导致了连云港港口与城市发展的失衡。国家在港口布局和规划、城市发展、区域经济增长中的影响，也是需要着重思考的问题。

第一章　开港前海州区域概况

连云港市古称海州。地处江苏省东北部，位于鲁中南丘陵与淮北平原的接合部，整个地势自西北向东南倾斜。受地质构造和海陆分布的影响，地形多样，平原、大海、高山、河湖、丘陵、滩涂俱备，以平原为主，并拥有江苏沿海唯一的一段基岩海岸。[①] 境内气候为暖温带南缘湿润季风气候。受海洋调节，四季分明，气候温和，光照充足，雨量适中，雨热同期。海州一带基本属淮河流域沂河、沭河、泗河等水系。

夏、商时，海州属徐州，西周时属青州，春秋时为鲁之东境，为郯子国。战国时又易为楚地。秦统一中国后，在今海州设朐县，属东海郡。汉袭秦制。三国时隶东海国，属魏。东魏武定七年（549）设海州，"海州"之名自此产生。唐代以后，除元代一度称海宁州外，其余各朝基本上延称海州。明代海州隶淮安府。清雍正二年（1724）升为直隶州。1912 年 1 月改海州为东海县，4 月，析县东境置灌云县。1935 年，将当时东海、灌云二县东部沿海地区析出筹建连云市。民国期间，江苏省第八行政督察专员公署驻海州（今连云港市海州区），辖东海、赣榆、沭阳、灌云四县和连云市。1948 年 11 月 7 日，连云港市全境解放，将新浦、海州、连云港及附近地区划建新海连特区，下设新海市、连云市、云台办事处。11 月 28 日成立新海连特区专员公署，隶属山东省鲁中南行署。1949 年 11 月更名为新海连市，改属山东省临沂专署。1953 年 1 月 1 日，新海连市划归江苏省，属徐州专区，1961 年 9 月更名为连云港市。此为"连云港市"

---

① 连云港市地方志编纂委员会编《连云港市志》上册，方志出版社，2000，"总述"，第 1页。

名称使用的开端。1983 年实行市带县领导体制，连云港市辖赣榆、东海、灌云三县，新浦、海州、云台、连云四区。1997 年，灌南县由淮阴市划出，改属连云港市管辖。2001 年，撤销云台区，其所辖乡镇街道分别划入连云区和新浦区。2014 年，撤销新浦区、连云区，设立海州区；撤销赣榆县，设赣榆区。

第一节　海岸线及港口的变迁

秦汉时期，苏北北部的海岸线，大体上沿今赣榆区，向南经锦屏山东麓的板浦、涟水县的云梯关，达盐城的东门附近。[①] 现海州所在地为滨海浅滩，云台山一带是海中的岛屿，有记载称云台山"自古在大海中"。[②] 姚陶《登云台山记》中亦称："云台山在海中，围亘三百里，筑三城。"[③] 由陆地至云台山需渡海，可见 18 世纪初，云台山仍为海中岛屿。

南宋建炎二年至清咸丰五年（1128～1855），黄河决口改道"夺淮入海"，挟带大量泥沙，对海州区域海岸线变迁产生重大影响。南宋建炎二年至明万历六年（1128～1578）的 450 年间，海岸每年向东延伸 10～20 米，海口由板浦推进到东辛；杨集原来近海，此时海岸推移到图河以东；老沭河从卞家铺推移到新浦口（今朐山东）。赣榆县青口镇东的坝头，经三沱、黄沙形成一道最新的沙堤，堤内侧为盐田，外侧为近代海滩。此道沙堤成为明清时代的海岸线。明万历六年至清咸丰五年（1578～1855）的 277 年间，黄河水全部经苏北入海。清政府先"以堤束水"，"以水攻沙"，继而采取"分趋五港、灌口"，"广其途入海"，"以杀其势"的治河方针，疏通黄河，导部分河水入骆马湖，临洪河、盐河、场河为入海河道。海州区域海岸完全处于黄河尾闾直接控制之下，海滩淤长，每年平均达 100 米以上。康熙四十年（1701）后，云台山"海涨沙淤，渡口渐塞，

---

① 谭其骧主编《中国历史地图集》第 2 册，中国地图出版社，1982，图 7～8。
② 《道光云台新志》卷 2《建置》，《中国地方志集成·江苏府县志辑》，江苏古籍出版社，1991，第 566 页。
③ 《嘉庆海州直隶州志》卷 11《山川考》，《中国地方志集成·江苏府县志辑》，第 188 页。

至五十年忽成陆地，直抵（云台）山下矣"。① 康熙五十年（1711）后，前后云台山之间原本作为当地水师训练水域的五羊湖，淤成平陆，并与沂、沭河口三角洲连为一体，使淮北平原增加了1000多平方公里的新生土地。清咸丰五年黄河改道北流入渤海，泥沙来源骤少，海岸基本稳定，初步形成现代海岸线。② 从图1-1可见，海州地区海岸线后退的基本趋势是以云台山脉为轴，南北两翼逐步向东推进。

图1-1 海州（连云港市）海岸线变迁

资料来源：徐德济主编《连云港港史（古、近代部分）》，第8页。原图经修改后使用。

由于海岸线的变迁，海州区域的港口在不同的历史时期屡有转移。元朝时，为弥补河运漕粮的不足，开辟了海上航道运输漕粮，海州成为海上

---

① 《道光云台新志》卷2《建置》，《中国地方志集成·江苏府县志辑》，第569页。
② 《连云港市志》上册，第118页。

运输漕粮的必经之地，"海运之道，自平江刘家港入海，经扬州路通州、海门县、黄连沙头、万里长滩开洋……抵淮安路盐城县，历西海州、海宁府东海县、密州、胶州界……行月余始抵成山"。① 由于海州为漕运的必经之地，经常有船舶避风，上下增补供给，有力地刺激了海口集镇商业经济的发展。今天的南城以及板浦在当时已成为商船云集、商旅熙攘的海口集镇。②

明代海州岸线在临洪口、海州、新坝、板浦、东辛一线。明代实行"禁海"政策，只注重河漕，仅在漕运不通或无法满足需要时才开通海运，而一旦出现沉船或搁浅事故则旋即废止海运。因而海州地区的近海商业交往和海外贸易发展缓慢。隆庆六年（1572），明穆宗诏令重开海运，运粮由淮安清江浦口入海，由云梯关往东北经新坝，过鹰游山（东西连岛）、安东卫、石臼所等，缘海岸沿近海最终抵达天津卫。③ 新坝、鹰游山成为沿海粮道途经之地后增设了航行标志，白天用标旗导航，晚上用灯光导航。新坝④港地理位置日渐重要，地位逐渐提升，成为由淮安至直沽（今塘沽）沿海航行的重要口岸。明初在此先设巡检司，嘉靖年间在此改设榷关。⑤ 清初开禁以后，新坝已成为钦定口岸，设立海关征收船货税，是清朝的重要海关之一。⑥ 由于海岸东徙，河道淤塞，关隘遂于康熙五十四年（1715）裁撤。从明嘉靖年间算起到清康熙五十四年放弃，新坝港的兴盛维持了一百余年。

新坝港衰落后，赣榆县青口港逐渐兴起。清乾隆十八年（1753）设淮安关。海关设于阜宁新河，并在海州之永丰口设子口，征收海船梁头钞。江苏沿海仍实行海禁，在 170 余公里的海岸线上，作为通商口岸，明

---

① （明）宋濂撰《元史》卷 93《食货一·海运》，中华书局，1976，第 2365 页。
② 《连云港市交通史》，第 28 页。
③ （清）张廷玉等撰《明史》卷 79《食货三·漕运》、卷 86《河渠四·海运》，中华书局，1974，第 1920、2116 页。
④ "新坝去（海州）州治南四十里，旧有银山坝以捍海潮，则涟河之水由此入官河以通安东支家河，今海堰既决，始于此筑坝，故名。"见《隆庆海州志》卷 2，《天一阁藏明代方志选刊》，上海书店 1962 年据宁波天一阁藏明隆庆刻本影印。
⑤ 徐德济主编《连云港港史（古、近代部分）》，第 9 页。
⑥ 《连云港市志》上册，第 375 页。

令开放的只有青口。旨准赣榆一县之豆饼由青口运往上海之浏河口枭卖，[①] 因而青口一时成为商业繁荣、行栈甚多的海口港。清末海州地区集散的粮油、豆饼经海道出口，主要依赖于青口港、临洪口以及灌河口各港。由于集散货物的需要，逐渐形成较大集镇，车船往来，商旅辐辏，商业逐渐兴旺。尤其是青口，经乾隆五年（1740）准予开放，聚集了山东、山西、江南各地商贾，海州、沭阳等地士民供需商货均集散于此。[②] 道光中叶五口通商以后，苏北、鲁南地区的粮油和禽产品同东南沿海地区手工业品及工业加工品的交换增加。

同治年间，捻军在淮北活动，南北货物更依赖青口海运，青口港逐步成为苏北沿海有名的商埠。[③] 山东、山西、河南各地商船汇聚于此。承接南方的上海、宁波，北方的青岛、威海等地海船运来的布匹、糖、烛等日用品杂货，再装上本地花生米、生猪等土特产品运回。河南、河北等地的山果、皮货、豆类等通过陆路车辆运至青口经销。山东沂蒙、泰安的油类、香椿等也从青口转运上海销售，特别是油类，最多时一年有 120 万篓从青口运往上海、宁波。木材运输的规模较大，有六家较大的木行。木材多系从福建、浙江、江西、广东运来，用大木排一次最多可运来数千立方米。[④]

1910～1920 年代，海州地区的港口又以临洪河的大浦港和灌河诸港较为突出。

光绪三十一年（1905），大浦作为商埠正式对外开放，并逐渐取代了青口港的地位。"临洪口开埠，商务渐胜，土产以大小麦、大豆、秫黍（高粱）、苞米、山芋、花生等运销上海、山东等地，尤以豆饼为商货之大宗。"[⑤] 位于临洪河南岸的大浦港，面临海州湾，东邻中正、板浦二盐场，西与临兴盐场隔河相对，连通盐河、蔷薇河，经由水路出黄海可顺利抵达上海、青岛等地。大浦因靠近盐场，也是淮北盐的重要集

① 徐德济主编《连云港港史（古、近代部分）》，第 9 页。
② 徐德济主编《连云港港史（古、近代部分）》，第 35 页。
③ 《连云港市志》上册，第 375 页。
④ 《连云港市交通史》，第 37 页。
⑤ 《连云港市交通史》，第 38 页。

散地，锦屏磷矿亦经由大浦港向日本出口磷矿石。大浦一度商业繁盛，常住人口达1000户以上。为联络水陆交通，陇海铁路修筑到新浦以后，陇海路局将其展筑到大浦港。在连云港修筑之前，大浦港是陇海铁路唯一的出海口。大浦依托的市镇是新浦，新浦作为新兴市镇取代海州城成为海州地区的中心。但临洪河水含沙量高，大浦作为河海交汇之处，海潮的冲击使泥沙沉降，航道极易淤积而疏浚不易，有时甚至疏浚不及淤积速度。港口条件的恶化加速了大浦的衰败，中兴煤矿经由大浦转运煤炭虽一度延缓其颓势，但终难挽救其最终被废弃的命运。

灌河诸港包括燕尾港、陈家港、堆沟港等，这些港口的兴起主要缘于济南盐场在灌河口濒海区域开辟盐滩，淮北盐产量大增，济南盐场七公司纷纷在灌河口修筑码头，以方便盐斤运输。灌河口水深条件较好，平均超过4米，高潮时可达5米，3000吨级海轮可乘潮出入。但这些港口均以装载淮北盐为主要业务，且灌河口附近有拦门沙，因此这些河港的吞吐量和规模很难达到较高水平。

从新坝港的废弃到青口港的兴盛，从大浦港的衰落到新港老窑的崛起，自明代特别是清末民初以来，随着海港港址的迁徙，政治中心也几次变易。这个转移的决定性因素就是连云港地区的海岸变迁。[1]

海州区域海岸线的变化，尤其是靠近海州城的临洪河以及灌河两条主要入海河道滩涂与海岸线的增长，云台山从海岛到与陆地连为一体，对海州的直接影响就是中心城镇的变迁。秦汉时期的朐县位于朐山西，南朝时期的龙苴城位于朐山南，北朝的海州则位于朐山北，隋唐时的朐山县位于朐山东，到了明清时期的海州，城址又迁移到了朐山北。从城址变迁的趋势来看，中心城镇虽屡经变迁，但都没有离开朐山（今锦屏山）的周围，其线路的大体方向是沿锦屏山和云台山麓逐渐东移。总的趋势是越到近期，特别是明代以来直到近代连云港开港之前，中心城镇越向东北方向迁移，这与当地泥沙沉积、海岸逐渐增长的趋势基本一致。

---

[1]　徐德济主编《连云港港史（古、近代部分）》，第8页。

第二节　物产以淮北盐最负盛名

海州所处区域，自古即是重要海盐产区。盐运在海州古代、近代商贸体系中占据了相当重要的位置，而食盐从圩滩、盐坨、堆栈运出直至行销各埠，主要是通过内河水运的方式。

元朝设置了两淮都转盐运使管理盐运，当时海州已有板浦、临洪、徐渎等著名盐场，每年两淮盐场运销食盐达 95 万引[1]，由船运经盐河运抵大运河，至扬州查验放行后转运至浙江、江西、河南、湖广等地销售。

位于海州西的蔷薇河，东接大海，西连涟河，明代时为海州盐运的重要航道。明弘治年间（1488~1505）淤塞，无法行船，致使盐运阻滞。盐商只能冒险从海上运盐，且需雇牛车从盐坨[2]运至岸边上船，劳费万状，十分不便。当时海州知州王同请示巡盐侍御齐云汀、抚院王克斋、巡按郭文麓，在财力不足的情况下，采用以工代赈之策，征用 2440 名民工，对蔷薇河进行疏浚。疏浚历时两月，使河道重新畅通。[3] 明嘉靖四十三年（1564），两淮盐运御史苏纳川于两淮盐场视察盐法，令海州知州高谣疏浚景济河。景济河是板浦盐场运销食盐的重要通道，从板浦以南接穿心河由北入海，由于海潮长期冲刷，经常淤浅，至嘉靖年间，淤浅已非常严重。疏浚后，河面宽 4 丈，底宽 1 丈，水深 4 尺。同时还疏浚了三岔河、板浦新河等。万历三十八年（1610），海州知州杨凤修建闸坝，大规模疏浚境内官河，七年之后淮北盐商捐银 1 万多两，再次疏浚官河，以便盐运。[4] 明代大规模疏浚河道，使海州境内尤其是盐场附近的河道基本通航，形成较为发达的水运网络，极大地方便了板浦、莞渎、徐渎盐场之间的联系。[5]

清乾隆时期，淮盐生产和行销进入鼎盛时代。淮盐行销的江淮平原和

---

[1]　引，古代食盐运销单位，每引折合 200 公斤。
[2]　盐坨，原盐集储待销的地方。
[3]　《隆庆海州志》卷 2，《天一阁藏明代方志选刊》。
[4]　《嘉庆海州直隶州志》卷 12《山川考》，《中国地方志集成·江苏府县志辑》，第 210 页。
[5]　《连云港市交通史》，第 30 页。

长江流域，由于物产富饶、经济繁荣，人口大量增加，淮盐销售市场大大扩张。这一时期，海州的中正、板浦、青口、临兴四大盐场，用小驳船将各圩滩所产食盐经串场河集中到坨地堆储，再由坨地集中至板浦，经大伊山等地由盐河运至淮阴转销各行销口岸。乾隆十一年（1746）至乾隆三十二年（1767），两淮共运销盐 496.6 万余引。①

　　盐业的兴盛，促进了海州区域内河航运的发展。官河作为盐运的重要航道，易名为盐河。盐河自海州附近起，至淮阴连接大运河，全长 150 多公里，与南北六塘河、武障河、项冲河、义泽河、六里河、东门河、牛墩河等河道相互连接，终经灌河入海。盐河的航运，使海州地区的河道与大运河相连接，从而将海州与当时繁盛的江淮平原联系在一起，成为海州地区最重要的航道之一。

　　由于盐业的兴旺和交通的便利，作为连接盐坨和行销地的中继，板浦一度相当繁荣。盐河里的船只昼夜往来不息，板浦码头在极盛时期，每日泊靠盐船 600 多只，其他客货船只也杂处其间。清代板浦还产生了专业化的短途搬运组织，因其使用的工具大部分是篓、笆斗，所以称为篓行，篓行搬运货物主要靠肩挑人扛，至清末逐渐改用独轮车搬运。

　　至 19 世纪末，海州地区盐业发展势头更为迅猛，尤其是济南盐场创建之后，吸引了大批商人、资本家。宣统年间，张謇继续招股，增铺池滩八十份，定名为大阜公司。此后，大德、公济、大有晋、大源、庆日新、裕通等公司争相在灌河两岸的乐丰镇、陈家港、燕尾港、小蟒牛、堆沟附近铺新滩，称为济南盐场七公司。

　　济南盐场七公司成立以后，淮北盐产量大大增加，一跃超过淮南盐场，平均产量占淮盐（淮北、淮南所产盐称"淮盐"）产量的 70% 左右，1924 年淮北盐产量竟达全国的 1/5。而此时尚处于雏形的盐坨，储存能力有限，缺乏盐运码头，影响到运销的通畅和继续生产。1916 年，公济公司率先在燕尾港建成了面积达 2880 平方米的燕尾港坨，并修筑木质码头。之后，济南盐场其余六公司纷纷于灌河口两岸修建盐运码头。大源、庆日新、裕通在陈家港储盐，修建了大源码头和裕庆码头（庆日新、裕通两

---

① 《连云港市交通史》，第 34 页。

公司合建）。灌河口北岸的堆沟港是装运大德、大阜、大有晋三公司产盐的港口，码头被称为德阜晋码头，拥有可储存原盐 5000 吨的露天堆场。小蟒牛港位于灌河南岸，大有晋公司独资修建码头以运输所产原盐。[①]

淮北盐场原盐产量的增加和运销顺畅，得益于灌河口优越的地理条件。灌河平时水位 4.7 米，高潮时达 5.2 米以上，3000 吨级轮船可乘潮出入。因而在淮北四大盐场（板浦、临兴、中正、济南）中，完全依靠海运的济南盐场，原盐的产销量在 1920 年至 1929 年的十年间，平均比例高达 56%（见表 1 - 1）。

表 1 - 1　1920 ~ 1929 年淮北盐销售情况

单位：千担

年份	1920	1921	1922	1923	1924	1925	1926	1927	1928	1929
盐产量	5082	4564	5212	7291	10799	8008	7667	6993	10154	10507
销售量	4526	6134	6301	6773	6710	6835	6448	1618	7035	5934
各场销量 所占比例	盐场		板浦场		中正场		临兴场		济南场	
	销量		11348		9259		5109		32849	
	比例（%）		19		16		9		56	

资料来源：徐德济主编《连云港港史（古、近代部分）》，第 55 页。

第三节　交通运输状况

海州地区的早期公路是在清代驿道的基础上修筑的，1914 年，淮扬护军使修筑了一条从淮阴循古驿道到新安镇 4 米宽的军用道路。接着孙传芳部署白宝山对新安镇向北至海州的清代交通大道进行局部整修，形成了南起淮阴、北至海州的土路面军用道路。而白宝山部队使用汽车拖炮，这也是海州最早出现的机动车运输。[②]

南京国民政府成立后，各省设建设厅，其下设公路管理机构，专门负责公路建设和管理。在江苏省建设厅征工筑路政策的推动下，海州地区的

① 徐德济主编《连云港港史（古、近代部分）》，第 55 页。

② 《连云港市交通史》，第 46 页。

公路建设在较短时间内取得较大进展，从 1928 年到 1932 年先后修筑了连接周边区域的干线（详见表 1 - 2）。

表 1 - 2　1932 年海州公路干线情况

道路名称	海州境内经过市镇	海州境内状况
通榆路：南通、如皋、海安、东台、盐城、阜宁、灌云、东海、赣榆	新安镇、张店、大伊山、板浦（灌云）、和尚渡、东海县城、浦南（东海）、小东关、赣榆县城（赣榆）	灌云境内长 69 公里，宽 9 米；东海境内长 20.5 公里，宽 7～9 米；赣榆境内长 32 公里。大伊山、和尚渡至东海县城可通汽车，其余各处可通人力车
淮海路：淮阴、沭阳、东海县城（海州）	新坝、龙苴（东海）	全长 200 公里，宽 7 米，土筑路基，平时可通行汽车、畜力车、人力车等
海郑公路：东海、沭阳、宿迁、睢宁、铜山、萧县直至河南郑县	墟沟、海州、沭阳	灌云境内 22.5 公里，东海境内 58 公里，沭阳境内 44 公里。土筑路基，新浦至墟沟段通行汽车、人力车、畜力车

资料来源：《连云港市交通史》，第 46～48 页。

除干线外，还修筑了一批县道（见表 1 - 3）。

表 1 - 3　1932 年海州地区县道情况

道路名称	起讫	路况	备注
灌坎路	板浦经涟水至阜宁东坎	全长 58.07 公里。土筑路基，板浦至杨集段可通汽车，其余可通行畜力车、人力车	
灌东路	板浦通杨庄，途经中正	板浦至中正段可通汽车，其余可通行畜力车、人力车	
墟新路	墟沟途经黄九埝、猴咀、宋跳至新浦	灌云境内长 22.5 公里，宽 7 米，可通行汽车、畜力车、人力车	海郑公路的一部分
墟高路	墟沟至高公岛	长 15 公里	1932 年时已建成 9 公里
杨高路	杨集通高公岛		
沭陈路	沭阳、新安镇、响水口、双港、陈家港	灌云境内长 20 公里，宽 7 米，通行畜力车、人力车等	

续表

道路名称	起讫	路况	备注
杨港路	由杨家集通双港	路长 25 公里，宽 7 米	
涟新路	新安镇至涟水	灌云境内长 20 公里，宽 7 米	
板坝路	板浦至东海县新坝	长 9 公里	

资料来源：《连云港市交通史》，第 48 ~ 50 页。

从表 1 - 2、表 1 - 3 可知，1930 年代初，海州一带修筑完成了一些公路，但道路等级普遍较低，均为土筑路基，路宽 7 ~ 9 米，仅有少数路段可以通行汽车，其余只能通行畜力车和人力车。

此时海州地区的内河航运业则要逊色不少。至 1934 年 3 月，江苏全省有 39 个县可通行小轮，共有小轮 472 艘，总吨位 5726 吨，通航里程 4529 公里。海州地区仅有灌云一县开通了 48 公里长的盐河航线，有轮船 4 只，总吨位不过 16.7 吨。[1] 清江浦至灌云线是废黄河以北的一条南北向航线，以盐河为基本航道。该线清江浦至涟水段最宽，平均宽 40 米、深 5 米；新安镇至灌云段最窄，平均宽 16 米、深 1 米，只能通航小轮。此线贯穿清江浦、涟水、灌云三县，全长 150 公里，"其主要运输货物为食盐、石料、食粮等项"。[2] 1931 年前后，浦东公司、同义轮船局、盐河轮船公司等相继经营此线，然因航道水位不稳定，时开时停。[3] 显然由于地理条件的限制，海州地区的内河航运和公路运输与同时期河网密布的江南各县相去甚远。陇海铁路与连云港的相继竣工，对改善该地区的对外交通的确有着特别重大的意义。

总体来看，近代海州区域得益于濒海的地理优势，盐业相当发达，相应区域内盐运业也比较繁荣，但一般为从盐滩到盐坨的短途转运。此外，

---

① 该统计数字含上海市数据，见《江苏省内河航运概况》，《江苏建设》第 1 卷第 1 期，1934 年 3 月，"报告"，第 80 页。另郭孝义主编《江苏航运史（近代部分）》（人民交通出版社，1990，第 119 ~ 123 页）记载，1934 年 2 月，江苏全省有 39 个县可通行小轮，共有小轮 386 艘，总吨位 3798.30 吨，通航里程 3728 公里。两处关于灌云县通航里程及轮船吨位的记载完全相同。

② 实业部国际贸易局编《中国实业志·江苏省》，实业部国际贸易局，1933，第 11 编第 3 章，第 169 页。

③ 郭孝义主编《江苏航运史（近代部分）》，第 119 页。

公路运输事业在 1930 年代以前只是刚刚起步，汽车的使用较少，而且多数路段只能通行人力车和畜力车。海州区域与江南发达地区通过内河及公路相连，但因距离遥远且航路并不通畅，相互间的往来并不密切。内河航运水位因季节更替变化较大而不能随时畅通，近海航运也只是以盐运为主，辅以粮食和木材运输，交通体系并不完善。总体来看，该区域开港前商品经济状况一般，贸易路线以省内为主，且处于从属地位。

海州区域由于沿海滩涂增长，海岸线不断前移，河流和沿海地貌发生了巨大的变化，旧的港口因淤塞而没落乃至废弃，新的港口亦随之产生，并在历经繁荣之后走向衰败。新坝、青口、大浦以及灌河口诸港基本上是沿此轨迹发展的。随着港口的变迁，海州区域的贸易中心亦屡次转移。

海州区域的物产以海盐及农产品为主。其中海盐的运销范围较广，其运销方式短途内以陆路和内河为主，远距离则以海运为主，但总体而言高度依赖水运。然而该区域仅有几条较大河流可以开展内河航运，不及淮河以南区域发达，遑论河网密布的江南地区。近代以来，大浦港和灌河口诸港均因河流泥沙多而容易淤塞，疏浚则既困难又不经济，大浦港最终被废弃。该区域以原有官道为基础修建了公路，但路况较差且不能相互连通，并不具备开展公路汽车运输的条件。

随着近代商品经济的发展，海州区域相对落后、单一的交通运输条件，使得其与内陆地区的商品流通受到诸多限制。1925 年，陇海铁路东段修筑到了新浦，海州与内陆由此建立联络，极大地改善了海州区域的交通运输状况。然而，为应急开辟的大浦港毕竟不可长久，形势的发展需要建设一个正式的海港。

第二章　陇海路东筑与连云开港及其提升

第一节　陇海铁路东段走向与港口选址的确定

1903 年 11 月 12 日，清政府与比利时驻华电车铁路公司签订建筑汴洛（开封至洛阳）铁路借款合同，1910 年 1 月 1 日汴洛路完工通车。汴洛路仅在郑州与京汉铁路相交，若不展筑或修建出海口，必将沦为京汉铁路的支线，因此将路线延长和修建出海口也是汴洛路通车之后的发展必需，但借款合同中并未明定路线走向及海港位置。

1912 年中国政府与比利时公司另订陇海铁路借款合同，建筑由兰州经西安、潼关、陕州、洛阳、开封、徐州至海滨的铁路，并筑造海港，即以汴洛路为基础，首先从开封延伸至徐州与津浦路相接，此后西线延伸时通过津浦路转运工程材料、机械。徐州作为苏北重镇和津浦铁路、京杭运河的重要节点，陇海铁路东段路线经过徐州，并无太多异议。然而自徐州往东的路线走向和海港的最终选址却成为各方争执不休的焦点问题。

一　路线规划与调整

汴洛铁路最初作为卢汉（即京汉，北京至汉口）铁路的支线而修筑，[①] 在郑州与后者交会，于宣统元年十一月二十日（1910 年 1 月 1 日）竣工通车。《汴洛铁路借款合同》中规定，如清政府认为满意并有意愿将

---

① 交通部铁道部交通史编纂委员会编印《交通史·路政编》第 14 册，1935，第 449 页。

此铁路延长，则授予比公司借款筑路的优先权。① 可见该路在签订借款合同时即有将来延长线路之意。光绪三十一年（1905），商部尚书载振建议由开封经徐（州）、邳（州）等处至海州建设铁路，为横贯东西一大干线，后因款项无着未果。② 这也是目前所见最早主张将线路延长的官方意见。宣统元年正月二十七日（1909年2月17日），邮传部上奏折建议及时兴筑开（封）徐（州）海（州）清（江浦）铁路。③ 同年闰二月十八日（1909年4月8日）的《邮传部奏遵将应办要政分别按年筹备折》中，宣统元年的相关规划有：汴洛铁路告成，启筑清徐铁路，勘定海（州）清（江浦）开（封）徐（州）路线。④ 三月初九日（1909年4月28日），邮传部奏折提出，"该路东至于海西接陕甘，为中原一大纬线，关系綦重，不得不早为筹备"。邮传部经派员"履勘"，对"已成路线复加考验"，认为原规划建设路线"并非筹及通盘"，因此建议派遣本部路政司郎中阮惟和、铁路总局顾问沙海昂测勘开徐海清路线。⑤ 邮传部还建议修筑开徐海清路线，应当与张之洞奏准、商办江苏铁路公司（以下简称苏路公司）承筑的清徐铁路连接起来，委派阮惟和为开徐海清铁路总办，总局设于开封，设分局于海州。次日，邮传部派员勘测开徐海清间路线。

　　宣统元年十一月，阮惟和与沙海昂经过履勘后，详细汇报了开徐间有南北二线，徐海间有直弧弦三条线路。⑥ 其中徐海间三条线路是：由徐州经邳州境以达海州，即直线；由徐州顺黄河故道东南至宿迁折向东北以达海州，即弧线；由徐州经宿迁以抵清江浦折向东北以达海州，是为勾弦线（见图2－1）。阮惟和、沙海昂认为，三条线路比较，直线距离最短，但

---

① 《交通史·路政编》第14册，第459页。

② 凌鸿勋：《中国铁路志》，台北：文海出版社，1954，第202页；《交通史·路政编》第14册，第494页。

③ 《折奏类：邮传部奏遵员派充开徐海清铁路总办片》，《政治官报》第898期，1910年5月1日，第5页。

④ 《邮传部奏遵将应办要政分别按年筹备折》，《北洋法政学报》第108期，1909年8月，第9、10页。

⑤ 《邮传部奏派员测勘开徐海清路线折》，《时报》1909年5月13日，第9版。

⑥ 《交通史·路政编》第14册，第495页。

清徐一段业经奏准江苏铁路公司承筑，则为连接路线起见，"自以清徐徐海一线为便"，"开徐海清路线利赖宏多，亟应兴办"。①

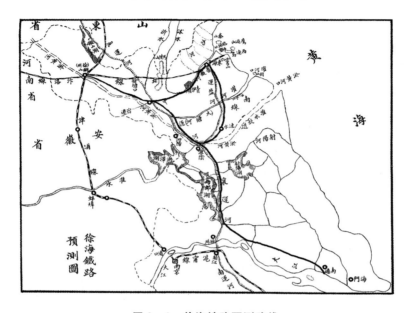

图 2 - 1　徐海铁路预测路线

资料来源：由《徐海铁路南北线预测图》改制而来，见《铁路协会会报》第 96 期，1920 年，第 4 页。

宣统二年正月二十七日（1910 年 3 月 7 日），邮传部尚书徐世昌上奏要求及时兴筑开徐海清路线，上奏中完全采纳了阮、沙二人的主张，并建议该路东段除了由苏路公司续办的清徐一段，由政府修筑清江浦至海州铁路，以海州自开商埠为尾闾。如此走向除能联络江北重要市镇外，还可收到以工代赈的效果。除了由苏路公司承筑的清徐一段，其余线路共 820里，约需建设费银 1400 万两。清政府同意了此方案。② 至此，邮传部议定的东段走向是徐州—清江浦—海州。宣统二年六月十八日（1910 年 7月 24 日），开徐海清铁路局在开封成立并开始办公。③

①　《开徐海清路线奏准官办》，《新闻报》1910 年 3 月 19 日，第 1 张第 2 页。
②　《交通史·路政编》第 14 册，第 494、496、569 页。
③　《开徐海清铁路之开办》，《新闻报》1910 年 8 月 13 日，第 6 版。

　　这一走向很快便被实施履勘的专业人员"自我否定"。宣统二年九月二十四日（1910 年 10 月 26 日），开徐海清铁路总办阮惟和经过复勘之后，上报邮传部建议改路线由徐州直经邳州达海州。阮惟和认为，铁路路线"贵乎取道便而修筑之工少"，该路线若取道宿迁绕至清江浦折向北行以达海州，路线绕远二百余里，不仅工费剧增，"且外人见我路线南绕清江，抵隙而来，方将要求由胶（州）沂（州，今山东临沂）展至峄县（山东枣庄）临城（枣庄市薛城区）与津浦相衔接，借胶岛为咽喉，操纵东干之机关，网络沂（州）、峄（县）、萧（县）、徐（州）各矿产"。① 1910 年 10 月 18 日，阮惟和等向时任邮传部侍郎沈云沛汇报，坚持由徐州经邳州直接终点海州之结论。其依据是：苏路公司规划之清徐、清海两线，其路线经过地区十年九涝，洪水经常泛滥，筑路耗资巨大且隐患难除，沿途物产优势又不明显，尤其是"海清一段，线路虽短，而土地低洼，河港参错，桥洞又多"，工程所费较之直线几倍之多；而由徐州直达海州，地势平坦，不仅投资远低于徐清海线，且连接汴洛为横贯东西的铁路干线，便捷通达，东出西进，北上南下，是为它线不可比；至于由徐州经由清江浦终点通州，抑或崇明，路线之遥是海州两倍之多，沿线地区河网纵横，需架桥梁与凿涵洞甚多，废黄河等旧河堤经勘测均不可为路基，故综合投资乃直线数倍之多，而经济效益远不及直线。② 数日之后，阮惟和等向邮传部正式提交了意见书。③

　　不过，促使"徐州—清江浦—海州"方案最终被放弃的决定性因素绝不是阮惟和等建议的直线方案。1910 年 12 月 24 日，坊间有议论认为，"苏路公司自办之徐州清江间开工数年之久，筑路仅十数里，难望速成，且由徐州经清江再至海州一路太迂"，因此政府打算从速筑设"由徐州经邳州直抵海州"的路线。并且听闻政府拟将"海清路款挪用于徐海路线，俟其竣工再筹海清路款以资开工"。④ 这表明，徐州—清江浦—海州路线可能被放弃的苗头已经出现。而早在宣统元年三月初九日（1909 年 4 月

①　《交通史·路政编》第 14 册，第 497 页。
②　刘凤光编著《沈云沛年谱》，中国文化出版社，2013，第 267、268 页。
③　曾鲲化：《中国铁路史》，新化曾宅，1924，第 820 页。
④　《徐海铁路筹款开工之议》，《新闻报》1910 年 12 月 24 日，第 6 版。

28 日），邮传部在上奏中已经指出："现查河南商办之洛潼、江苏商办之清徐筹款兴筑已觉竭蹶不遑，其于彼此衔接之区，两省皆未能兼顾，倘非及时审度，恐此项纬线终无观成之期。"① 即便如此，邮传部在一年之后上奏朝廷时，依然坚持原定的"徐州—清江浦—海州"方案。

就在开徐海清路线筹备期间，苏路公司又提出了一个徐通线方案，即路线经徐州至清江浦后继续向东南延伸，沿京杭运河堤岸至长江北再从通州（今江苏南通）入海。宣统三年四月（1911 年 5 月），苏路公司呈文邮传部，称公司股东会于本年正月十八日（2 月 16 日）议决改清徐线为徐通线，并已测竣，拟借款自办，呈请邮传部核准。五月，邮传部批复苏路公司："干路国有已定为政策，徐清系西干通海之下游，应归国有，请将一切用款分别造报以期核收。"至于清通一段，因路线太长，而且由民间自行"举办洋债无例可援"，应俟与度支、外务两部协商后再定夺。② 实际上否定了其总体方案。清徐铁路，是原批准的开徐海清路线之一段，但苏路公司募集的股本远远不足以完成该路段，清徐线延长为徐通线必将使陇海铁路东段竣工陷于遥遥无期，无异于彻底推翻原方案。在当时民间热情高涨、纷纷集股收回路权的背景下，邮传部无论如何也不会批准由民间自行举借外债修筑铁路。因此，邮传部的否决实属意料之中。

路政当局显然不认同苏路公司擅自改线的做法。1911 年 5 月，有消息称"现查此路正拟建筑之际，苏绅忽又停办"，因此邮传部特饬开封路局自行筹办，统筹全局以免贻误，"由开封府直过江苏徐州以达海州，不必更以清江为限，所有海清路局名目业已取消以归划一"。③ 原定"徐州—清江浦—海州"方案被废弃已然板上钉钉。

到 1911 年 6 月邮传部令阮惟和接收苏路北线时，清江浦至徐州铁路仅修筑了清江浦至杨庄间的路轨、岔道合计 37 华里（18.5 公里），即清杨铁路，海清路线更是寸轨未筑。④ 而苏路公司因经济困难，甚至曾计划

①　《邮传部奏派员测勘开徐海清路线折》，《时报》1909 年 5 月 13 日，第 9 版。
②　《交通史·路政编》第 14 册，498 页。
③　《开海铁路归部专办》，《陕西教育官报》第 4 卷第 8 期，1911 年 5 月，第 196 页。
④　《交通史·路政编》第 14 册，498 页。

陇海铁路东段引用当时已经竣工的津浦铁路部分路轨，并将港口设置在海门或通州。① 事实上，苏路公司的情况并不是个别现象。辛亥革命前，各省商办铁路大多陷入窘境，败象彰显。且"民众已对各地方当局在获得筑路权后之屡次失败感到厌烦，更厌恶种种无休止之争论，贪污腐化以及挥霍公共财物，而当民众逐渐认识铁路之无限价值时，他们就更加支持由中央政府制订一项强有力的铁路政策"。② 将铁路收归国有反成为各地方铁路公司主动的要求。③ 宣统三年五月十九日（1911 年 6 月 15 日），邮传部以路款无着，令停办开徐海清铁路，裁撤开徐海清铁路局。④

辛亥革命爆发后，清杨铁路为江北交通局占领，至 1912 年 5 月复归民国交通部管辖。比利时公司依照前约要求行使借款优先权，派代表陶普施（Robert De Vos）与中国政府交涉。9 月 1 日，交通总长朱启钤与陶普施订立了《合同条件简章》，其中约定："如营造之铁路须过清江浦一段，该段亦并入干路之内。"9 月 24 日，财政总长周学熙、交通总长朱启钤与陶普施签订《陇秦豫海铁路借款合同》，合同约定借款法金 2.5 亿法郎，以提前偿还汴洛铁路借款，并收买清杨铁路，将其西至兰州、东至濒海展筑。⑤ 简章及合同中均未明确终端海港选址，仅以"扬子江口以北、江苏濒海之区"指代。有说法认为，该合同故意模糊了终端海港选址问题，此为时任民国实业总长张謇（南通人）大力运作的结果。张謇力主陇海铁路经由徐州终到通州，并联络各方将陇海铁路定名为"陇秦豫海铁路"。⑥

张謇致力于修筑徐通铁路，绘具图说，推举李润斋为苏路公司总理，该路与法商赉美接洽，订立借款草约，并委托代表到交通部请求建

① 刘俊峰：《陇海铁路终点海港》，《工程》第 12 卷第 2 期，1937 年 4 月 1 日，第 111 页。
② 〔澳〕骆惠敏编《清末民初政情内幕——〈泰晤士报〉驻北京记者袁世凯政治顾问乔·厄·莫理循书信集》上卷，刘桂亮等译，知识出版社，1986，第 727 页。
③ 苏全友：《论清末的干路国有政策》，"第一届中国近代交通社会史学术研讨会"论文，天津，2009 年。
④ 《交通史·路政编》第 14 册，第 571 页。
⑤ 《交通史·路政编》第 14 册，第 502 ~ 504 页。
⑥ 刘凤光编著《沈云沛年谱》，第 338 页。

筑权。① 苏路公司呈文国务院，要求核准与法商借款合同，并提出了解决问题的两种办法：一是将开徐海清铁路并归交通部，由苏路公司借款承造，而海州筑港费则由政府承担；二是待交通部确定修筑开徐海清铁路时，清徐一段或连同清通一段全部归属交通部，各项合同中之权利义务一并移转。1912 年 9 月 18 日，交通部应国务院要求予以答复时，只是强调正式借款合同应由交通部核准始生效力，对苏路公司所提办法没有正面回应，提及清通一段时，交通部认为该线路与规划干线及其他路线不相抵触，"应可准照所拟由该公司筹款兴筑办理"。② 显然，此时交通部的态度事实上否决了苏路公司的做法。不过，苏路公司仍在多方运作，如呈请临时大总统袁世凯核准修筑徐通铁路，李润斋"奉到大总统委任，当即赴沪与工程师穆君签订办法择定地点，在沪设立工程总局"，为制造声势，对外宣称"月内即须兴工矣"。③ 不过，时论并不看好此计划，原因是该路所经过的清江浦至徐州一段，已被交通部列入干线应归国有，不得由商人承办，若仅仅修筑通州至清江浦一段，此借款合约恐怕很难实现。④

　　借款合同签订后不久，根据 1910 年 9 月总办阮惟和、顾问沙海昂、总工程师邝孙谋所作的线路勘测报告，以及法国工程师格锐奈（G. Grene，另译作克雷纳）与武同举的终点港口勘测报告，财政总长周学熙、交通总长朱启钤将借款合同中"滨海之区"具体地点明确为海州。债权方比利时代表陶普施认为海州为最佳选择。他明确表示，如终点非海州而另选他处，将以债权国全权代表身份予以否决。⑤

①　苏路公司与法商赍美公司签订的草约主要内容如下。（一）立草约人：法商赍美、苏路公司代表李润斋。（二）路线：由徐州至南通州。（三）借款数目：先借四千五百万法郎商借商还。（四）借款期限：以三十年为期，前十五年还利不还本，至第十六年起分年摊还，如愿提前摊还当于订正约时声明。（五）利息：周年四厘半。（六）折扣：九五。（七）造路之主权者：苏路公司代表李润斋。见《苏路公司请筑徐海铁路》，《时报》1912 年 9 月 12 日，第 6 版。

②　《交通部咨国务院核议江苏铁路公司呈称规划北线各节应准筹款兴筑清通一段，惟借款合同须由本部核准始生效力文》（1912 年 9 月 18 日），《政府公报》第 151 期，1912 年，第 14、15 页。

③　《通徐铁路指日开工》，《新闻报》1912 年 10 月 15 日，第 6 版。

④　《苏路公司请筑徐通铁路》，《时报》1912 年 9 月 12 日，第 6 版。

⑤　刘凤光编著《沈云沛年谱》，第 339 页。

1913 年 7 月，陇海铁路管理局将清杨铁路收购，后因东段陇海铁路已取直径，清杨铁路单独运营。[①] 徐州—清江浦—海州的路线最终未能建成。而关于路线走向和海港选址的争论渐趋激烈。

二 铁路走向与海港选址的争论

早期邮传部最初拟定"徐州—清江浦—海州"路线时，因为路线能够基本兼顾江苏省中部和北部各主要城市，并承认苏路公司获准筹款建设清徐铁路的既成事实，该路线很少出现争议。此后，清徐铁路因工款不继而停工，邮传部决定采取由徐州直趋海州出海方案，而苏路公司股东擅自决定将清徐铁路延长为徐州至南通的徐通方案，各方利益再无法兼顾，争论随之而起。

（一）徐州直趋海州论

1912 年 5 月，邵善昌建议修筑开徐海铁路，对外可抵制德国人关于建筑连接兖州、胶州、沂州（临沂）等地铁路的意图，并可以"预拒法人伸长汴洛铁路之复图"；对内则能便利交通客商运输，又可以工代赈。此为"中国今日应行提前赶造之路"，否则德国人将捷足先登。[②] 1912 年 11 月，涂恩泽认为，开海铁路本为横贯东西干线，由开封而西出伊犁，意在与中央亚细亚铁路相接，由开封而东至海州，意在开辟海口，为通商巨埠，借以抵制德国人，"德人在海州测量数次，觊觎临洪口已久"。若改徐海为徐通，姑且不论海州商埠不可保全，"通州天生港有东西干线起点车站之资格乎？"清通一段为开海铁路支线，必须等到开海告成后再行建造。[③]

1913 年 2 月，江苏省议员武同举等向省议会提出议案，明确要求采取徐州经邳州直达海州的路线方案，对传闻中的海门大港和通州北天生港

---

① 清杨铁路运营初期，因西坝盐业甚盛，加之运河淤浅，营运尚可。1926 年后盐运改走海道，又遭战事，第二年全线运输完全停止，所有路产材料破败不堪。1932 年秋，经南京国民政府铁道部批准，清杨铁路被全部拆除，地亩、房产就地处置，所拆路料供修建陇海线新浦至连云港段之用。见江苏省地方志编纂委员会编《江苏省志·交通志·铁路篇》，方志出版社，2007。
② 邵善昌：《开徐海铁路议》，《中国实业杂志》第 5 期，1912 年 5 月，第 79～83 页。
③ 涂恩泽：《清通铁道利弊说》，《铁道》第 1 卷第 3 期，1912 年 11 月，第 15～17 页。

两个港口选址颇不以为然。淮北区域要港有临洪口和灌河口两处，其中灌河口当时即可停泊满载排水量 4000 吨的轮船（即海军巡洋舰），航运条件可与青岛、大连湾并列。更为重要的是，德人既据胶东，海州实为其势力范围可及之处，清末德兵舰曾在海州鹰游山竖旗探海，"全国大震"。德国在获得胶济铁路权之后又希望获取胶沂铁路筑权。胶沂本无价值，其意在海州，如能筑港于海州之临洪口或灌河口，则"南可以挽上海已失之利权，北可以掣青岛扩张之势力，实完全握有黄海中心健固之海权"，倘若局促偏隅，迁就从事，则将"误投一子，全局皆输"。① 显然，武同举等人更加看重港口选址于海州可以挽回利权与巩固海权的重大价值。

　　同年，冯弼仁、杨友熙、张恩墀、许鼎年、朱蔚馨等以"江北公民"的名义发表了《对于海兰铁路建筑意见书》，其中认为，德国人极力经营胶州湾，目的是"由欧洲筑一极大铁道横贯欧亚直接胶济"，如果中国自办海兰铁路，将来欧亚接轨，中国可望与德国共享"两洲交通之权"。其终点倘若距胶州太远，则陇海铁路腹地仍将以胶州为门户。世界交通日趋便利，海陆必应衔接，若铁路终点选址为长江商埠，由上海握其咽喉，仍受外人控制。至于"以瓜州［洲］② 为终点则江防可固"的说法，意见书认为："自航权丧失而长江天堑久与敌共，即言江防，果江阴可固，则扬镇原能高枕。"清江浦至瓜洲一线，与津浦铁路平行，有大量小轮通运，"以云发达戛乎其难"，通江不如通海。而地处长江口的海门，因距上海太近，能与上海竞争的希望渺茫，且长江下游泥沙沉积严重，轮船经常不能近岸，不宜建设港口。若铁路终点选择海门，则无异于割弃屡遭德国觊觎的海州一带。这一主张与阮惟和之论颇为相似。意见书指出，选择海州为铁路终点并建设海港还有如下好处：因德国经营青岛渐臻完备，鲁、豫、淮、皖等处商业大半入其掌握，经营临洪（口）可角逐；鹰游门海峡有山岛对峙，水深浪静，可作军港；海州行将开辟商埠，上有铁路直达秦陇，则此处不难成极佳之商港；江皖北部迭遭水患，故经营江北实

---

①　江苏省议会：《海兰路选择海口之争点》，《地学杂志》第 4 卷第 4 期，1913 年 4 月，"杂俎"，第 18～20 页。

②　瓜洲，古渡口，位于南京下游，与镇江隔江相望，今属江苏省扬州市邗江区。

为急务，路达海州，则可工赈并举；在海州筑港，则淮北盐与沿线大宗商品可以顺利出口，进口物资则可直供秦陇，运输费用更为节省。① 1914年，议员许鼎霖等向交通部提出交涉，要求尽速修造海兰铁路。许等虽并未明确线路走向和终点海港，但意图明确，在改线清通的呼声渐高时催促铁路尽快开工，无疑是按照此前历次勘测结果，即取道海州。②

主张海州筑港论者中，最具威望的是海州西门人沈云沛。光绪三十四年（1908）至宣统二年，沈云沛在任邮传部右侍郎、署理邮传部尚书期间，批准、支持汴洛线向西展筑洛潼线，并提议汴洛线东延一条开徐线。致力于陇海铁路的规划和建设可谓其"毕生最努力的事业"。在陇海铁路终端海港地址的选择上，沈云沛最初主张并筑三个海港——岚山头、西连岛海湾、灌河口。他认为，西连岛海湾风平浪静，虽不甚深，但于此稍加疏浚，便可与黄浦江深度相同，在此建造海港，等于将陇海铁路修到上海。③

由于曾在邮传部任要职，沈氏意见对晚清邮传部的决策影响较大。有人认为"因海州人沈云沛与交通部的关系，争持多日后，终于由路局决定用北线"；国会议员张相文则指责，沈云沛与陇海路督办施肇曾相互"勾结倡用西连岛之说"。④

（二）路通清江浦、通州设港论

南通方面则坚持应将终端港口放在南通天生港，并接连在报章上制造舆论声势。1913 年 4 月 10 日，上海《时报》"南通州通信"栏目以《海兰铁路终点已定》为标题报道了比公司工程师沙海昂测量南通天生港的消息，称沙海昂建议交通部知会总税务司和海军部，要求进一步测量。⑤ 10 月 4 日，又有报道称"海兰铁路现议直达至通州为止，实较原定筑至

---

① 江北公民：《对于海兰铁路建筑意见书》，《地学杂志》第 4 卷第 9 期，1913 年 9 月，"杂俎"，第 1、2 页。

② 《铁道经营：海兰铁道》，《时事汇报》第 4 期，1914 年 3 月，第 2 页。

③ 政协江苏省连云港市委员会文史资料研究委员会编印《连云港市文史资料》第 8 辑，1991，第 155 页。

④ 朔一：《陇海铁路东段终点的争执》，《东方杂志》第 20 卷第 10 号，1923 年 5 月 25 日，第 10、11 页。

⑤ 《海兰铁路终点已定》，《时报》1913 年 4 月 10 日，第 9 版。

海州之议大有进步"。[1]

国会议员张相文在质问国务院的文书中，坚持陇海铁路东段应自徐州赴清江浦。他认为，自徐州以东，清江浦为最大都会，"明清两代漕河总督驻在地……江北政治之中心，商业繁盛，亦尤推江北之冠"。自徐州往东南抵宿迁，由宿迁沿运河之北，东行至清江浦，一向为通京大道，"沿途固多繁盛市镇，官路宽坦，购地亦复便利"。因此，从铁路营业上而言，"尤宜清徐为一段，海清为一段"，俟此线告成，再以清江浦为起点，由运河往东南方向修筑一条支路，与长江各埠连接。[2]

主张路通清江浦、通州筑港最有力的是张謇。他曾四次上书：第一次上书邮传部，直言终点海州"商港值得怀疑"，力主陇海铁路终点以通州为佳。1912 年 4 月，张氏呈文交通总长朱启钤，要求陇海铁路终点设于通州。1913 年 9 月，张氏以实业总长身份致函交通总长周自齐，第三次反对陇海铁路终点设在海州而力主终点设在通州。1915 年，根据沙海昂勘测崇明之"最终比较，以南线崇明大港最优，而临洪口、西连岛次之"报告，张謇第四次呈文交通总长周自齐，要求汴洛铁路经徐州后，应转而向东南经清江浦，沿运河河堤至崇明。[3]

张謇认为，从地域、人口和物产来看，"江北徐海淮扬旷荡荒昧之区"，将来农工商业的兴衰，必然以路线所经为转移。东西连岛地位狭小而险，屏蔽临洪口之外，最宜建设军港，作为商港未必合适。北线方案，自徐塘（今江苏邳州运河镇）以下，仅有沭阳、东海、灌云三县，其物产种类，盐为大宗，数量有限的豆、麦等一向通过中运河转运。而南线方案历经宿迁、泗阳、淮阴、淮安、涟水、阜宁、盐城、东台、如皋、南通、海门、崇明等十二县，其人口、物产之富，绝非沭、东、灌三县所能比拟。

从线路与工程造价来看，张謇认为筑路费用首推土方，桥梁次之，再次为钢轨，而车辆车站最低。徐塘至东西连岛，虽不足 300 里，但"所经之地，无一寸不当购买，且无旧堤旧阜可循"，其总费用在 3000 万元以上。

① 《时报》1913 年 10 月 4 日，第 3 版。

② 张相文：《徐海路线之质问书》，中国地学会编《地学杂志》第 7 卷第 11 期，1916 年，1934 年再版，第 17、18 页。

③ 刘凤光编著《沈云沛年谱》，第 193 页。

南线方案路程近 1200 里，其中有中运河堤或旧黄河堤以及原有淮阴至杨庄铁道 30 里可供使用，共计 700 里；有待于购地而后兴工，不过 400 里。崇明大港修造费用，"必不致东西连岛之巨"，总费用在 4000 万元以上。

因此，张謇建议，在东路工程，"仅及徐塘口，正当可南北之时，宜请政府饬下路局，暂缓工作，一面派路政专家，实地查勘，必待终点决定而后进行"。[①] 在另一封信中，张謇进一步阐述其观点：

> 法国工程师沙海昂所测五道中，以南线方案崇明大港为最优，而临洪口西连岛次之……海人争执……可谓无事自扰，适见其小……淮扬人今之建议，诚甚正大。同一负数千万工用之债，南为经过十二县，北为经过三县，市镇多寡、地域广狭何如？南十二县之地产与商业，与北三县之地产与商业，丰啬繁简何如？海之外犹有江，北之去路止于海，便利远近何如？南为一千余里，北为三百余里，南有可就之堤，北尽应购之地，南资江淮贯输之功，北伏沂、沭角敌之虑，线之长短，费之耗省，计之安危何如？路由债成，债须利还，南所可冀之利与北何如？还债之迟速何如？以上八者，尽明白而易晓……惟中有一节，须揭以示海人，消其贰而阻者，即所谓已有人预购路线终至之地，待弋善价以为利。若明示以支路，仍可筑至海，或可平其私斗之心。[②]

有证据表明，苏路公司于 1911 年、1912 年推出的徐通路方案，也是在该公司协理、南通人张謇的主导下推出的。时评称张謇"以个人经济测勘徐通铁路路线，盖欲以知此路究长若干里，设或建筑须若干款项。镇江各界开会演说竟谓张一人之私见，欲以决裂手段对待，此诚事之至奇者也"。[③]

① 张謇：《为陇海路线事复孟莼生函》（1917 年），《张季子九录·政闻录》卷 4，中华书局 1931 年 10 月聚珍仿宋版，册 2，第 20~22 页。
② 张謇：《为陇海路线事复凌植支函》（1917 年），《张季子九录·政闻录》卷 4，册 2，第 19、20 页。
③ 洁：《张季直先生以个人经济测勘徐通铁路路线盖欲借以知此路究长若干里设或建筑究须若干款项》，《时报》1912 年 6 月 27 日，第 10 版。

这一时期的争论，随着陇海路局决定采用由徐州直达海州的方案而告一段落。有人称这一决定与沈云沛有直接关系。

（三）争论再起

1923 年，陇海线从徐州延伸到运河（今江苏省邳州市区）时，关于路线走向的纷争波澜再起。陇海路局准备于该年 5 月 1 日起，自运河与海州两端同时动工，10 个月内完成东段最后不足 180 里的铁路施工。不料此时忽然有河南籍国会议员陈某，提出查办陇海铁路前任督办施肇曾和时任督办张祖廉改用南线议案，江苏籍议员张相文等亦有所提议，江苏省议会议员钱基厚等"群起响应"，他们通过江苏省政府致电交通部饬令陇海路局暂停筑路工程。如此一来，主张北线者自不能坐视不理。海州籍原安徽督军马联甲说："陇海路东段终点，迭经工程师勘测考虑，几经审慎，而后定以西连岛为最适宜……断无因少数人意见之分歧置全路工程于停办之理……若再将正在积极进行之路工骤然停止，恐筑室道谋之事难成，而人民怨讟之声遍起……"①

针对此次争论，路政当局几乎没有任何公开回应。此时，重新签订的借款合同引入了荷兰资金，陇海东段和海港建设由荷兰方面负责，荷方的倾向是铁路终点设在海州，并建设海港。路政当局很早既已决定把海州作为陇海铁路终点，比利时工程师于 1915 年和 1919 年又两次赴海州重行勘测，两次均确定以海州为终点。② 1920 年 7 月，陇海铁路督办施肇曾透露，海州地方申请开办商埠时声称海州为陇海铁路终点，农商部为谨慎起见专门行文交通部询问，陇海路局在向交通部上报时确认以海州为终点。③ 路政部门显然是吸取了此前被动卷入双方争论的教训，因此决定专注于铁路建设，不予回应。1925 年，随着陇海铁路运河至海州段通车，争论终于平息。

三　路政当局的现实考量

陇海铁路东段最终采用直线方案，设港海州，除了上文已述的基于国

---

① 朔一：《陇海铁路东段终点的争执》，《东方杂志》第 20 卷第 10 号，1923 年 5 月 25 日，第 10、11 页。

② 《工业界消息：海州筑路开港之外讯》，《工业杂志》第 10 卷第 4 期，1922 年，第 51～52 页。

③ 《陇海铁路东段终止点问题，施肇曾之谈话》，《申报》1920 年 7 月 6 日，第 6、7 版。

防军事和挽回利权的考量外，还有一个重要的因素就是该路极为严峻的资金和债务压力，客观上迫使路政当局要尽快实现全路贯通、修筑海港，以便偿还该路巨额的国内外借款本息。

从汴洛铁路时代起，该路几乎全为借债修筑，光绪二十九年八月十九日（1903 年 10 月 9 日），《汴洛铁路借款合同》约定中国铁路总公司向比利时铁路合股公司借款 100 万英镑，约合 2500 万比利时法郎，年利息五厘。① 此后因工款不足，汴洛铁路于光绪三十三年二月十八日（1907 年 3 月 31 日）向比利时方续借 1600 万法郎，两次合计借款 4100 万法郎，约合 164 万英镑。② 《陇秦豫海铁路借款合同》约定以三期发行债券，该借款因一战爆发而中断。这直接导致了陇海铁路因工款断绝而停工。"路未贯通，营业不能发展，利息除短期贷款付给外，基本由财政部代为垫付，第 4 期至第 12 期，约计 1500 万法郎。"③

至于陇海铁路的负债情况，则更为严峻。1912 年 9 月《陇秦豫海铁路借款合同》约定，将汴洛铁路归并陇秦豫海铁路之内，拟定借款 1000 万英镑（约合 2.5 亿法郎），将汴洛铁路借款 4100 万法郎（约合 164 万英镑）全数提前还清，原《汴洛铁路借款合同》及《汴洛铁路行车合同》作废，同年 12 月交通部令汴洛铁路实行归并，预备于 1913 年 1 月 1 日将各项清册，但随后因陇海路债票仅发行 400 万英镑，汴洛铁路借款未能提前偿还。此外，根据干路国有政策，陇海铁路须将苏路公司承筑的清徐铁路清（江浦）杨（庄）段收购，此项支付共计银 1015247.925 两，该款项由邮传部路政司垫付，《陇秦豫海铁路借款合同》签订后，1913 年 1 月交通部将所垫经费与陇海路结算。除收购清杨段外，陇海铁路还收购了洛（阳）潼（关）铁路商股。④ 以上各项支出实际均由《陇秦豫海铁路借款合同》所借款项垫付，共计 5000 万法郎。⑤ 1913 年 3 月 31 日该项借款在

① 《交通史·路政编》第 14 册，第 452 页。
② 曾鲲化：《中国铁路史》，第 818 页。
③ 财政科学研究所、中国第二历史档案馆编《民国外债档案史料》第 7 卷，档案出版社，1990，第 75 页。
④ 《交通史·路政编》第 14 册，第 500～503 页。
⑤ 《交通史·路政编》第 14 册，第 552 页。

欧洲发行了第一批债票 400 万英镑之后，陇海铁路总公所先后成立了西路工程局和东路工程局，一战爆发后，后续债券未能发售。1914 年第一批为工程师建筑办公房屋的材料运来海州，一战爆发后比利时工程师未能得到经费，不得不出售该批材料以应急需，[①] 可谓窘迫至极。

欧洲停战之后，金融奇窘，很多国家因此禁止对外提供贷款，比利时方面无法独自承担原先承诺的发行债券任务，而荷兰外汇管制相对较宽松，无奈之下又联合了荷兰方面。在新合同中，荷兰方面承建陇海铁路东段以及海港工程（补充该条款）。其间，陇海铁路局因债券发行不力，资金紧缺，又分别进行了多次贷款和短期借债（见表 2 - 1），以致其负债情况达到相当严重的程度。有时路未修通，而还款日期已到，或新款尚未就绪而旧债已经到期。截至 1924 年 1 月 1 日，陇海铁路全路负债总额已经达到 122868930 美元。[②]

表 2 - 1　1912 年陇海铁路借债情况

借款名称	借款金额	约合英镑
第一批债票	400 万英镑	400 万
比利时垫款比币	2000 万法郎	20 万
第二批债票比利时部分	13500 万法郎	135 万
第二批债票荷兰部分	2500 万荷币	175 万
第三批债票比利时部分	7500 万法郎	75 万
第三批债票华币部分	1000 万元	100 万
总计		905 万

资料来源：《交通史·路政编》第 14 册，第 757 页。

陇海铁路的负债情况，与其他各铁路相比，更有其特殊之处。该路内外债总额的确不高于京汉、京绥等铁路，但后二者之债务均为赎回路权或支持铁路营业所用，[③] 而陇海铁路所欠内外债均为建设铁路费用，铁路在

① 《工业界消息：海州筑路开港之外讯》，《工业杂志》第 10 卷第 4 期，1922 年，第 51 ~ 52 页。
② "From Sea to Kansu by Railway, Proposed Extension of Lunghai Line to Far Away Lanchow: Wu Pei fu Approving," *The North-China Herald*, July 12, 1924.
③ 赵志强：《平汉铁路债务研究（1908 ~ 1937）》，《历史教学》（高校版）2008 年第 12 期。

通车、营业之前，是没有偿还能力的。负债数额巨大，铁路迟迟不能贯通，陇海路局面临巨大的压力，显然不会再考虑选择路轨延长 100 多公里的徐州—清江浦—海州方案，遑论将其延伸数百公里而至通州。

1905 年前后，德国谋求在山东全境修筑铁路，试图以铁路延伸将山东全境及相邻各地纳入青岛港的腹地，多次向清邮传部、外务部提出交涉，要求修筑德州至正定、胶州至沂州、兖州至开封的铁路，并多次派军舰勘测海州沿岸港湾，其谋取临洪口作为青岛港策应的意图非常明显。[①] 1905 年中国各地盛传德国人已经占据海州，[②] 以致全国各界群情激愤，"士民演说抵制，留学生亦复警电迭传"。[③] 一战期间，日本取代德国占据山东，也承继了德国的扩张战略，谋求修建济顺（济南至顺德府，今河北邢台）、高徐（山东高密至江苏徐州）两路，这也是"二十一条"中的重要条款。其南线由山东高密沿海岸线经沂州后抵达江苏徐州，意图将整个山东包括江苏北部纳入势力范围。基于此意图，日本很早即对该终端港口选址高度关注。日本方面认为："该路东方终点之决定与新取得青岛山东地步之日本，为利乎抑为害乎？不可不深注意也！"[④] 交通部中不少人士经历过清末与德国在山东的路政交涉，[⑤] 对日本提出的济顺、高徐两路主张充满疑虑。据报道，1916 年日本曾私自测量海州之灌河口，[⑥] 1918 年 5 月又传出"海州铁山售与日人，官场秘不宣布"，[⑦] "日本人已取得一矿务让与权，海州知事出示布告证实"。[⑧] 而且当时中国社会挽回利权情绪高涨，"一遇外人要求之风说，则合力以抵抗之；一闻主权丧失之传言，则群起而呼号之"。[⑨] 很难说交通部不会受到舆论大环境的影响。因此，在江苏北部取直线尽可能贴近山东的方案，毫无疑问具有抵制外国势

---

① 涂恩泽：《清通铁道利弊说》，《铁道》第 1 卷第 3 期，1912 年 11 月，第 16 页。
② 《论东三省割换闽省之传闻》，《申报》1905 年 11 月 9 日，第 1 版。
③ 《论日本经营满洲内政》，《申报》1906 年 5 月 5 日，第 1 版。
④ 康诰：《陇海铁路与东方海港（译日本报）》，《铁路协会会报》第 39 期，1915 年，第 139 页。
⑤ 刘凤光编著《沈云沛年谱》，第 244、255、266 页。
⑥ 梁冰：《长淮流域水利宣言书》，《丙辰》第 1 期，1916 年 12 月。
⑦ 《西报之海州消息》，《申报》1918 年 6 月 15 日，第 3 版。
⑧ 《日人在海州取得开矿权》，《民国日报》1918 年 5 月 12 日，第 7 版。
⑨ 《论日本经营满洲内政》，《申报》1906 年 5 月 5 日，第 1 版。

力控制的价值。

民国政府鉴于长江以北旅顺、胶州均为外人所占，海权沦丧的现实，计划于渤海以南、长江流域以北觅定良好港口以便军舰随时停泊，且备战争时收水陆联络之效，因此又由交通部函请海军部选派熟悉军港人员会同总税务司所委海关巡工司，"按照原勘濒海各处逐一复勘，悉心参较"，并由交通部会同海军部决定地点。① 海军部亦希望在北方沿海良港尽为外人所占的窘境下另行寻觅一处山岛对峙的港湾。可以认为，国防军事的考量是最终确定线路和港口选址的决定性因素。

陇海最终路通海州、筑港西连岛，其中显然也包含了时人最关注的利权问题，邮传部各种公文中频繁出现诸如"自筑""裁汰洋员""使用中国工程司"等话语，以及苏路公司自行筹款建设清徐铁路和筹划清通铁路的举措都表明，当时中国社会各阶层已经可以"老练地使用民族主义的诉求"。②

正如上文张謇所言，农工商各业盛衰皆以铁路路线所经为转移，③ 海州以及淮、扬、通各地人士的主张与争执，以及本籍官员利用自身影响直接决策或间接施加影响的情况并不稀奇，无非为各自家乡争取利益而已，类似情况在当时各条铁路修筑中广泛存在。张謇力主铁路南下通州，以铁路扶助地方固然有应有之义，但借助国家力量（其实仍是对外贷款）完成地方铁路公司因工款亏空殆尽而似乎永远未竟的铁路事业，更是有无法言说的深层用意。传统中国的地域观念与对外争夺路权问题共同推动了争夺路线的争论。

陇海铁路的走向选择和出海口选址，还与财力密切相关。陇海铁路全路均为贷款修建，而且是借新债还旧债，还款压力极大，若铁路自徐州转向东南，至崇明设港，线路要比在海州西连岛长出一倍，造价多出 1000

---

① 《国务院咨覆交通部筹筑海兰铁路经过之实在情形文》，《参议院公报》第 1 期"国会"第 8 册，1913 年 7 月，第 86～89 页。

② 〔美〕彭慕兰：《腹地的构建：华北内地的国家、社会和经济（1853～1937）》，马俊亚译，社会科学文献出版社，2005，第 153 页。

③ 张謇：《为陇海路线事复孟莼生函》（1917 年），《张季子九录·政闻录》卷 4，册 2第 20～22 页。

万元。其远景虽好，但对于工款窘迫状况"冠绝"全国铁路的陇海铁路局而言，实在是无力追逐的幻景。[1] 从清末民初开始筹筑，其间屡次因工款无着而停工，直到 1920 年代才修筑到徐州以东，迟迟不能全线通车。路政当局希望尽早完工，该区域内津浦铁路已运行多年，京杭运河江苏段货运繁忙，水运价格低廉，徐州以南货物运输业务基本由此二者垄断，陇海铁路作为后来者很难与其竞争。沪宁铁路可谓现实例证，该路沿途尽为富庶之区，但因与长江平行，在后者竞争之下，该路货运并不兴旺。所以，对营业收入困难的陇海铁路而言，适当避开强大对手还是比较明智的。

第二节　陇海铁路东展与港口修筑

因汴洛路借款合同规定，如清政府认为满意并有意愿将此铁路延长，则授予比公司借款筑路的优先权，[2] 1912 年北京政府与比利时公司另订陇海铁路借款合同，建筑由兰州经西安、潼关、陕州、洛阳、开封、徐州而至海滨的铁路，并筑造海港，汴洛铁路为其中之一段。

在长江以北修建一个近代化的陇海铁路终端港口，至少从汴洛路修建时期即开始酝酿。陇海铁路兴修伊始即动议于路线终点沿海建筑海港，以便于水路联运相互衔接。[3] 而第一次见诸正式文件是 1912 年的《陇秦豫海铁路借款合同》。该合同第四节（"借款宗旨"）规定："此借款专为下开各节之用：建造东西干路；西自兰州府、东至江苏省扬子江北滨海之区；利用汴洛、洛潼并清江浦各段，经西安、潼关、河南、开封、归德、徐州等处；勘定路线及其滨海或江口建筑码头之点，由中国政府所派督办并公司定夺。勘定之后公司按照本路利益商定建筑工程、应配物料、购办地段、车辆等等，接连已成各段工程使全路行车利便。"[4]

----

① 凌鸿勋：《中国铁路志》，第 203 页。
② 《交通史·路政编》第 14 册，第 458 页。
③ 《交通史·路政编》第 14 册，第 797 页。
④ 《交通史·路政编》第 14 册，第 506 页。

　　其东段徐州至海州一段全长 186 公里，于 1921 年开工修建，1925 年通车。陇海铁路原本只是修筑到了新浦，后因为需要与海运连接起来，乃另行开辟一条支线，长 80 华里。铁路东端自大浦至老窑（连云港）码头的 28 公里路线于 1935 年 8 月以前通车运营。[1]

　　连云港正是作为陇海铁路的出海口而由陇海路局主持修筑的。[2] 当然，选址连云港并不是从一开始就确定了的，签约的双方——北京政府与比利时公司对于陇海铁路终端港口地址的选择并没有明确的意见。如本章第一节所述，其间历经波折，最终决定以海州为陇海铁路终点，并选址建港。

　　《陇秦豫海铁路借款合同》签订后，陇海当局委托比利时公司代请法籍工程师格锐奈为海港测量队队长，自 1913 年 3 月起对江苏全省海岸进行了测量，中国水利学家武同举参加了这次测量。

　　格锐奈根据测量选定的建港地址是西连岛南面云台山下的老窑。他认为该地作为陇海铁路终点，是铁路通向海边最便捷的终点，徐州直达老窑的铁路里程仅为 200 多公里；老窑面临海州湾，前面有东西连岛为屏障，后有云台山为依托，岛山环抱，是船舶理想的避风场所；航道较短，且极易疏浚。1914 年 11 月 20 日，格锐奈经再次勘探后写出《对于西连岛建设陇海铁路口岸说帖》，提出了筑港计划，其主要内容是：由西连岛的西端至陆地筑一条 3600 米长的防波堤以屏障港区；从连岛东面和老窑各向海中建筑堤坝，共长 3185 米，中间留有 300 米长的船舶出入口；港区面积 12 平方公里；将港区疏浚至最低潮水 6～9 米深，疏浚出一条 6 公里长、300 米宽、水深 9 米的航道；先期建成码头 5 座，成平行式，各长500 米、宽 300 米，同时可容纳 6000～8000 吨船舶 40 只。第二步计划增加码头 7 座、船坞 1 座，以及另外一个小港作为装卸油料等危险物品的专用码头。全部竣工后，共有码头 12 座，可停泊 96 艘大轮船，且港区还可以停泊 40 艘轮船，[3] 借助拖驳装卸货物。按照格锐奈的计划，该港可成

①　曾仲鸣：《我国铁路之最近建设状况》，《中国经济》第 3 卷第 8 期，1935 年 8 月 1 日。
②　凌鸿勋：《陇海铁路建设概要及新工作进行述略》，《铁路协会会刊》第 2 卷第 1 期，1930 年 1 月，第 38 页。
③　刘峻峰：《陇海铁路终点海港》，《工程》第 12 卷第 2 期，1937 年 4 月 1 日，第 114 页。

为中国沿海首屈一指的大港，但其修建费用也将达到惊人的 6900 万法郎。[①]

格锐奈的计划太过庞大，陇海路局根本无力承担如此巨大的工程开支。当时，对外借款几乎是筹集铁路工程用款的唯一途径。然而欧洲正值一战，陇海铁路在欧洲发行债券融资的计划中途落空，陇海路局只能一再修改压缩筑港计划。此后随着国内战争的蔓延，再加上陇海铁路尚未铺设到海州，此时铁路对港口的需求并不是非常迫切，筑港计划搁置多年。1920 年重新签订合同之后，鉴于陇海铁路资金匮乏，荷兰工程师范·德·布鲁克（Van den Brock）重新测量了西连岛港位，在同一位置，制定了一个比格锐奈计划更经济的建设方案。范·德·布鲁克的方案是在格锐奈的基础上设计一个较小的港区，"其中仅开一深沟"，挖深至 6 米，至于防波堤和码头的建筑，则以"货物运输之实在需要情形为断"。[②]

一 大浦码头：应急出海口

1925 年，陇海路向东延伸到了海州临洪河岸的大浦，西段至陕西灵宝后，全路工程因经费断绝而再度停止。在此情况之下，为将已成路线沿路物产运出，并尽可能争取更多的营业进款，陇海路局将大浦开辟为应急出海口。

从 1925 年到 1934 年，大浦充当了陇海铁路的临时港口，该铁路大部分进出货物经由大浦港。但因陇海铁路经费困难，且仅属临时性质，该港并未使用港区船坞及起重机等高价设备，仅有两只木质趸船可供给停泊轮船之用。[③]

由于临洪河弯曲度比较大，降雨之后河水流速很高，河中沙滩随时变动，河口一带水下暗沙较高，附近又无屏障，天气恶劣时行船非常困难。大船最多装 1200 吨，一般船只装货在 1000 吨之内。但"大船进口，殊感

---

① 徐德济主编《连云港港史（古、近代部分）》，第 44~46 页。

② 刘峻峰：《陇海铁路终点海港》，《工程》第 12 卷第 2 期，1937 年 4 月 1 日，第 113~115 页。

③ 刘峻峰：《陇海铁路终点海港》，《工程》第 12 卷第 2 期，1937 年 4 月 1 日，第 113 页。

困难，如 1200 吨之船，须趁海潮来时，方能进口"。[①]

即便是在如此简陋不便的条件下，临时港口修筑之后，仍然对当地工商业的发展发挥了明显的促进作用，大浦港附近由此开始繁荣。大浦港进出的轮船以往返青岛、上海等处最多，轮船与铁路之间转运的货物均由轮船公司或货物代办公司办理。1930 年前后，共有轮船公司 6 家、转运公司数十家开展业务，这些公司一般开设在新浦，并在大浦设立办事处。轮船招商局鉴于陇海路营业日渐发达，于 1929 年秋开通了大浦航线，开行长期班轮，委托大兴公司作为代理。招商局的班轮开行以后，营业状况颇佳，因此积极谋划在大浦建筑码头，起盖栈房。到 1934 年，往来于上海和海州大浦间的轮船公司有招商局、大振公司、合众公司 3 家，各有船 3只投入该线航运。[②]

早期大浦码头设施有限，仅有两座栈房。一是陇海路所办的陇海栈房，规模极小，仅能囤货 1000 余吨，但已经筑有自己的码头。二是豫海栈房，"范围甚大，长有卅二丈，宽六丈余"，计有 90 余间，"可堆货五六千吨之谱"。该栈房面临临洪河，"离陇海铁道约十余丈远"，但铁道尚未与栈房衔接起来，且没有自建码头，栈房也没有铺设铁道枕木。[③]

除此之外，还有自新、公益、福泰、聚安、大陆、聚兴等制盐公司先后进入新浦和大浦，徐州、蚌埠等地商人在此设立各种贸易机构 41 家。自 1926 年至 1933 年，大浦的人口急剧增长，除大量流动人口外，固定住户有上千户。[④] 由于进出口业务的增长，海关在此设立了机构以收取进出口税。[⑤]

然而 1930 年底，港口航道开始严重淤塞，这给码头货物运输造成了

①　《调查新浦镇各项商务状况报告》，《海光》第 2 卷第 3 期，1930 年 3 月 1 日，第 18 页。
②　陈调甫：《海州左近调查记》，《海光》第 6 卷第 20 期，1934 年 3 月 30 日，第 309 ~310 页。
③　《调查新浦镇各项商务状况报告》，《海光》第 2 卷第 3 期，1930 年 3 月 1 日，第 17、18页。
④　徐德济主编《连云港港史（古、近代部分）》，第 60 ~62 页。
⑤　《调查新浦镇各项商务状况报告》，《海光》第 2 卷第 3 期，1930 年 3 月 1 日，第 17、18页。

极大的障碍。[①] 临洪河的航行条件日益恶化，"船只大感不便，非经多数困难与时间损失，不能移动尺寸"。与此同时，数千吨货物经常囤积于码头及货栈中待运。由于航行不便，轮船在大浦需要更长的在港时间，直接推高了大浦至上海间货物的运费。其结果就是内地经陇海运出货物，大部分转向浦口。物价低落的时候，有些货物销售无法承受经由浦口或大浦的高额运费，上海甚至出现花生市价低于产地开封至上海水陆运费的现象。

最为困难的是，即便花费巨款持续进行清淤疏浚工作，实际上也不能使淤塞有所改善。临洪河发源于山东省沂蒙山区，每年挟下泥沙约 60 万立方米，大部分沉淀于河口，并沿河道上溯淤塞 30 公里。如需保持航道深度，每年清淤量在 12 万～15 万立方米。[②] 这已经远远超过了大浦港每年的货运吞吐量，非常不经济。

航行困难导致进出大浦港的轮船逐年减少，1931 年货物吞吐量从1930 年的 41845.2 吨猛跌到 29684.1 吨。[③]

大浦临时码头不敷使用，其影响并不限于陇海铁路自身。1930 年前后，上海商业银行计划在新浦拓展堆栈业务，[④] 但至 1935 年上半年，仅有中国银行一家正常开办该业务。[⑤]

在西连岛建筑海港是早就做好的规划，但临洪河上的大浦港面临的极端严重的情形，使陇海铁路货运有减少之虞，于是陇海路局局长钱宗泽"以时机已至，毅然决定建筑最后海港于西连岛"。[⑥]

二　海港工程历尽艰辛

1931 年 12 月，陇海路局在给铁道部的呈文中称，临洪河上游淤塞严重，仅 500 吨小轮可勉强出入，濒临废弃。大浦港的淤塞导致货物运输梗

① 徐德济主编《连云港港史（古、近代部分）》，第 60～62 页。
② 刘峻峰：《陇海铁路终点海港》，《工程》第 12 卷第 2 期，1937 年 4 月 1 日，第 113 页。
③ 徐德济主编《连云港港史（古、近代部分）》，第 60～62 页。
④ 《拟设新浦商业银行汇兑处之意见》，《海光》第 2 卷第 4 期，1930 年 4 月 1 日，第 4 页。
⑤ 《新浦办事处过去一年中之业务经过》，《苏行谈座》第 1 卷第 4 期，1935 年 4 月 30 日，第 6 页。
⑥ 刘峻峰：《陇海铁路终点海港》，《工程》第 12 卷第 2 期，1937 年 4 月 1 日，第 113 页。

阻，进而影响铁路运输业务，拥有一个能正常运转的港口对于一条横亘东西的铁路干线至关重要。因此陇海路局不得不重新考虑修筑码头。

陇海路局在上报铁道部的筑港计划中提出的具体方案如下。①正式海港，从孙家山起经老窑至涛连嘴止，沿岸建设各种码头、南北止浪堤（即防波堤），以及沿岸护墙、灯塔等，整个工程造价极其高昂，达到3000 余万元。②临时海港，目的在于节省经费，共有四种方案。一是在涛连嘴建筑码头和部分止浪堤，连同路线费造价约 540 万元。二是老窑临时码头，止浪堤和护墙暂不建设。因该地水文和航道条件较优越，千吨轮船随时出入，2000 吨以上轮船可乘潮出入。此方案造价最低，在利用新浦至墟沟的路线存料的情况下，仅需 100 万元左右。三是墟沟，沙滩广阔，工程造价高而且无把握。四是孙家山，工程较易，但避风条件不好，船只一遇西北风则要先期躲避，而且仍然需要用驳船转运装卸，非常不便。因此，陇海路局倾向于在老窑修建临时海港。1932 年 1 月，铁道部指令基本同意此方案，并就工程设计问题提出了具体的指导性意见和再行修改完善的要求。在陇海路局委派专人再行勘测和修订工程计划后，铁道部正式批准建设临时海港。[①] 工程预算为第一码头及防波堤 300 万元，第二码头 85 万元，挖深航道 90 万元。[②]

承担港口建筑的是荷兰治港公司。该公司原本承接了包修葫芦岛海港工程，1932 年 11 月，因日本人恐葫芦岛落成后不利于大连，乃迫使"满洲国"当局与荷兰公司解除葫芦岛建筑合同。当时该公司船舶材料均囤积于烟台，遂应陇海路局邀请，双方于 1933 年 5 月签订合同，由荷兰治港公司包修连云港码头，工程费 300 万元。预定工期是 1933 年 7 月 1 日开工，次年 10 月完工。[③] 港口最初的建设工程只限于建筑两个码头，其中普通码头一座，长 450 米、宽 60 米；防波堤一段，长 1050 米；小港区挖深至 5 米，靠近码头一段则为 6 米；煤码头一座，长 450 米、宽 55 米，专供运煤出口之用；航道一条，长约 5000 米、深 5 米。两座码头的距离

---

①　铁道部铁道年鉴编纂委员会编印《铁道年鉴》第 2 卷上册，1935，第 201~204 页。

②　《连云港筑建现状》，《建筑月刊》第 3 卷第 6 期，1935 年 6 月，第 48 页。

③　《连云港开工——陇海东段视察记》，《大公报》1933 年 7 月 10 日，第 4 版。

为 260 米，由距离岸边 100 米处向外挖 1150 米，借助防波堤与煤码头作为东西屏障，形成一小港。竣工以后，4000 吨轮船同时可容纳 6 只，可以满足当时货运需要。① 这个建设方案，很大程度上借鉴了荷兰工程师范·德·布鲁克的思路，预留了"将来视贸易情形，再继续增筑"的发展空间。②

1933 年 5 月筑港合同签订后，荷兰治港公司随即招募职员赶赴老窑工地，调遣工程船舶，运送机械材料，建造工厂和办公用房，筹备正式开工。鉴于该地缺乏淡水资源，公司建造了一个蓄水坝收集雨水。这些筹备工作从 4 月到 8 月先后完成，码头正式工程则于 7 月 1 日宣告开工。

一号码头工程一开工就遇到了意想不到的困难。工具运到之后，先行钻探海底以验证此前设计测量报告。根据钻探结果，预定建设码头位置海底淤泥层深度和该泥层的承重力之弱，均出乎意料，因此原设计的钢板桩墙完全无法保证码头稳固。然而所需要的钢板桩已经由德国工厂制造完毕，装船待发，形势所迫之下，施工方只能在此基础上补救后强行施工。

1933 年 10 月 1 日开始进行打入钢板桩工作（见图 2-2）。翌年 3 月 8 日，打桩至距离岸边 265 米处时，因风浪太大，未能与钢板桩背后填充石块等配套作业以同样速度进行，以维持已经打入钢板桩的安全，钢板桩上部被海浪冲击左右摇荡，胶泥随之向外移动，导致已经打好的钢板桩墙体从距离岸边 210~265 米一段向外移动，钢板桩上部向外斜出 2~3 米，下部向外整体推出约 0.5 米。施工方采取的补救措施是从烟台调运水面起重机和拔桩机各一部，从 1934 年 4 月 26 日开始到 5 月 11 日，共拔出钢板桩 157 根，由距离岸边 265 米拆至 203.6 米。此次失败的原因是海底淤泥层太深，钢板桩长度不足以深入海底硬底。经改进后，打桩工作从 1934 年 7 月 8 日继续进行，至 1935 年 3 月 13 日，板桩墙构筑完成。

---

① 刘峻峰：《陇海铁路终点海港》，《工程》第 12 卷第 2 期，1937 年 4 月 1 日，第 112~115 页。

② 《连云港开工——陇海东段视察记》，《大公报》1933 年 7 月 10 日，第 4 版。

图 2-2　一号码头工程打桩机架

资料来源：《江苏建设》第 1 卷第 1 期，1934 年 3 月，"报告"，第 39 页。远处为东西连岛。

　　然而在码头内部填土过程中，因胶泥涌出问题，一号码头工程在即将完成之际功败垂成。此地海底胶泥息度①极小，几乎等同于半流质。"比拟于奶油，以刀切之，可在 90 度下垂直竖立，若稍加压力于上，则全体铺平。"② 一号码头内部，原来在 -1.5~2.0 米高度下的胶泥，经过填土和石块的压力向上涌出，高度达到海平面以上 4.0~4.5 米，几乎不能承受丝毫压力。开始填土时为节省费用，施工方试图用石块做堤以阻止胶泥向外流出，但石堤随着胶泥流动而于事无补。原本这些胶泥应当完全排出以后再填土石，但在钢板桩墙及回墙完成之后，胶泥在土石重压之下大量向上涌起，在码头北端逐渐形成庞大的水力式压力，导致连接防波堤与板桩回墙的石堤被顶部的胶泥压力徐徐推动，并向外流去。

---

① 息度，即安息角，简单理解就是自然流出的粉末试样，在平面形成锥体堆积，平面与粉末锥体堆积之间形成的夹角，称为安息角。一般同种颗粒安息角越小则流动性越强。

② 刘峻峰：《陇海铁路终点海港》，《工程》第 12 卷第 2 期，1937 年 4 月 1 日，第 126 页。

虽然在石堤上放了更多的石块，但因横力过大，石块的重压并无效果。1935 年 5 月 1 日下午 1 时，板桩墙北端顶板接头铆钉因无法承受重压而断裂，顶板脱开，板桩正墙北端向外移动了 1.84 米，回墙整体向北移动 1.8 米，并在尽头向下陷落 2.4 米，背后的填土也因此塌陷。第三泊位钢板桩墙的沉淀脱陷，导致码头仅能停泊两艘 3000 吨级轮船。[①] 此时，钢板桩后填筑土石工作已经完成，一号码头工程东边石坝完成 95% 工作量，码头中部完成 90% 工程量，[②] "完成在即之码头，至此竟功亏一篑，殊属可惜"。[③]

这次的补救工作，先是于 5 月 4 日挖取板桩墙背后的填土，以便拔出已经移动的板桩，并经多次讨论后，向欧洲再购买更长的钢板桩以便可以达到 -16 米以下的硬底。从 5 月 16 日开始，拔桩、挖泥、引流胶泥工作依次进行，8 月 15 日开始继续打桩，施工方不惜工本以确保成功，最后终于完成了一号码头建设工程（见图 2-3）。全部工程原本预定开工后 12 个月完成，实际上直到 1936 年 1 月 15 日才完成，总历时 30 零半个月。所用材料，除了钢板桩仅多用了 9% 外，土石沙以及挖泥工作，平均达到了设计工作量的 2.5 倍。[④] 该码头一号泊位于 1934 年 10 月 5 日靠船，二号泊位于同年 12 月 24 日启用，三号泊位直到 1936 年 1 月 15 日方投入使用。

修筑码头的老窑对面虽有西连岛作为屏障，但因港口东北及西北方向吹来的大风以及远海涌来的波浪，船只停泊仍然很不方便，必须修筑防波堤方能安全停泊。该地每年风季东北风多于西北风，因此首先应当修筑港口东边的防波堤。港口工程正式开工后，施工方即先致力于防波堤修筑工作。与一号码头工程一样，也是采取顺序施工的办法，从海岸开始，逐渐延伸至海中，利用已经建成的部分作为基础，铺设轨道以运输砂石进行后续施工。[⑤]

---

① 《连云港筑建现状》，《建筑月刊》第 3 卷第 6 期，1935 年 6 月，第 49 页。

② 《连云港老窑码头工作之进行》，《铁路杂志》第 1 卷第 1 期，1935 年 6 月，第 108 页。

③ 刘峻峰：《陇海铁路终点海港》，《工程》第 12 卷第 2 期，1937 年 4 月 1 日，第 128 页。

④ 刘峻峰：《陇海铁路终点海港》，《工程》第 12 卷第 2 期，1937 年 4 月 1 日，第 128 ~ 130 页。

⑤ 《连云港筑建现状》，《建筑月刊》第 3 卷第 6 期，1935 年 6 月，第 48 页。

图 2 - 3　连云港一号码头施工现场

資料来源：邵福昕摄。参见俞德春《连云港老照片现京城》，2009 年 3 月 12 日，连 云 港 新 闻 网，http://www.lygnews.com/ent/lishi/2009/0312/12902.html，2012 年 4 月 14 日。

开始阶段，因距离岸边较近且海底胶泥层浅，工程很是顺利。但施工至距离岸边 200 米处时，海底胶泥层逐渐变厚，石坝开始下沉。当时认为胶泥太轻，石坝下沉在所难免，下陷至均衡位置后自然停止。但事实上距离岸边越远石坝下陷越严重，即使已经填高的石坝，每次经历低潮都会下沉。工人终日填充石块、垫高轨道，而石坝却不见增高。随后施工方夜以继日工作，用火车每天运送石块 600 立方米，仍然不能填高沉陷部位。距离岸边 250 ~ 350 米处，以这种方式工作了数月，石坝仍在不断下沉。每当低潮、夜晚比较安静时，可以听见石块摩擦的声音，白天甚至可以看到石块在自行移动，石坝上铺的轨道"随石徐徐蠕动，有如蛇行，俟其停止，而轨道已下沉与弯曲，非加工起垫，不复能行车矣"。① 无奈之下，工程被迫停止。待到下沉稳定后发现，填入的石块需要相当的时间将海底胶泥层排出方能稳定下来。经过载重试验，将后续石坝的海底基沟拓宽、

---

① 刘峻峰：《陇海铁路终点海港》，《工程》第 12 卷第 2 期，1937 年 4 月 1 日，第 133 页。

加深，方得稳定施工。不过，其间距岸边 330～450 米处的一段石坝仍然
发生了沉陷，并向外推动。此后，通过修改石坝边坡坡度、表面使用 1～
3 吨重巨大石块砌铺成护坡，防波堤工程最终完成，而所需材料、人工和
时间均比原计划多出近一倍。

　　修建的二号码头（见图 2-4）亦告竣。该码头在一号码头以西 260 米
处，是由中兴煤炭公司提供借款、专为运煤出口而建设。因用运煤机直接
装船，船只不需要紧靠码头墙，通过缆绳系在靠船桩上，所以建造时可以
省去码头墙。普通小件货物装卸以及人员上下船，则是通过一个木质平台。

图 2-4　施工中的连云港二号码头

资料来源：《连云港之建设》，《晨报：南京市、江苏省、上海
市建设画报》，1935 年 10 月，第 13 页。

　　根据设计，该码头无须像一号码头一样修建码头墙，且宽度比后者少
5 米，似乎工程量更小一些。事实上，二号码头建设过程中遭遇的困境一
点也不少，"该码头工程似尤逊于第一号"，[1] 先后经历了四次较大规模的

---

① 《连云港筑建现状》，《建筑月刊》第 3 卷第 6 期，1935 年 6 月，第 49 页。

下沉、漂移等挫折。1936 年 5 月二号码头竣工，"数年来历尽艰苦，惨淡经营，至此可告一段落"。①

此外，港口还建设了其他工程。其中运煤通道最大，该隧道从二号码头向西延长一公里，高出地面数尺，以钢筋混凝土建造而成，内部设有传送带，是从车站运煤上船的主要设备。该项设施由中兴煤矿公司投资，委托陇海路局建设，其装运能力为每小时 400 吨，据称"属远东第一"，② 耗资达到了惊人的 300 万元，但因铁路运输车辆太少，其实际每月装运煤炭仅有 3 万吨，该设备形同虚设。黄窝水库堤坝建设费用约为300 万元，车站建设费用 50 万元，发电厂建设费用 50 万元，路局驻港办事机构所需房屋费用约 20 万元，总计各种建设经费达到了一千数百万元。③

为配合港口建设，财政部令总税务司从速划定航线、设置航行标志等，总税务司经勘察在车牛山岛设立引道灯，另在附近装置回声炮号，并在鹰游嘴附近小岛设立进港灯，以上工作均于 1935 年 8～9 月完成。④ 港口区域"自涛连嘴起，引直线至东连岛之羊窝头，即延该岛南岸至黄山嘴，再沿北固山东麓至海头湾，更沿该路地界至五五六公里七百公尺处，由此向东，再沿地界南线以接合于涛连嘴，此即连云港之线圈也"。港内又划分了西外港、内港、码头区三部，自石岛外角，引一直线到孙家山，直线以西为西外港，防波堤北端至孙家山一线之北部及东西两外港之间为内港，东外港及内港以南与两码头沿岸以北区域为码头区，合计东西长十五六华里，南北宽八九华里，以上区域均由陇海路驻港办事处管理。办事处首任处长吴梦兰，副处长董耀堂，下设总务、业务、中转、海事、会计五股。码头工人另外组成运输队，并成立维持秩序的护路队。⑤

新建海港的名称则在开工之前即已确定。因该港南为云台山，又衔接

① 刘峻峰：《陇海铁路终点海港》，《工程》第 12 卷第 2 期，1937 年 4 月 1 日，第 147 页。
② 无艾：《连云港之现况》，《国本》第 1 卷第 4 期，1937 年 1 月 16 日，第 66～69 页。
③ 陈国钧：《往连云港去》，《文摘》第 1 卷第 1 期，1937 年 1 月 1 日，第 93 页。
④ 《连云市筹备处成立》，《海外月刊》第 35 期，1935 年 8 月，第 72 页。
⑤ 《连云港港务调查》，《海事》第 10 卷第 2 期，1936 年 8 月 1 日，第 82、83 页。

图 2 - 5　连云港第一次入港之商船

资料来源：《新中华》第 3 卷第 15 期，1935 年 8 月 10 日，第 13 页。

西连岛，为水陆交通之枢纽，风景尤佳，《晋书·王濬传》中的"舻舳连云"，意为船头接着船尾，形容商货之盛，故以"连云"命名，陇海路局"呈请铁部核议名称，该部已定名'连云'"。①

连云港的修筑，是南京国民政府进行的重要工程之一，在当时引起了巨大的关注，报纸杂志纷纷加以报道，甚至派出专人实地踏勘。② 国民政府中央统计处出版的《政治成绩统计》从连云港开工即每月详细记载其工程进度，直至工程竣工。③

除本国人外，不少外国人也纷纷前往连云港游览参观。1936 年 6 月 16 日，美国驻北平领事馆参赞史迪威，由徐州乘车至连云港参观，并游览东西连岛各处风景。④ 见诸报道者以日本人最多，从 1933 年陇海路决定修筑正式海港开始，日本人游览参观连云港的消息便屡见报端，类似

① 《路界纪闻：陇海东港定名连云》，《铁路月刊：津浦线》第 2 卷第 11 期，1932 年 11 月 30 日，第 108 页。
② 1934 年连云港开工时，天津《大公报》派出记者实地踏勘，并以连载的形式详细报道了港口附近形势、当地物产，并进行了港口发展前景分析，此报道亦成为日本驻华领事馆上报外务省的蓝本。《良友画报》刊登了正在进行中的港口工程。《航业月刊》、《中央银行月报》、《江苏月报》、《江苏研究》、《交通杂志》、《申报》和《旅行杂志》等报刊均多次报道。
③ 目前所见《政治成绩统计》各期杂志，计有 1934 年第 2、4、5、6、7、8 期，1935 年第 1~12 期，1936 年第 1、2、3、5 期逐月刊登了连云港各项工程进度及完成比例。
④ 《美参赞游连云港》，《申报》1936 年 6 月 16 日，第 9 版。

"日人至连云港者，络绎不绝，均称系游历，所携护照，皆为天津日领使馆所发者"的报道亦曾多次出现。[①]

需要指出的是，连云港开港费时甚久，蒙受了巨大的损失。原定第一码头于1934年10月完成交工，逾期每日罚金300元，二号码头限于1935年3月完成。陇海路局按照合同约定，向荷兰治港公司处以罚金，但该项罚款每月仅有一万余元，而码头未能实际竣工，十天的损失即远不止一万余元。[②]

自1933年7月1日正式开工，到1936年5月初，连云港工程克服了前后多达十几次大规模的码头塌陷、横向漂移，终于宣告竣工。施工过程中暴露出的最严重问题是淤泥质海底稳固工艺难度太大，在当时全世界范围内都很难妥善解决。港口工程中多次出现码头塌陷和横向漂移，使得相当长时间内，人们对淤泥质海底是否适合建港产生了怀疑。1970年代末连云港建设深水大港、建设十万吨级深水泊位和航道的决策，以及此后申请建设大型钢铁联合企业的过程中，这种怀疑都产生了无法估量的负面影响。直到2000年前后，港口施工技术取得突破性进展，彻底克服这一难题之前，淤泥质海底始终是该港乃至淤泥质海岸港口建设的瓶颈。

第三节　港口基础设施提升与东陇海线改造

一　港口基础设施升级

港口运输是一个复杂的系统工程，从基础设施、设备到调度、装卸以及管理等各个环节均对港口运输构成直接影响，而港口基础设施是其中最基础的一环。港口基础设施，除码头、泊位外，还包括港池和航道、航标、锚地、防波堤、仓库与堆场、港口专用铁路、船舶检修厂等。其中，码头和泊位、港池和航道直接决定港口能够靠泊的船舶吨位，而仓库、堆场作为港口装卸货物的存放场所，其堆存能力亦将直接影响装卸作业。本

---

①　《日人又游连云港》，《申报》1936年10月24日，第8版。仅据不完全统计，1935年11月2日、1936年10月12日《申报》，以及1934年4月4日天津《益世报》第2版都刊载了日本人游览连云港的消息，大多以"日人又游览连云港"等为标题。

②　《连云港筑建现状》，《建筑月刊》第3卷第6期，1935年6月，第49页。

书在论及港口基础设施时，主要关注的也是以上项目。

连云港 1936 年开通时，建成了两个码头。一号码头长 450 米、宽 60 米、泊位水深①6 米。二号码头长 450 米、宽 55 米，为煤炭专用码头。港口可同时靠泊 6 艘 3000 吨级的轮船。港池长 1050 米、宽 260 米、水深 5 米。航道长度 4900 米、水深 5 米。此外还有防波堤一道，连同码头共长 1050 米。不过，由于最初只有码头东部修建了防波堤，而西部外港区毗邻临洪河入海口，流沙极易淤积，需要挖泥船时常清淤。1936 年 8 月，因流沙拥塞，5000 吨级轮船只能乘涨潮时出港。②

一号码头有长 140 米、宽 22 米约可储藏 3000 吨货物的货仓 1 座，二号码头煤炭堆场可堆存 10 万吨煤。港口机械方面，一号码头安装了 3 座起重能力为 3 吨的起重机和 2 座起重能力为 2 吨的柴油起重机以及 4 台堆包机、2 台起货机。二号码头则配备了一整套煤炭装卸机械，包括翻煤车机、皮带输送机（含坑道皮带输送机和码头皮带输送机）、装船机和桥式皮带输送机。这套煤炭装卸机械每小时可装煤 600 吨入船舱。③ 抗战期间，中国军队在撤离时将码头炸毁，翻车机、发电机则拆除运往西安。日军占领连云港之后，随即对连云港进行应急修复。先是将两座码头修复改造成木制渡桥式栈桥码头，后又将二号码头改建成钢筋混凝土栈桥，并于二号码头西侧新建成各长 100 米木制栈桥和铁木混合栈桥两座。经过应急修复后，港口设施勉强接近战前。抗战胜利后，国民政府接收的连云港，经日本人多年掠夺式经营，栈桥朽烂不堪，码头设施较之抗战前相去甚远。

1949 年以后，连云港在基础设施方面较之开港时有了长足的进步，尤以 1957 年前后、1973～1976 年"三年大建港"和 1990 年以后三个时期港口基础建设发展最快。

从 1949 年到 1951 年，连云港港口开展了几项关键性港口设施的修复工作：修补东防波堤，修复铁工厂后护岸，修复铁工厂南道路护坡，修复

---

① 指最低潮位时海平面与海底距离，下同。
② 《连云港流沙淤塞》，《航业月刊》第 4 卷第 2 期，1936 年 9 月 15 日，第 10 页。
③ 徐德济主编《连云港港史（古、近代部分）》，第 72、88～91、93 页。

二号码头毁坏栈桥及轻便铁道，修建东浮码头，修建连云港港西护岸工程。抗战胜利以来从未疏浚的航道，此时状况已很糟糕，尤其内航道淤浅至 -0.7 米，仅能出入几百吨的小船，因此将航道及港池重新疏浚至 3000吨级轮船可自由出入的深度极有必要。清理航道及疏浚港池的工作于1950 年 3 月开始，到 1951 年上半年基本完成了长约 1000 米、宽 40 米、水深 -3.4 米的内航道，以及长 220 米、宽 80 米、水深 -3.4 米的港池的浚深工作。此外，还修复了一些港口船只如挖泥船、拖轮等，并打捞沉船。上述工作的完成，使得连云港的基础设施稍有恢复。

　　除上述工作外，1950 年代连云港港口实施的其他重要工程还有航道港池增挖工作、建设陈家港新码头（灌河口诸港于 1951 年底被连云港接收）、新建油码头和安装浮码头。至 1957 年，港口的基础设施状况已大有改观，航道通行轮船吨位由原来的 3000 吨级扩大到 5000～7000 吨级，岸线从 235.5 米增加到 611.4 米，3000 吨级泊位从 3 个增加到 5 个，并新增2 个 1200 吨级生产性泊位，连同灌河口在内总靠泊能力为 19000 余吨。仓库与堆场方面，新增 1 座 210 平方米简易货棚，堆场面积从 1952 年的15200 平方米增加到 39904 平方米，堆存能力为 79925 吨。[1] 从 1958 年起又历时四年，修复了自 1949 年以来就不能靠船的一号码头，修复后的一号码头可靠泊 3000～5000 吨级船两艘，连同码头北端的浮筒码头计有 3个泊位。[2] 连云港在开港时，还是配备了不少新式机械的，但直到 1958年，港口才又有少量装卸机械投入使用，当年港口拥有起重机械 1 台、输送机械 44 台、牵引车 3 台。[3]

　　从 1965 年底下达任务书直至 1974 年初方竣工的万吨级煤炭专用码头，是连云港的第一个万吨级码头，也是 "三年大建港" 实施前最为重要的建设工程。该码头长 319.475 米、宽 18 米、前沿水深 9 米，年设计通过能力为 150 万吨。[4]

　　1970 年代初，随着中国在联合国席位的恢复和与美、日建交，国际

　　①　徐德济主编《连云港港史（现代部分）》，第 16～20、46～61 页。
　　②　徐德济主编《连云港港史（现代部分）》，第 88～91 页。
　　③　徐德济主编《连云港港史（现代部分）》，第 86 页。
　　④　《连云港港志》，第 53 页。

局势的变化客观上为中国开展对外贸易和海运事业创造了相对宽松的环境。而此时正值"文革"，沿海港口建设均较缓慢，难以适应扩大外贸的要求，为此国家采取紧急措施积极兴建港口。1973 年初，国务院总理周恩来提出要"三年改变港口面貌"。在这一口号下，包括连云港在内的众多沿海港口开始了"三年大建港"。① 国务院成立了港口建设领导小组，江苏省亦于 1973 年 3 月批准成立了江苏省连云港建港指挥部，由省、市、管理局抽调管理、技术、业务等方面人员组成。根据 1973 年国务院港口工作会议的要求，连云港自"四五"期间后两年（1974 年、1975 年）起，除尽快建成万吨级煤炭专用码头外，还应把老港区（即老窑）的一号、二号码头改造扩建成万吨级泊位 4 个、5000 吨级泊位 2 个，新建外轮航修站等，以扩大港口吞吐能力。② 至 1977 年，连云港的港口基础设施大为改观，航道、港池深度由原来的 4.5 米和 7 米挖深到 6.5 米和 7~9 米，拥有 5 个万吨级、2 个 5000 吨级泊位，新增 17 万平方米的仓库和堆场。③ 港口设施的提升，直接推动了港口吞吐量的增长，由 1973 年的 244 万吨增长到 1977 年的 423 万吨。

连云港老窑港区自 1936 年开通以来，历经改造和扩建，增加机械设备，其吞吐能力较开港时已有大幅度提升，但其潜力有限，港区岸线较短、陆域狭小的客观条件，至"文革"结束时，已不能满足河南、陕西以及晋东南、淮北、鲁南、苏北等地区的煤炭南运。为解决这一问题，1977 年 7 月国家计委批复交通部在连云港庙岭（位于孙家山以西地区）建设 3 个深水煤炭泊位，其中 2 万吨级泊位 2 个，3 万吨级泊位 1 个，煤炭年设计输出能力 1000 万吨，列为国家"五五"计划时期（1976~1980 年）重点建设项目。但是由于深水大港的建设发生重大争议，以及随后毗邻的石臼所建港工程开工，该项目暂缓实施。直到 1981 年春，由于码头设施不足，连云港压船压港现象极为突出，国务院副总理万里视察连云港布置

---

① 徐德济主编《连云港港史（现代部分）》，第 131 页；金立成主编《上海港史（现代部分）》，人民交通出版社，1986，第 135 页。

② 《连云港港志》，第 53 页；徐德济主编《连云港港史（现代部分）》，第 131 页。

③ 徐德济主编《连云港港史（现代部分）》，第 134 页。

突击疏港任务时，同意恢复和建设庙岭煤码头。[1] 同年5月，庙岭煤码头设计工作经交通部同意恢复，其初步设计于次年2月获国家计委确定。设计方案则由原来的2个2万吨级和1个3万吨级共3个深水泊位变更为3.5万吨级和1.6万吨级泊位各1个，相当于减少了一个2万吨级泊位，年设计输出能力亦从1000万吨缩小为900万吨。[2] 该码头从1982年3月开挖航道至1986年12月竣工，历时4年8个月。建成后的煤炭专用深水码头全长476米，宽18米，标高8米，前沿水深11.5米，单侧可同时停泊3.5万吨级和1.6万吨级船各1艘。[3] 该码头还配备了卸车机、堆取料机、皮带输送机、装船机、变电系统和电子程控系统等。港口吞吐能力由500万吨增长到1400万吨。庙岭煤码头的建设，是港口开辟新港区的第一步，从此突破了自1933年以来始终局限于老窑一带的局面。

1980年代进行的建设工程，除庙岭煤码头外，还有老港区三突堤码头（即三号码头），该码头自1974年8月交通部下达设计任务，至1987年11月建成。该码头的建成，使得连云港老港区岸线长度延长至2571.5米，有17个泊位，其中万吨级以上泊位9个。1986年开工的木材码头，位于庙岭煤码头以东，与之成对应形势。该码头于1990年11月竣工，全长450米，有2个2.5万吨级深水泊位，码头标高8.5米，前沿水深11.5米，年接卸木材能力为100万立方米。[4]

1914年格锐奈曾提出封堵鹰游门海峡西口的建议，但在当时该工程太过庞大，远远超出陇海路的承担能力。随着连云港拦海西大堤工程于1986年9月10日开工、1994年7月竣工，该建议成为现实。拦海西大堤东起西连岛江家嘴、西至墟沟黄石嘴，全长6687.61米，堤顶宽12米，路面净宽10米，修筑一条拦海堤坝将海峡西口封闭，从而使整个海峡成为波平浪静的封闭港区，港区面积由最初的3平方公里扩大到约30平方公里，可布置泊位近100个。

至1990年，连云港港口共开辟三个港区（老窑、庙岭及灌河口港

---

① 《连云港港志》，第55、282页。

② 徐德济主编《连云港港史（现代部分）》，第227页。

③ 《连云港港志》，第55页。

④ 《连云港港志》，第58页。

区），建成 15 座码头 33 个泊位，其中生产性码头 8 座泊位 18 个，万吨级以上泊位 14 个。[①] 全港区仓库总计 14 座，占地 53398.21 平方米，货物堆场 21 个，占地 413416 平方米，库场容量 967970 吨。1984 年以来迅猛发展的口岸仓储业另有仓库货场 121.38 万平方米，库场容量 195 万吨。[②] 2000 年时，连云港港口共有 5 个港区（新增墟沟港区及沿西大堤和连岛内侧所建的北港区），建成 30 座码头计 60 个泊位，其中 30 个生产性泊位中有 25 个万吨级以上深水泊位，设计年吞吐能力为 2265 万吨。港口岸线总长 40.6 公里，水域面积从连岛与云台山麓间的 29.7 平方公里扩展到约 1133 平方公里。航道水深 9 米，其中外航道 9.5 米，可供 3.5 万吨级船舶双向航行、5 万吨级船舶单向航行。[③]

二　陇海铁路东段的改造及技术升级

陇海铁路作为横贯东西的交通动脉，其建筑历程可谓历时甚久。其开封至徐州、徐州至海州两段竣工时间相隔十多年。开徐段于 1913 年 5 月开工，1916 年 1 月正式通车。东段则要迟得多。1905 年商部尚书载振建议修筑开封经徐州、邳州至海州的铁路。1909 年开徐海清铁路总局顾问沙海昂组织人员勘测，直至 1921 年徐海段才开始动工，1923 年通车至运河站，1925 年 7 月 1 日运河至大浦段竣工通车。陇海铁路局决定开港后，又从新浦将铁路延伸至老窑，铁路工程 27.8 公里，因墟沟至连云港间山峦起伏且石质坚硬，从 1932 年 8 月 5 日开工，1935 年 6 月才竣工通车。至 1945 年 12 月宝天段铺通，建成连云港至天水间铁路 1385 公里。1946 年 5 月，国民政府交通部开工修筑天（水）兰（州）段，到 1949 年 5 月西安解放时约完成全部工程的 3.6%；1952 年 10 月 1 日，天水至兰州段 354.3 公里接轨，在兰州举行了通车典礼，陇海铁路始告全线通车，1954 年 8 月，天兰段正式交付运营。[④] 从时间上来看，陇海铁路从徐州延伸到海州大浦临时码头历时近 10 年，此后又过了近 10 年铁路与海港才实现贯

---

① 连云港港务局编《连云港港年鉴（1991）》，中国矿业大学出版社，1992，第 3、225 页。
② 《连云港港志》，第 115 页。
③ 连云港港务局编《连云港港年鉴（2001）》，中国矿业大学出版社，2001，第 9、10 页。
④ 郑州铁路局史志编纂委员会编《郑州铁路局志》，中国铁道出版社，1998，第 152 页。

通，而整条线路从连云港至兰州全线通车运营竟然历时 50 年。

全线通车后的陇海铁路，其复线建设和技术改造的过程也甚为漫长。而东段徐州至连云港的复线建设和电气化改造升级是全线也是徐海地区所有铁路中最后实现的，相比军事迭兴动荡不堪的民国时期并不见得迅捷多少。

线路方面，1959～1971 年徐连段的轻杂轨更换为 43 公斤/米和 50 公斤/米再用轨①。而徐州至平台集段（平台集站位于商丘东，距离陇海铁路连云港站起点 356 多公里）从 1978 年至 1984 年进行复线建设时则更换为 50 公斤/米、长 25 米的新轨，其间该段复线上行线又铺设了 50 公斤/米新轨无缝线路②。钢轨规格的差距体现在列车牵引能力方面的区别是，徐平段牵引定数为 3500 吨，而徐连段则为 3000 吨。③

闭锁设备④方面，1959 年徐平段采用电机半自动闭锁，1967 年采用 64D 单线继电半自动闭锁。1970 年徐连段采用 D66 型继电半自动闭锁，1975 年方才改造成与徐平段一样的 64D 单线继电半自动闭锁。而 1980 年以后徐平段陆续建成复线，采用了 64F 复线继电半自动闭锁，1985 年沙塘（位于徐州站以西 17.4 公里处）开通复线移频自动闭锁。至 1985 年底，陇海铁路徐州以西路段均为自动闭锁。⑤ 而陇海东段铁路直到 2002

---

① 再用轨，即日久磨耗已不适合在正线上继续使用，拆下经过必要的修理，再铺到运输比较清闲的线路上或站线上的钢轨。见于仲友编《铁路词汇》，人民铁道出版社，1980，第 69 页。钢轨的类型，以每米大致质量千克数表示。目前中国铁路所用的钢轨，主要有 75 公斤/米、60 公斤/米、50 公斤/米、45 公斤/米及 43 公斤/米，数字越大，则钢轨所能承受的机车车辆轴重越大、行车速度越高。见童大埙《铁路轨道基础知识》，中国铁道出版社，1997，第 18 页。

② 无缝线路，即长钢轨线路，由许多根标准长度的钢轨焊接起来的线路。普通线路采用标准钢轨，这种线路的钢轨接头是其薄弱环节，由于接缝的存在，列车运行通过时会发生冲击和振动，影响行车平顺和乘客舒适，并加速钢轨和机车车辆的磨耗和伤损，降低了使用寿命，并增加了其养护费用。随着轴重、货运量和行车速度的不断增长，上述缺点会更加突出。为克服上述缺点，无缝线路开始广泛应用。一般是将 25 米长度的标准钢轨焊接成 1000～2000 米或设计长度之后按设计要求铺上。见申国祥主编《铁路轨道》，中国铁道出版社，1996，第 122 页；于仲友编《铁路词汇》，第 8 页。

③ 徐州铁路分局史志编审委员会编印《徐州铁路分局志（1908～1985）》，1989，第 95 页。

④ 闭锁，旧称闭塞，是指铁路运行时，为避免发生相撞、冲突或追尾事故，在同一区间或复线区间的同一方向内，同时只允许有一列车运行。为施行闭锁而采用的设备称为闭锁设备，分为自动闭锁、半自动闭锁、电气路签（路牌）闭锁、电报式电话闭锁。其中以自动闭锁通行速度和安全系数最高。详见于仲友编《铁路词汇》，第 69 页。

⑤ 《徐州铁路分局志（1908～1985）》，第 101 页。

年方实现复线自动闭锁、内燃机车牵引。

通行能力方面，徐州至平台集段 1964 年区间平行最大通行能力为 26.6 对，1984 年提高到 41 对；徐州至连云港段 1964 年为 21.1 对，1984 年提高到 30.5 对。徐平段复线建成后，区间通过能力由 75.1 对提高到 180 对，列车容许速度由 1978 年的 95 公里/小时提高到 1985 年的 120 公里/小时。[①] 2003 年 11 月陇海线郑州至徐州段开始电气化改造。2007 年底，徐州至连云港段电气化改造完成之前，客车运行速度仅有 80 公里/小时。西部发来的 5000 吨级重载货运列车需要在徐州卸货减重才能开往连云港。[②]

陇海全路的复线建设也是自西向东延伸的。陇海铁路郑州至西峪河段复线 352.7 公里（西峪河为豫、陕省界，在豫灵、太要站间 934.8 公里处），于 1956 年 10 月开工，1964 年 2 月 29 日竣工通车。西峪河至宝鸡段复线 310 公里，于 1958 年 9 月开工，1970 年 6 月 18 日竣工通车。郑州以东的商丘至郑州段复线 194.7 公里，于 1978 年 1 月开工，1979 年 12 月竣工通车。[③] 至 1984 年商丘至徐州间复线全部通车。因连云港深水大港建设暂缓，陇海路东段徐州至连云港以及港区铁路改造工程被一并叫停，该项铁路改造工程直至 1982 年港口煤炭专用码头工程立项才得到恢复。1990 年复线从徐州东的大湖站铺设至邳州，而邳州至连云港 150 余公里的复线通车已是 1998 年。

在徐州与陇海线交会的津浦铁路，技术改造和升级以及复线建设的时间均比陇海线早。津浦铁路徐州段 154 公里长的正线（从山东枣庄薛城站以北的南沙河 K572，至安徽褚庄集 K726），于 1965 年全部换成 50 公斤/米钢轨。至 1977 年 6 月，除徐州站外，正线全部改换钢筋混凝土轨枕，焊铺成 50 公斤/米新轨无缝线路。1984 年开始，区间正线又改铺成 60 公斤/米钢轨无缝线路。1976 年津浦路徐州段全部使用自动闭锁设

---

① 《徐州铁路分局志（1908～1985）》，第 100、101 页。
② 孙铁军、侯云波：《东陇海铁路 11 月实现电气化　90 分钟港城到彭城》，《连云港日报》 2007 年 7 月 10 日，第 A1 版。
③ 《郑州铁路局志》，第 153 页。

备。① 同一管区内，津浦铁路的复线建设也要比陇海线早。以徐州为界，往南至褚庄集、往北至南沙河的复线分别于 1969 年和 1976 年全部开通。复线开通后津浦铁路运输能力显著提高。1958 年时，列车牵引力定数为上行 2600 吨，下行兖州至徐州间 3200 吨、徐州至蚌埠间 3400 吨，列车运行速度为 70 公里/小时。至 1985 年，列车运行速度提高到 120 公里/小时，牵引力定数提高到了上行 2900 吨、下行 3500 吨。使用自动闭锁后，平行通过能力为 180 对。②

从 1985 年到 1998 年，贯穿徐海地区的陇海、津浦两大干线，仅有陇海线徐州至连云港段为单线，通行能力最低，严重制约了连云港港口的发展。

在连云港港口发展过程中，其最主要基础设施——泊位、航道及陇海铁路的建设始终不太顺畅。开港初期，连云港码头以及防波堤工程建设周期和费用均超出预定计划一倍以上，导致早期发展就背上了沉重的债务包袱。抗战爆发后，国民政府为避免港口资敌而炸毁码头，日据时期虽紧急修复，但港口的主要功能只是向日本输出煤炭的枢纽而已，在这一前提下，日本根本不可能顾及连云港的长期、可持续发展，经营方式颇类杀鸡取卵。久之，码头栈桥颓坏、港池航道淤积也就在所难免。抗战胜利后，国民政府接收了连云港，重新制订市政计划以图大力发展连云港，但很快因国共内战的全面爆发而流于空文。因此，1949 年的连云港与 1945 年时相比并没有根本上的改观。

1949 年以后，连云港经过修复，港口设施开始缓慢而平稳地提升。直至"文革"末期，在周恩来"三年改变港口面貌"口号的推动下，港口基础设施建设第一次飞速发展。改革开放后，连云港市成为首批沿海港口开放城市之一，港口货物吞吐量连年高速增长。但此时承担港口 90% 以上货物运量的陇海铁路徐州至连云港段，长期以来是单线，而且技术标准明显低于徐州以西路线和津浦路，在改造成复线以前，年最大货运量

---

① 《徐州铁路分局志（1908～1985）》，第 88 页。
② 《徐州铁路分局志（1908～1985）》，第 89、90 页。

不过 2500 万吨。与此同时，连云港港口深水泊位明显不足，至 2000 年时，港口单个最大泊位为 35000 吨级，数量仅有三个（杂货、散粮及煤炭各一）。1990 年代之后，国际上超大型船舶运输增长迅速，连云港深水泊位不足的制约作用更为明显，港口竞争力处于劣势。一边是码头泊位不足，一边是集疏运通道不畅通，而通过连云港转运或进出口的需求却连年增加。为缓解压船现象，只能通过突击的方式疏港。连云港建设深水大港严重滞后，谋划集资建港的努力亦未成功，① 港口基础设施遂长期滞后于需求。本来可以在距离更近的连云港即可进出口的货流，自然而然转向了吞吐能力更强、集疏运更为方便的青岛或南京、上海等港口。在全国经济飞速发展、沿海港口普遍高速成长的 1990 年代，连云港只能缓步前行。

---

①   深水大港建设和集资建港问题涉及甚多，本书第七章将专门论述。

第三章　依港建市：筹建与发展

连云港开辟之后，随着港口的发展，港口及毗邻区域如孙家山、墟沟等地人口逐渐聚集，相关的商业活动开始兴起，形成新兴商业市镇的趋势日益明显。南京国民政府因此着手筹划在港口附近设立新市，并成立连云市政筹备处。但因抗战爆发及经费短缺，连云市直到抗战胜利后才正式设立，成为今天连云港市连云区的前身和基础。

第一节　连云市筹设

按照交通与社会经济发展关系的一般经验，交通条件便利之地往往会成为各地商品和人员流动的枢纽，特别是衔接铁路和海运的终端港口所在地，多会因海陆交会而繁荣市场，并聚集大量人口。因运输方便，铁路沿线及港口附近往往成为产业活动的区域，各种为加工业服务的产业，诸如货栈、打包、搬运、旅馆、商店、娱乐业等也会随之兴起。水陆交会之地所依托的城市一般会因此更加繁荣，甚至成为较大区域内的经济中心。而如果只是较小的村镇或村落，则会形成一个新兴的城市。新兴城市大多缺乏一定的规划，基本上是随着产业活动波及的范围自行扩张，而这种漫无章法的自然扩展往往使城市发展到一定阶段时受到诸多限制，彼时再行改造，则代价巨大。因此有学者认为，"都市计划不容其自然放任的"，应当在其发展初期进行"措置得当，轻重合度"的良好规划。即使是有一定规模的城市，通过规划也可以"应用既得的知识和技术来应付问题，至少也得因此除去屡次反复发生的过失，借以免避无计划的发达所发生的一切的损失"。①

一　建设新都市的动议

清末即有成议的海州商埠，民国初年一度设置海州商务督办，主持海州商埠市政之建设事宜。② 但"主持不得其人，致机关庞杂，徒耗公帑"，对于市政建设之规划，亦丝毫没有成绩。③ 民初政局极不稳定，从事都市建设必需的外部环境并不具备，加上其时陇海铁路并未贯通且已成路线时常因战乱而停运，海州地方即使规划了商埠，也一时难以形成大规模的客货集散的繁荣市场，形成都市的内在动力不足，因而市政建设规划并不迫切急需。

陇海铁路作为横贯东西的铁路干线，是中西部广袤区域内旅客、货物进出的最重要通道。从当时各种报章杂志的记述可知，国人深信连云港作为出海口，必将催生一个新兴的城市。陇海路局显然非常希望港口所在地商贸活跃，从而保证源源不断的货物和熙来攘往的旅客通过陇海铁路转往各处。选定老窑作为终端海港，该地能否如同青岛一般迅速崛起，最终将对整条铁路的营业产生巨大且不可替代的影响。同时，陇海路局对当地情势的认识也比较清醒，他们认为，作为陇海铁路终端海港，"市场繁荣不是一方面之力可以促进，必须政治经济交通建设同时进展"，交通与建设互相关联，虽陇海东展至老窑港口、西展至西安，当然可以繁荣港埠，但因建设方面未曾着手，除运货出口外，进口也比较少。一般投资经营者，以治安无保障，观望不前。同时都市无一定计划，虽有资本，但无措施，墟沟地价虽然高昂，而市场反趋衰落；老窑因是码头所在地，开工以来虽增添了不少建筑，而市街无计划规定，所有房屋均凌乱不合实际，显然尽早进行必要的城市规划，以期长远发展不仅必要，而且迫不及待。但

① 亚当士：《现代都市计划》，林本译，商务印书馆，1933，第 3 ~ 4 页。
② 仇需生：《连云市区域问题之商榷》，《江苏月报》第 4 卷第 4 期，1935 年 10 月 1 日，第 29 ~ 32 页。
③ 杨哲明：《连云市的建设计划》，《东方杂志》第 32 卷第 7 期，1935 年 4 月 1 日，第 111 ~ 118 页。

"连云市事关省政，并关系全国，地方建设陇海路既不能越俎代庖"。因此，陇海路局只有一再请省政府设立市政筹备处，决定都市计划。为推进新市建设，陇海路局甚至提出，"由本路协助，省政府只须派一筹备主任，其余职员，由本路供人供薪"。[①] 陇海路局对于连云市建设之殷切期待由此可知。

　　除陇海路局外，海州区域也对建设新城市殷切期盼。早在陇海路局刚刚决策在老窑兴建海港的 1932 年底，江北垦殖专区视察团在考察了码头工程及老窑后，即有建议："政府现下最要紧的是公布市政计划，不然人民毫无组织的随便购买土地，修造屋宇。经营事业，将来改善起来就很困难！听说已有许多人在那里经营地产，更觉得市政计划需要的迫切！"[②] 1934 年 2 月，东海县人士认为，港口区域虽为灌云县所辖，但其地处东海、灌云两县之间，市政建设关系到两地社会发展及民众福利。于是他们联合了灌云县民众呼吁灌云县政府及党部迅速划定市政。灌云县县长、国民党党部及淮北建设委员会主任遂赴墟沟，召集各乡镇长、士绅等二十余人举行谈话会，会议讨论中筹划了修筑八条干线的计划。[③]

　　港口工程开工以后，更有建议主张扩大连云港和设立连云市，配合连云港的建设，以期发挥其最大作用。

　　在陇海路局和各界的一再吁请之下，江苏省政府终于有所动作。时任江苏省建设厅厅长沈百先提到，为推进海州商埠事务，建设厅曾于 1931 年 9 月委派东海县建设局局长徐百揆兼海州商埠测量队工程司，组织测量队，办理测量调查事项，预定于六个月内制就各项图案，为将来设计及施工做准备。但此次测量的地域是临洪河口区域的海州商埠，与此后划定的连云市区域仅有临洪河口南岸的墟沟一带重合。不久国民政府发布训令，因该年度水灾惨重，财政艰窘，所有不切要之建筑一律停止，该项测量工

---

① 冯光烈：《连云港实习调查日记》，1935 年，萧铮主编《民国二十年代中国大陆土地问题资料》，台北成文出版社、（美国）中文资料中心，1977，第 52986 页。

② 篷舟：《沿海拾叶录（六）》，《大公报》1933 年 1 月 8 日，第 4 版。

③ 《连云港建筑声中筹筑马路干线八条》，《铁道公报》第 783 期，1934 年 2 月 9 日，"部路要讯"，第 6～7 页。

程因而中断。① 1932 年 4 月，建设厅接江苏省府秘书处转来的陇海路局函，省主席顾祝同认为陇海路海港行将兴筑，应当妥善擘画经营商市建设，交由建设厅办理，要求建设厅将此项事业列入三年计划内。此后连云港工程进行日渐迅速，新市开辟之事更显刻不容缓，民政、财政、建设三厅多次会商，"终以经费难筹，无从着手"。② 1933 年秋，陈果夫就任江苏省主席后深感江北建设重于江南。同年 12 月 15 日，陈果夫在《苏报》发表《关于连云市之市政规划问题》一文，建议试设一市政筹备机关，并从各相关机构抽调人员，以规划治安维持、市区路线和土地整理。于是民政、财政、建设三厅又会同提请设立市政筹备处以便负责规划。陈果夫谕令："候诸省（政府）委（员）实地踏勘后，再行核办。"③

　　1934 年 2 月 20 日至 3 月 2 日，为考察江北各县党政建设实际情形，江苏省建设厅厅长沈百先会同财政厅厅长赵棣华、省政府委员余井塘，赴淮海各属一带视察。2 月 24 日，视察了连云港工程及拟辟新市区域。④ 在随后的考察报告中，沈百先认为，市区范围最关重要，墟沟附近地盘较小，不足应将来之发展，"势非向内扩大不可，最好自新浦、板浦以东，临洪河口以南，烧香河口以北，所有海滨一带，一列为新市区，分期经营，渐图扩展"，关于筹备机关名称"似以'连云市政筹备处'之名义，较为适合"。关于建设经费，"值此省库支绌之时，欲恃省款支拨，事所不易"，因此，沈百先建议不妨由政府予以提倡，利用土地平均损益原则，所有工程费，就地征收或仿照上海市中心区办理，现行收地，规划布置，视公地道路面积之大小及工程费之多寡，估定地价，招人承领，较为公允易办。在初步计划期内，尚无收入，政府为提倡计，在市政筹备处成立后六个月内，所有开办经常费，可暂由省库筹垫。在此期内即责令该处将主要设施及分期发展步骤规划完竣，同时按照实地情形厘定各项筹备章则，着手实施。此后经常费即可列入工程费内，视事务之简繁，以定费用

---

① 沈百先：《视察江北建设纪要》，《江苏建设季刊》第 1 卷第 1 期，1934 年 3 月，第 34 页。

② 沈百先：《视察江北建设纪要》，《江苏建设季刊》第 1 卷第 1 期，1934 年 3 月，第 34 页。

③ 沈百先：《视察江北建设纪要》，《江苏建设季刊》第 1 卷第 1 期，1934 年 3 月，第 34 页。

④ 沈百先：《视察江北建设纪要》，《江苏建设季刊》第 1 卷第 1 期，1934 年 3 月，第 34 页。

之多寡。① 牵头筹划新市、市政建设的是江苏省建设厅，自然作为厅长兼省政府委员的沈百先的意见在其后的决策和实施过程中颇为重要，其关于新市范围、市政筹备处名称以及经费来源的主张也就成为随后省政府会议决策和连云市政筹备工作的主要蓝本。

二　市政筹备处及其工作

在三位省政府委员实地考察的基础上，1934 年 6 月 1 日，江苏省政府委员会举行第 662 次会议，通过了《省政府决议规划连云港埠市政案》。该案指出，陇海铁路东段已铺轨至本省灌云县之老窑，连云海港第一期工程即将竣工，因而市政规划刻不容缓，准即将临洪河以南，烧香河口以北，东西连岛以西，及新浦、板浦以东水陆区域，均先由土地局组队测量土地状态，并派员办理土地查报，限期三个月之内完成，之后再定市区范围，分期实施市政建设，其测量及查报实施办法，由土地局会商建设厅、财政厅办理。② 陇海路局吁请建设连云市两年之后，江苏省终于通过了设市规划案。这说明当时的江苏省政府总算认识到连云海港与陇海铁路将会催生出一个新兴城市来，只有顺应其潮流，提早规划，才能更有利于城市的发展，并将陇海铁路和港口的作用最大化地发挥。

经过一系列测量以及准备，1935 年 1 月 18 日上午 8 时，江苏省政府委员会举行第 718 次会议，决定连云港埠设置普通市，定名为连云市。其水陆区域暂以临洪河口以南，烧香河口以北，东至东西连岛，西沿临洪河新浦、板浦以东为范围，面积约 526 平方公里。③ 东北面近海岸处之东西连岛、鸽岛、高公岛也属于市区范围以内。④ 该市与东海县以临洪河为分界，与灌云县以烧香河为界。从东海县划入的是大浦，从灌云县划入的是老窑、墟沟、南城、新县等地。⑤ 省政府委员会决定先设市政筹备处，

①　沈百先：《视察江北建设纪要》，《江苏建设季刊》第 1 卷第 1 期，1934 年 3 月，第 34 页。
②　《规划连云港市政设施　先组队测量土地状态》，《江苏月报》第 2 卷第 4 期，1934 年 9 月 1 日，"苏事纪要"，第 2、3 页。
③　《三月来之江苏政治》，《江苏月报》第 3 卷第 2 期，1935 年 2 月 1 日，"苏事纪要"，第 10 页。
④　无艾：《连云港之现况》，《国本》第 1 卷第 4 期，1937 年 1 月 16 日，第 66～69 页。
⑤　《连云港设市概况》，《四川经济月刊》第 4 卷第 4 期，1935 年 10 月，第 55～56 页。

"由建设、民政两厅从速拟具组织规程提会"。连云市区内之土地，在省政府"未决定以前，自即日起，一律停止买卖"。[①]

不久，省政府又通过了《连云市政筹备处组织规程》。4 月 23 日，江苏省政府委员会第 737 次会议委任赖琏为连云市政筹备处处长，在墟沟成立连云市政筹备处，制订市政建设计划。[②] 市政筹备处成立后的首要工作就是制订工程计划、土地政策以及各项应用法规等事，同时与东海、灌云两县商洽划定界线交割事权，9 月，老窑、墟沟两地的公安行政工作移交市政筹备处。[③]

市政筹备处并不是当时的一级政府机构，而是为将来城市发展做规划、铺垫的临时机构。市政筹备处的组成较为简单，设立处长一名，技正一名（类似于总工程师），秘书一名，以及建设、土地、民政和总务四个组。从人员组成情况看，处长赖琏曾任南京市政府秘书长，美国康奈尔大学工学硕士；技正兼建设组主任严宏浤，康奈尔大学土木工程硕士，曾任南京市政府工务局局长、青岛市工务局局长；土地组主任张丕介，德国弗莱堡大学政治经济学博士、中央政治学校教授，曾在德国专门研究土地问题。[④] 市政筹备处总计有工作人员 20 余名，[⑤] 加上向省土地局借调来的测量队人员，合计尚不足 40 人，[⑥] 多为受过大学教育的测绘员和工务人员。[⑦] 专业技术类人员居多，其骨干力量均具有市政建设的专业背景和从业经历。此外还从镇江调来警察队一队以维持社会治安及执行法令。总体而言，市政筹备处的组成可谓非常简单。

---

① 《三月来之江苏政治》，《江苏月报》第 3 卷第 2 期，1935 年 2 月 1 日，第 10 页。

② 《连云港市志》上册，第 187 页。

③ 《连云市政建设积极进行：筹备处工作极紧张，清丈土地暂禁买卖》，《禹贡半月刊》第 4 卷第 8 期，1935 年 12 月 16 日，第 53、54 页。

④ 赖景瑚（赖琏）：《连云忆语——我国开始建设东方大港和一个滨海大都市的回顾》（1979 年），政协江苏省连云港市委员会文史资料研究委员会编印《连云港市文史资料》第 10 辑，1995，第 126、127 页。

⑤ 赖景瑚（赖琏）：《连云忆语——我国开始建设东方大港和一个滨海大都市的回顾》（1979 年），《连云港市文史资料》第 10 辑，第 126、127 页。

⑥ 无艾：《连云港之现况》，《国本》第 1 卷第 4 期，1937 年 1 月 16 日，第 66 页。

⑦ 赖景瑚（赖琏）：《连云忆语——我国开始建设东方大港和一个滨海大都市的回顾》（1979 年），《连云港市文史资料》第 10 辑，第 126、127 页。

图 3 - 1　连云市政筹备处办公楼

资料来源：http：//www. memoryofchina. org/bbs/read. php？tid = 41151，
2012 年 4 月 8 日。该楼位于墟沟东门外，现已拆除。

连云市政筹备处的成立（参见图 3 - 1），寄托了时人莫大的期望。青岛、天津和上海等城市的外国租界和租借地，在西方势力的直接经营下，市政规划和建设基本可以沿用西方发达国家的现成经验。这些通商口岸随着工商业和进出口贸易的发展，城市建设也取得了较大的进展。反观连云市，从一片草莱初启的沿海滩涂开始建设，要使其比肩其他大都市，从而完成"中国人的工商业都市"和"中国人的出口商港"的宏伟蓝图，的确是困难重重。市政筹备处的主要成员最早感受到了其中的困难。处长赖琏在应江苏省主席陈果夫邀约谈话时，"发现中枢尚无建设连云的专款，省府亦无另筹特别经费的途径"。因此，赖琏最初的态度是礼貌而坚决地回绝。陈果夫则许诺向蒋介石请款，并尽力在盐税及铁路附加税上想办法。陈果夫最终说服了赖琏。土地组主任张丕介未到连云前，以为"此市新辟，如一片白纸，一切设计规划与建设均可照最高之理想办理，将不啻为市地政策之实验区也"，因此"颇怀实现市地问题理想解决之望"。

然而抵达该市后，略经观察，"即证明上述希望之错误"。详加研究后，
"益知此问题之复杂，殊非普通人所能想象者"。①

三　困难重重的新市建设

建设连云市面临的最大困难就是没有经费。筹备处成立时本身并没有
任何收入，省政府每年拨付的仅有经常费 8300 元。按当时造价，即使全部
用来修筑道路，全年经费仅能修筑 6 米宽砂石路面的道路不到 1 万米，就是
这样，十年也完成不了全部所需道路。② 至于其他市政建设如水、电供应，
兴办教育，土地整理，保甲编制等所需的费用，就更是数额巨大了。

赖琎为解决经费短缺，奔波于东海、镇江，求助于陇海路局。赖琎拜
访了陇海路局负责人钱宗泽，钱氏及连云港口当局对市政建设倒是乐观其
成的，亦曾表示愿意出人出薪协助市政建设，③ 至于赞助巨额建设费之事
则是爱莫能助。赖琎还游说两淮盐运使缪秋杰。连云市毗邻的淮北盐场，
在全国据有举足轻重的地位，每年所征盐税极为可观，是国民政府的重要
财源。缪秋杰与赖琎交谈甚欢，并一起去财政部游说，希望能从两淮盐税
中提取部分支持连云市建设。财政部相关人员对连云市的建设很有礼貌地
赞成，但说到动用盐税时则"面有难色"。缪秋杰还提出向宋子文、孔祥
熙求援，亦无结果。陈果夫亦曾允诺向蒋介石申请建设经费，④ 其是否付
诸行动不得而知，但其"效果"显而易见：直至抗战爆发前市政筹备处
奉命关闭，没有任何建设专款拨下。而区域内工商业尚未起步，市政筹备
处自身无法解决建设经费问题，市政建设只能停留于规划阶段。实际上，
即便是由陇海路局管辖的港口区域，建设状况也极不理想，街市建筑"看

---

① 张丕介：《连云市土地方案纪要》，《人与地》第 1 卷第 13 期，1941 年 7 月 5 日，第 259
页。
② 佚名：《连云市及市政筹备处》，《淮海》第 5 期，1935 年 10 月 1 日，第 42 页。有调查
认为，连云市政筹备处的每年经常费为 9000 余元。见无艾《连云港之现况》，《国本》
第 1 卷第 4 期，1937 年 1 月 16 日，"地方通讯"，第 67 页。
③ 上述及陇海路局愿意派出工程技术人员并承担薪水以帮助建设连云市。陇海路局对连
云市的建设只能是有限支持，即可以承担薪水之类的少量支出，至于数额巨大的建设
费，路方则是既无能力也无责任，二者并不矛盾。
④ 赖景瑚（赖琎）：《连云忆语——我国开始建设东方大港和一个滨海大都市的回顾》
（1979 年），《连云港市文史资料》第 10 辑，第 125、128、129 页。

起来很简陋，没有什么够讲'市政'的规模，一条大街像是修泄水沟，已经被山水冲得不成样子。商店都有不景气的外貌"。[1]

除了经费困难，连云市建设面临的另一困境在于土地整理问题。赖琏等希望在土地问题上秉承孙中山平均地权思想的同时，兼顾市政建设需要的大量土地。事实上，这一问题的解决难度并不亚于从财政部"虎口夺食"争取建设经费。

从 1932 年 1 月铁道部批准建设连云港，到 1934 年 6 月江苏省当局启动连云市的筹备工作，历时两年有余。相比之下，嗅觉灵敏的土地投机者动作则要迅捷许多，市政筹备尚未开始，而土地投机风潮早已涌起。平津京沪各地之"军阀、政客、资本家、巨绅、大买办等，即先后着手于土地投机"，不数月间"连云港及墟沟之地，已大部为彼等收买"，"三四元一亩之地，一跃而达五六百元，墟沟街内之地且有涨至千五百元以上者"。[2] 严重的土地投机，使市政筹备尚未开始即面临无地可用的窘境。

土地投机可谓当时全国各地普遍可见的现象。南京国民政府成立以后，在限制土地投机方面也没有出台有效措施，因而包括首都南京在内的各新旧城市都有土地投机现象的存在。客观地说，土地投机是地方经济发展过程中的"伴生物"，也是地方发展潜力的晴雨表，但过度的土地投机，往往大幅度提高地价，反倒阻碍工商业的发展。连云市作为一个当时国内备受瞩目的新建都市，既能赢得实业界的高度关注，自然也无法幸免于土地投机。

根据时任市政筹备处土地组主任张丕介的回忆，市政筹备处针对土地问题曾进行了长时间的探讨，得出的结论大致如下：

1. 市地既为少数投机家所垄断，则一切建设理想，必不能顺利进行。

2. 市政建设所需资金至巨，政府已不易应付，若再出巨额地价或地租征收或租用私有地，更非政府所能负担。

---

[1] 徐盈：《饥饿线上的农村旅行：从连云港到海州》，《国闻周报》第 13 卷第 21 期，1936 年 6 月 1 日，第 29～34 页。

[2] 张丕介：《连云市土地方案纪要》，《人与地》第 1 卷第 13 期，1941 年 7 月 5 日，第 259 页。

3. 此市新辟，一切工商业俱无基础；欲谋发展，即须大量吸收国内工商资本，然我国资本有限，工商业投机于地价或地租太多，则其发展，必受限制。

4. 新辟之市，对市民住宅建筑及公共建筑应有合理之设计，注意公共卫生，安全，风景等，其所需之土地面积及建筑费用颇大，既非市政府所能支配，亦更非市民所能负担。

5. 连云地当海陆交通之交点，建筑不容马虎，致再蹈当时各大小都市之弊，以碍将来健全之发展，市政府如不能支配全市土地，则此理想必不能实现。

6. 连云市在国防上有重大之意义，全市建设计划须处处注意将来国防之需要，故土地支配权尤不能不谋根本之解决。

7. 平均地权之理想与办法对新辟之市，稍嫌迟缓，而土地法对市地限制使用之规定，亦觉过宽，不能根本杜绝私有之流弊。

8. 由于上述种种原因，欲建设理想之新市政，对土地问题应实行"市地市有"。[①]

由以上记载可知，市政筹备处对土地高度垄断和投机带来的弊端有深刻而清醒的认识，能否妥善解决土地问题，直接关系到连云市建设的成败。张丕介与赖琏等市政筹备处主要成员经过再三研究，最终认为如欲曲突徙薪，应以"市地市有"为最高原则，意即由市政府占有和支配全市范围内的所有土地。

在当时的社会环境下，实际推行这一原则也面临重重困难："市地市有"在理论上似与平均地权之义相抵触，不仅一般人难以理解，立法当局与上级行政机关亦不易认同；连云市内之土地投机者（如宋子文等），大多据有不可轻视之政治、经济、社会地位与力量，稍有不慎则后果不可预知。实行"市地市有"，既不能违背土地私有产权的原则而无条件没收私有土地，也无财力按价征收，变私有为市有。在此种种困难之下，谋求

① 张丕介：《连云市土地方案纪要》，《人与地》第 1 卷第 13 期，1941 年 7 月 5 日，第 260页。

解决土地问题的确很不容易，但若置之不理，日后开始建设时，则投机情况必然更甚于当初。市政筹备处于是决定在继续实行"市地市有"之原则（此原则始终未经宣布），寻求最终解决之道的同时，采取两个临时措施，以遏制土地投机。

一是布告自即日起停止一切土地转移，如买卖、赠予、租佃等，使已涨起之地价，不致再涨。凡在此时期内的私人土地转移，不论其手续如何，概视为违法行为，其转移不予备案。

二是举办土地登记，注意所有人真实姓名、购买年月、地价等要点；在限期（三个月）内不做登记者，收为市有，不给赔偿，登记时呈验契纸，白契①暂准有效，将来再行换发。当时土地投机者之地契几乎均为白契，白契中十之八九无真实姓名，其年月亦尽是倒填。② 若认定白契无效，即可直接收全市之地为市有，鉴于上文所述困难，市政筹备处显然不得不加以考虑。

最终，市政筹备处在坚持连云土地为"市地市有"的原则下，制定了一个循序渐进的实施方案报江苏省政府审批。市政筹备处仓促结束，其工作及资料移交东海专员公署，该方案亦从未公布，因此张丕介回忆的资料也就成了目前唯一可见的记载，兹照录如下：

> 1. 依市政建设计划，仿青岛前例，分市地为市内区或称建筑地区域，与市外区或称非建筑地域。凡码头区，工业区，商业区，住宅区，风景区，以及其他公共建筑地，皆属于前者。
>
> 2. 凡属于市内区之土地，经市政府制定计划，绘图公布，限令土地所有人于一定期限内，依法登记，并规定其地价。
>
> 3. 市内区土地使用，由市政府依计划统制之，所有人不得自由

---

① 中国旧时不动产买卖、典当的契约，未向官府纳税加盖官印的称白契，经官府加盖官印并纳税的称红契。民间买卖土地房屋时，由交易双方协商拟订，有中人作保并签名盖章的契约，称为"白契"，也叫"草契"。其内容包括交易的性质、产业的数量或面积、坐落地点、价格、交易条件等。

② 张丕介：《连云市土地方案纪要》，《人与地》第 1 卷第 13 期，1941 年 7 月 5 日，第 261 页。

建筑或以任何方式移转于他人。

4. 市内区土地严禁私人买卖，市外区土地移转亦须经市政府审查登记。

5. 市政府依建筑计划，公布各种建筑地，招标，凡土地需要人皆得参加投标，其底价由市政府定之，以不少于原规定之地价为原则。

6. 土地需要人中标后，得分期交付底价，市政府即以此底价转交于原所有人，后者于收足其地价后，即将其土地所有权转移于市政府，中标人所取得者，土地使用权，其期限为三十年，在此期限内，除交付底价外，尚须按年交纳地租，相当于地价百分之八（此数亦记忆不清，为八或为六）。

7. 原所有人亦得向市政府申请土地使用，不必经投标方式，迳由市政府依建设计划，核准使用面积；所有人不另向市政府交付地价，但亦须按年纳税如前条办法，至三十年期满后，其办法亦与前条规定相同。

8. 市政府为公共建筑使用土地时，得征用私有地，而以地价券分年偿付之。

9. 市内区土地经需要人承租后，需在一定期限内建筑完竣，否则市政府另行招标。又市政府因特殊需要或变更市政建设规划时，得随时收回出租之地，未交部分之底价可以停交，已交者得依其使用年限计算之，而定其补交或退还之数目。

10. 地租按地价规定，地价则每五年重估一次。

11. 市外区以土地法所规定地价办法办理之，如市内区必须扩张时，则扩张区域内之土地与市内区土地同。

12. 不论市内或市外区土地一律禁止不自使用者之购买或租赁。①

该方案显然部分借鉴了德国强租青岛时的做法，即通过征收地价税和土地增值税的办法来遏制土地投机。连云市面临的问题显然不同于青

---

① 张丕介：《连云市土地方案纪要》，《人与地》第 1 卷第 13 期，1941 年 7 月 5 日，第 261、262 页。

岛，但相比之下，作为后来者的连云市，其建设方案的起点和可行性并不高：德国在强租青岛后在最初规划阶段即冻结土地交易以防投机，并以强权规定了总督府对土地的优先承购权；德国政府还投入了大量资金，1899～1914 年共计 210169015 马克，用于收购土地、建设港口、修造公用设施等。① 而连云市政府则在中央、省、市均无资金投入的情况下，设想通过采取渐进办法，不征收、不没收、不赎买的闪转腾挪，最终如"空手套白狼"般"化"私有土地为市有。这一方案由于市政筹备处结束工作而无法付诸实施。如果真要实施该方案，除了需要考虑现实的阻力外，细节方面的完善也是必不可少的。

当然，连云市建设的困难远不止以上两端，其他诸如地方旧有势力的掣肘，圈地投机的官僚以及筹备处与毗邻的东海、灌云两县政府的职权划分不明晰，当地人民的贫愚和土匪的横行等，均为新市建设面临的障碍。②

尽管如此，市政筹备处还是在力所能及的范围内加紧工作，在最初的一两个月，即创制了一些重要的民政法规，并且训练了一支可以防御土匪、保护地方的警卫队；民政组建立了预算系统和会计制度；总务组的室内设计和野外测量，亦是夜以继日，原定一年的市区土地测量工作，六个多月即告完竣；张丕介所负责的土地组，则制定了上文所述"符合孙中山遗教"的一切土地行政法规。③

市政筹备处成立仅半年之后，筹备处全体职员即请求准予辞职，原因在于"建设经费百谋不得，事业无从着手，咸不愿坐食俸禄虚糜公帑"。新市建设至此而废，不过连云设市一事早已广为人知，且经行政院备案，江苏省政府虽无财力建设，但亦不便将机关裁撤，于是将筹备处缩小组织，委派东海区行政督察专员兼理其事。④ 该专员郝国玺兼任市政筹备处处长后，派东海区专员公署第一科科长杨大明驻处办理处务，同时缩小了

①　任银睦：《青岛早期城市现代化研究》，三联书店，2007，第 109～112、130 页。
②　佚名：《连云市及市政筹备处》，《淮海》第 5 期，1935 年 10 月 1 日，第 42 页。
③　赖景瑚（赖琏）：《连云忆语——我国开始建设东方大港和一个滨海大都市的回顾》（1979 年），《连云港市文史资料》第 10 辑，第 129、130 页。
④　无艾：《连云港之现况》，《国本》第 1 卷第 4 期，1937 年 1 月 16 日，第 66～69 页。

筹备处内部机构，原有总务、民政、建设、土地四组，改为总务、土地、社会三组。① 市政建设名存实亡，"不足语于建设也"。土地测量、户口调查、市区分划、道路勘测等各项建设计划与法令规章，均已分别完成或粗具规模，编制完成的《连云市政计划》，"足供将来建设开始时之应用或参考"。②

　　由于无法实行有效的市政管理，该区域长期以来存在一个严重问题，即盗匪太多、社会治安堪忧，这成为影响地方发展的重大问题。有调查认为，该地"僻处东隅，居民强悍，加以土地不宜生产，故民无恒业，地方治安颇不易维持"，③ 因此，"该地邻境，群盗如毛，抢案绑案，层见叠出。工商界设于电话中接洽现钞运送等事，往往为匪徒探悉，发生中途拦劫情事"。④ 1934 年初，接连发生了墟沟中国银行被抢、海轮被土匪劫掠的事件。⑤ 当然，同一时期天津、南京等地均有银行被武装抢劫事件，但海州情况显然有所不同，该区域向来民生艰难、地方治安形势严峻，且处于早期发展阶段，这一"恶名"显然影响不小。

第二节　1930～1940 年代的都市计划

　　1935 年 1 月，江苏省政府正式决定设置连云市，并于同年 4 月成立连云市政筹备处，此后因抗战爆发，连云市的市政建设始终没有取得进展。抗战胜利后，国民政府正式设立连云普通市，任命张振汉为第一任市长，并开始重新制订都市建设计划。其间，市政筹备处及光复之后的连云市政府均制订了都市计划，日本及其操控下的地方当局⑥也就都市

① 《连云市筹备处缩小范围改为三组》，《中央日报》1936 年 2 月 4 日，第 6 版。
② 无艾：《连云港之现况》，《国本》第 1 卷第 4 期，1937 年 1 月 16 日，第 66～69 页。
③ 《小上海之工业区》，《海光》第 6 卷第 18 期，1934 年 3 月 10 日，第 277 页。
④ 《同人消息（十一月）·新浦近况》，《交行通信》第 3 卷第 5 期，1933 年 11 月 20 日，第 59 页。
⑤ 《小上海之工业区》，《海光》第 6 卷第 18 期，1934 年 3 月 10 日，第 277 页。
⑥ 据记载，连云市政府在制订都市建设计划大纲时，曾参考伪连云市公署所绘制的海州地区都市计划图。见连云市政府《连云市建设计划大纲草案》，1947 年 3 月，台北中研院近代史研究所档案馆藏，18－22－01－021－04。

建设提出过设想。由于时代的变迁和政权的更迭，这些计划都没有得到机会付诸实践。不过，就都市建设本身而言，这些计划还是颇有值得借鉴的地方。

一　民间的建议

陇海路局选址老窑，尤其是筹备连云市的消息一经披露，一时间连云港声名大噪，以至于陇海路局都觉得"外间报纸，宣传过甚"，为免外人窥测，一律不经营客运。[①] 于连云港背后建设一个完全由国人自主的现代化大都市，在 1930 年代的中国特定时代背景下显然具有极强号召力和鼓动性。不少有识之士也就连云市的规划、建设提出了颇有见地的建议。

早在 1932 年 11 月，汪寿康等即上书江苏省农矿厅，提出商埠建设的意见。他们认为，商埠设置极宜与海港衔接，墟沟最为合适，但墟沟两旁有烟墩山、北固山矗立其中，平地狭窄，非向外开拓不可。并应"放大眼光，作大规模之筹备"，因此，全埠应以 20 ~ 30 里长宽为最小限度；市区采取辐射形和棋盘式；以小山、平山、汪庄一带"为辐射之中心，斜射五线，成五大通衢。一达孙家山嘴，与海岸相接。一穿五羊湖至大小板艞。一通汪店达诸曹，一通新县至猴嘴，一通张圩至西墅"；干道直贯全埠，中间规划短距离街道与五大通衢成交切线，使商业中心和海岸以及公共场所都能贯通。

汪寿康等提出按照功能分区划分全埠。全埠分为七区。（1）行政区。小山、平山、汪庄。（2）商业区。五羊湖全部至大小板艞，徐圩、弁雾山、汪庄至朱曹嘴、唐圩、英圩、孝妇祠。新县至猴咀。（3）工业区。墟沟南巷、院前庄、公兴庄、陶圩、戈张圩、刘圩、东大前、各汪圩及下六分。（4）渔业区。海头湾、西墅、东西连岛、高公岛。（5）学校区。马山、狮子山、龙山及新县等处（以大学为限）。（6）居住区。弁雾山、华盖山、黄泥岭、蓑衣山及工商区附近山麓。（7）工村。北固山及工业

---

① 冯光烈：《连云港实习调查日记》，1935 年，萧铮主编《民国二十年代中国大陆土地问题资料》，第 52984 页。

区附近各山麓。此外，公园、菜市、娱乐场及各中小学校，应于各区内随地设置。

在商埠组织方面，汪寿康等认为国营、公营、私营三种办法均不可行，应采取"于国家统一政治之下，地方分权主义"的办法组织商埠，具体做法是：以 1000 万元为开埠基金，国家出资三成，其余由商民认购；联合全国银行界、实业界、法界、学界、农界共同负担；由政府派定专员，联合各界，组织商埠筹备委员会。

在商埠的设计和建设方面，汪寿康等建议：全埠采用土地征收法；由地主事先报告登记土地所有权；规定全埠公用地址后，所有土地准原地主依限报领，酌征极低领价；所领土地，征收累进税；盐田"应特别给价，并准移铺于各场之隙地，以顾场产而维国税"。①

需要特别指出的是，汪等所提虽为商埠，但其形制与此后的连云市基本相类，他们所提出的市区按功能分区以及初步的划分方案，成为此后连云市政府制订都市计划的重要蓝本之一。尤为难得的是，该意见书提出了土地问题的解决方案：先征收后登记，以避免土地投机。在承认土地私有的前提下，规定土地用途，然后以征收类似地价税和土地增值税的方式限制土地投机。这与德国强租青岛时采用的土地政策高度相似，前文中张丕介所拟土地方案是否受此启发则不得而知。

杨哲明早在市政筹备处成立之前即建议对建设计划详加讨论，若无详细精密的都市建设计划，无远大之规模，任市民自行建设，则零零落落，必形成畸形之发展。一旦旧都市之狭小规模告成，欲图改进，势必牺牲大而成功小。且建设新都市较之改良旧城市更易于着手、成功。为此他对连云市的建设规划进行了大胆的倡议。他建议省政府尽早成立连云市政筹备处，还拟订了市政筹备处的组织章程大纲草案，并详尽列出筹备处的职掌事项、岗位设置、下设机构的权责等。筹备处应先对市区进行精密测量，这是建设计划的基础。他指出，港口附近山地多，平地狭窄，无法开展，应以墟沟及其附近之地作为建设新都市之根据，并将新浦、板浦以东，临

---

① 汪寿康等：《擘画墟沟商埠意见书》（1932 年 11 月上农矿厅），许绍蓬编印《连云一瞥》，1936。

洪河口以南，烧香河口以北所有濒海区域全部纳入市区范围。至于市区的功能分区和干道计划则与汪寿康等意见基本一致。①

连云市筹设的消息公布后，赵兴让较早注意到了城市的环境卫生问题，他认为连云市的建设除市区按功能分区外，尤应注重卫生建设，市内所有建筑物均应符合卫生的原则和标准。其最低限度为：建设自来水厂以中央给水法供给全市所需；建设下水道系统，妥善处理工厂污水和生活污水，以营造健康的生活环境。此外，还应于指定地点修建屠宰场、浴场及公厕，传染病院、公园、垃圾场等均不可或缺。应于市区道路两旁大量种植树木。②

仇需生则对连云市的区域范围提出异议。他认为省案规定的连云市区暂定以临洪河以南，烧香河以北，东面包括东西连岛，西沿临洪河新浦、板浦以东为界，语意不明确。临洪河自南向北流入海州湾，唯有新浦一段为东西方向，若以临洪河为界，则应将新浦划入连云市区，但省案中并未提及。此外，烧香河旧河道淤塞不可辨认，新河道又非省案所定。因此连云市的区域范围西、南两界存在较大争议。为将来发展计，还应将新浦划入连云市。③

蒋君章认为，连云市筹备的经费太少，应加大投入，江苏省政府、铁道部以及全国经济委员会均应加入，尤其是江苏省政府应当主动承担责任，尽早设立连云市筹备处。将来的连云市应当发展成为工业都市，而连云港则应成为欧亚出口之大商港。④

二　日占时期的都市规划设想

日本军队侵占连云港之后，随着陇海线东段以及港口修复完成，连云港的物资集散激增，各种生产经营活动的地域范围有所扩大，有从港口区

---

① 杨哲明：《连云市的建设计划》，《东方杂志》第 32 卷第 7 期，1935 年 4 月 1 日，第 111～118 页。
② 赵兴让：《自连云港谈到连云市》，《江苏月报》第 4 卷第 3 期，1935 年 9 月 1 日，第 30、31 页。
③ 仇需生：《连云市区域问题之商榷》，《江苏月报》第 4 卷第 4 期，1935 年 9 月 1 日，第 29～32 页。
④ 蒋君章：《扩大连云港之建议》，《江苏研究》第 1 卷第 1 期，1935 年 5 月 1 日，第 5 页。

往墟沟、新浦等市区发展的趋势。① 日本有关产业部门计划将此处作为华北、华中内地及海外"资源的中转站"，并进一步利用腹地的丰富资源来振兴工业，使该地区成为一大工商业地带。同时，日本驻海州特务机关基于类似目的，对海州地区进行了详细的调查，并提出了地方及都市建设的初步设想。② 1939 年 10 月中旬，有十多年都市计划实践经验的盐原三郎一行四人，沿津浦路南下经徐州到达新浦，对新浦、连云港以及海州做了短暂的实地考察，并就都市建设提出了一些意见。③ 兴亚院华北联络部认为，将来随着江苏、河南、山东乃至山西、陕西等省丰富资源的开发，连云港的重要性将愈加凸显，有必要以"从海州经连云港的区域作为中心地带，订立一个包含政治、交通、保安、卫生及军事上各方面重要设施的地方规划大纲，以此为蓝本进行都市建设"。1940 年 8 月，兴亚院主持出台《海州地方计划大纲》，对该区域的规划建设提出了指导性意见。

与前述连云市政府规划中仅涉及连云市区域不同的是，兴亚院的方案认为，应将新浦、连云港口和海州城纳入统一规划，新浦至连云港的陇海铁路沿线，包括灌云县的一部分和东海县的一部分，东西长 38 公里、南北宽约 15 公里，总面积约 570 平方公里的区域都应列入规划。

规划中的市区有连云港、新浦及海州三个部分。连云港附近的都市规划区域，从地势及都市防护上考虑，应包含东部的海岸线、南部的后云台山山腰、西部的墟沟以西约 5 公里、北部的东西连岛区域，计划人口约 15 万人。新浦附近则是从当时的新浦中心向外扩展约两公里的区域，计划人口 5 万人。海州城计划人口 2 万人。④ 预计第一期用五六年时间使连云区域增加 5 万人口，第二期用三十年时间使人口达到 50 万人。因此，第一期计划在孙家山以东、以西及墟沟地区建 2.75 平方公里的住宅区、1

---

① 笠原幸雄『海洲地方都市計画ニ関スル件』（方軍参四密第一〇六號）、昭和 15 年 8 月 19 日、840 頁、国立公文書館蔵、C04122405900。

② 矢田敬三『連雲港背後地ノ工業立地條件ニ就テ』南満洲鐵道株式會社北支經濟調査所化學班、1940、5、7、8、14、15、70 頁。

③ 塩原三郎『都市計画・華北の点線』附件『新浦と連雲港視察記』昭和 14 年 10 月、1973。

④ 笠原幸雄『海洲地方都市計畫ニ関スル件』（方軍参四密第一〇六號）、昭和 15 年 8 月 19 日、841、842 頁、国立公文書館蔵、C04122405900。

平方公里的商业区、1 平方公里的工业区、0.25 平方公里的公馆事务所区
域，总面积为 5 平方公里。[①] 显然，该方案是将未来城市的重心放在了港
口周边。

　　该大纲对不同功能区的划分也提出了一些设想，住宅区域应安置在上
述三地的南部，海岸地区由于风景优美、气候适宜，被设定为专用住居
地。新浦、连云港和海州三个市区的中心以及火车站、干道的中心区域划
作商业区域。工业区则主要设在海、河沿岸，铁道附近及沿线。城市供
水、排水方面也有初步设想。维持、改良公园和运动场等，新市区所需的
其他设施，如墓地、火葬场、市场、屠宰场等皆在计划之内。[②]

　　相对而言，满铁关于连云港周边地区工业布局的设计则要细致得多。
满铁华北经济调查所的报告认为，连云港邻近劳动力丰富的山东，港口修
筑完成后再疏通腹地内河可拥有相当好的运输条件，将来随着交通的发
达、产业的开发，人口会明显增加，形成规模可观的消费市场。该报告对
该区域的工业布局提出了如下设想。

　　在工业用地方面，连云至墟沟间的地方接近海岸，地基坚固，但其腹
地狭小，几乎没有多余的地方，仅有那些拥有连续生产线的工业企业
（如面粉制造业）可以考虑利用其斜坡地带，其他企业需要的开阔平地，
可供利用的有前后云台山的中间地区、从墟沟到新浦之间的铁路沿线、大
浦附近等三处。

　　在工业用水方面，邻近新浦的蔷薇河每天可提取河水 7 万~8 万吨，
即使全年中每天平均仅能提取 4 万吨，加以沉淀、过滤后足供当地工业和
生活用水。

　　在工业燃料和电力方面，连云港地区煤炭供给主要来源于中兴煤矿和
柳泉煤矿，用煤的条件与青岛、天津基本相同，但煤质远优于天津、青岛
所用的开滦、井陉和博山煤。海州电灯公司在新浦、连云港分别有每天能
发电 156 千瓦时、250 千瓦时的发电设备，并计划于 1941 年 1 月在新村建一

① 矢田敬三『連雲港背後地ノ工業立地條件ニ就テ』、69、70 頁。
② 笠原幸雄『海洲地方都市計畫に関する件』（方軍參四密第一〇六六號）、昭和 15 年 8
　月 19 日、841、842 頁、国立公文書館蔵、C04122405900。

个 2000 千瓦的发电站，以满足不断增长的港口以及工业和居民用电需求。[1]

报告认为，该地区可作为工业原料的主要农产品是小麦、豆类、玉米和棉花，因此应开办面粉加工企业。事实上不少从业者准备开设相关工厂，东亚制粉计划投资 357000 元建设一个月消耗小麦 1600 吨、可供 10 万人消费的面粉厂。[2] 应以新兴榨油工业取代当地的旧油坊，制造优质的大豆油。[3] 三井物产公司计划将来投资 100 万元，设立生产能力达到年产油量 5000 吨的工厂。[4] 产量巨大的玉米除了满足本地消费之外还有余裕，如果在本地发展具有企业规模的酒精工业，在原料供应上的条件是相当充分的，可以满足每天生产 4000 立方米酒精的需求；[5] 邻近连云港的阜宁棉花和棉籽产量巨大，本地沿海将来也可种植棉花，因此应将原本输往青岛、上海的棉花就地加工，生产棉绒和棉籽油；该地作为青岛所需鸡蛋的主要产地，具有发展鸡蛋加工业的条件。[6]

在矿产品方面，该地区磷矿对日本意义重大。锦屏磷矿公司成立之初，其所产磷矿几乎全部出口日本，后来由于日本在南洋发现磷矿，海州磷矿对日输出逐渐减少直至锦屏停产。战争爆发以后，日本的磷矿进口从每年 130 万吨骤减为 60 万吨，如此一来，预计可以每年输往日本 5 万吨的海州磷矿对日本的意义不容小觑。[7]

淮北盐场生产优质盐，七七事变前年产量约为 45 万吨，日本占领淮北盐场之后，积极谋划将盐场规模扩大。华中盐业公司计划在此后数十年间投资 1020 万元新开辟近 60 万公亩的盐田，使整个淮北盐场产量达到年产 150 万吨，并计划将其中的 100 万吨输出到日本。因制碱工业高度依赖盐，而中国内地碱的产出和消费均有较大增长空间，华中盐业计划建设日产量达 150 吨纯碱的制碱工厂。若是以上产业发展起来，以其产品大豆

① 矢田敬三『連雲港背後地ノ工業立地條件ニ就テ』、13～19 頁。
② 矢田敬三『連雲港背後地ノ工業立地條件ニ就テ』、52、53 頁。
③ 矢田敬三『連雲港背後地ノ工業立地條件ニ就テ』、23、24 頁。
④ 矢田敬三『連雲港背後地ノ工業立地條件ニ就テ』、58 頁。
⑤ 矢田敬三『連雲港背後地ノ工業立地條件ニ就テ』、55、56 頁。
⑥ 矢田敬三『連雲港背後地ノ工業立地條件ニ就テ』、21～28 頁。
⑦ 矢田敬三『連雲港背後地ノ工業立地條件ニ就テ』、30、31 頁。事实上，仅 1942 年前 9 个月，海州磷矿对日输出量即达 111796 吨。见本书第五章第二节。

油、豆饼、纯碱、苛性钠、氢、盐酸为原料进行深加工，还可以发展硬化油工业、石碱工业、味精工业、玻璃工业。①

此外，为满足人口增加扩建住房所需砖瓦，还应建设砖厂。计划中的砖厂采用以节能高产为目的的霍夫曼炉。② 海州地区为一天然渔场，预计将来捕鱼量会大大增加，对冰的需求也会大幅度增长，制冰和冷冻行业将获得很好的发展机会。黄海冷冻株式会社于 1940 年 4 月投资 25 万元建设了一个年产冰量为 600 吨、冷冻量为 5400 吨的工厂。③

总体来看，日占时期的都市计划也是围绕港口设计的。他们认为海州地区因其良好的区位和优越的环境，假以时日，无论是港口还是都市建设乃至工业发展都有较好的发展前景。规划中的方案有些也付诸实施，部分产业甚至发展不错。至日本投降时，日本人经营的连云港渔业颇为发达；西连岛上的砖瓦窑亦规模甚大；同样为日本人经营的墟沟酒精厂，内部兼营米厂、油坊等，总体规模相当可观；内外棉业改进公司还将连云港一带的盐碱海滩改造成棉田。④

三 市政筹备处及连云市的都市计划

1945 年 10 月，国民政府正式设立连云市政府，进行收复兴建工作。此时，连云市无论是人口还是赋税收入水平，均与抗战前的情形大致相近。据调查，港埠人口约有一万人，墟沟五千人，大浦三千人，其他不详，总计全市区域共有大小村镇四十余个，人口六万余人，市区范围则与前置市政筹备处辖区一致：以临洪河口以南、烧香河以北、东沿东西连岛、西沿临洪河新浦为范围。⑤ 至于赋税、财政收入，则因日本投降后不少工厂停工更不可能高过战前。连云市的人口和税收水平明显不符合设市

---

① 矢田敬三『連雲港背後地ノ工業立地條件ニ就テ』37、41、63、72 頁。
② 矢田敬三『連雲港背後地ノ工業立地條件ニ就テ』、70 頁。
③ 矢田敬三『連雲港背後地ノ工業立地條件ニ就テ』、71 頁。
④ 行政院秘书处：《关于连云港一带工业现状密报》，台北中研院近代史研究所档案馆藏，20 – 24 – 007 – 07。
⑤ 连云市政府：《连云市建设计划大纲草案》（1947 年 3 月），台北中研院近代史研究所档案馆藏，18 – 22 – 01 – 021 – 04。

标准。① 不过，国民政府还是正式设置了连云市，并由行政院任命张振汉为市长，因此也有人称连云市被看成了特别市。显然，南京政府是有考虑的，从有关档案来看，至少没有把它当成一个"普通市"。

张振汉领导的市政府，在充分参考了前市政筹备处制订的都市计划、伪连云港湾局局长江奇善爱所拟连云港第二次扩大筑港计划以及《连云一瞥》等资料的基础上，重新制定了《连云市建设计划大纲草案》（以下简称《草案》），并于 1947 年 3 月 17 日提交内政部审定。同年 5 月 23 日、6 月 12 日，内政部两次会同交通部、国防部、水利部、地政部、卫生部、财政部、农林部、中央设计局等相关单位，共同审查该《草案》，并提出了一些补充或修改意见。② 《草案》主要包括都市计划和海港计划两大部分，总体来看，该计划具有采用港口优先的分区制、长期规划与分步推进相结合的特点。

连云市政府对该市及港口的重要地位有清醒而颇具前瞻性的认识。《草案》认为，连云港位于横贯中国中部大干线陇海路之终点，"将来此路向西北展筑至新疆与苏联之土西铁路衔接，为东亚往西欧最捷之路程，则连云港不仅成为吾国西北各省之门户，亦为国际交通之枢纽，东方之一重要水陆联运站"。此种设想，即为今日之新亚欧大陆桥。再能将现有之临洪河、盐河、运河、淮河及其水道系统加以疏浚、整理，使通航运，更可北达黄河流域、南抵长江流域，则此港又可成为海运与内河航运的一个重要连接点，对于"交通、政治所具有之意义非常重大"。③

---

① 1928 年国民政府公布的《市组织法》第三条规定："凡人口满 20 万之都市，得依所属省政府之呈请暨国民政府之特许建为市。"见中国第二历史档案馆编《中华民国史档案资料汇编》第 5 辑第 1 编《政治》(1)，江苏古籍出版社，1994，第 82 页。1930 年 5 月 20 日公布的《市组织法》中省辖市设立标准为：人口在 30 万人以上，人口 20 万人以上且其所收营业税、牌照费、土地税每年合计占该地总收入 1/2 以上者。见徐百齐编《中华民国法规大全》第 1 册，商务印书馆，1936，第 519 页。

② 牟粟多记录《连云市建设计划大纲草案审查会记录》(1947 年 5 月 23 日)，台北中研院近代史研究所档案馆藏，18 - 22 - 01 - 021 - 04；牟粟多记录《连云市建设计划大纲草案第二次审查会议记录》(1947 年 6 月 12 日)，台北中研院近代史研究所档案馆藏，18 - 22 - 01 - 021 - 04。

③ 连云市政府：《连云市建设计划大纲草案》(1947 年 3 月)，台北中研院近代史研究所档案馆藏，18 - 22 - 01 - 021 - 04。

　　基于以上认识，连云市的建设计划将港口放在了头等重要的位置。在规划中，从港口往西至孙家山，再至墟沟车站，铁路以北填平之地用作敷设铁轨，建筑仓库、堆栈及港务机关房屋之用，均划为港埠区。铁路南山麓一带，则为该区域附设小商业区及住宅区，可容纳人口约 10 万人。[①]城市建设的计划首先从港埠区开始。按照计划，除前两年完成全市各项测量及制图工作，建筑主干道路外，其余工作完全集中于港埠区建设，主要包括：完成港埠区市街及上下水道系统诸工程；开办港埠至新浦公共汽车公司；建筑港埠区菜市场十处，建筑港埠区屠宰场一所；建筑港埠区市立卫生所；此外，一些必要的公共设施如发电厂、公墓区、飞机场、电话公司、市立中小学各一所，港埠区中山堂、建筑港埠区公共厕所若干处，以及港务局建筑、平民住宅、公务人员住宅、黄窝公园及海滨浴场工程等，亦在第一个五年计划中。

　　以港口区为起点，逐步往西推进建设。第二个五年计划中，墟沟市区、海头湾、西墅渔业区的街道及上下水道系统是建设的重点。疏浚临洪河、运盐河、半边河、烧香河等成为航道，也是基于完成综合运输系统的考虑。行政区和商业区的街道以及上下水道系统的建设则放在了第三期。其他诸如市政府、议会、警察局等机关建筑物的建设则统一纳入行政区建设。

　　连云市政府对第二次世界大战中蛛网及棋盘式城市遭受的惨烈轰炸颇有顾忌，认为"此等式样对于军事上，尤其防空上最为脆弱，以其易受集中轰炸也"，"最理想者莫如带形式样，原子弹破坏力，对于带形城市亦较小"，因此连云市区应采取"带形式样"。计划将全市土地划分为港埠区、商业区及行政区、渔业区、产盐区、工业区、住宅区、文化区、飞机场、风景区及绿地。

　　陇海铁路以南、墟沟以西可作为行政区，后云台山之南、中云台山东西两侧面积约 14 平方公里的土地为南商业区，前云台山北麓、西麓至新县一块平原辟为西商业区，此区平地面积约 9 平方公里。行政区及两处商

[①]　连云市政府：《连云市建设计划大纲草案》（1947 年 3 月），台北中研院近代史研究所档案馆藏，18－22－01－021－04。

业区可容纳约 68 万人。

　　渔业区及产盐区则因袭现状，即以港口两侧、港埠区之外原有港湾滩涂上的渔场及盐场为基础，分别发展为渔业区和产盐区。

　　工业区选定大浦、新浦一带临洪河与铁路之间的平地，并拟定将来疏浚临洪河，使通航运。从选址来看，以这一地区为工业区还是颇有优势的：地域开阔而平坦，发展空间大；水陆交通便利，燃料、原材料及工业品转运方便，水道系统打通，则可连接淮河流域；这一带平地一直是盐碱荒滩，地价相对低廉；距商业区及住宅区远。

　　连云市境内平地较少，因此将住宅区安排在商业区两旁的山麓地区，依山傍市。

　　文化区则选址于地势幽静的前云台山之南、烧香河以北大岛至山东庄一带。

　　新浦以南、南城以北划为飞机场。

　　风景区主要有黄窝风景区及海滨浴场、北固山风景区及海滨浴场、西连岛风景区。绿地则随处设立，预计达到建筑面积两倍以上。

　　基于以上分区，连云市政府以港口为起点，总计规划了全长 128 公里的 11 条干路，将全市各主要区域连接起来。显然，在各功能分区中也凸显了港埠区的重要性。

　　在连云市的建设计划中，都市计划和海港计划周期分别为 30 年和 25 年，各以五年为一阶段。前文已述都市计划以港埠区为起点分期推进，海港建设分成五期。第一期以修复、改造第一、第二码头为主，疏浚港池及外航道至 6 公尺水深，同时建设小港及外防波堤。从第二期开始，每期修筑二道至三道码头，兼以填海造陆修筑堆栈货场、浚深港池航道、修筑防波堤等辅助设施。至 25 年后全部规划完成，港口拥有 15 个码头 78 个泊位，其中万吨级以上泊位 39 个，年吞吐量达 4500 万吨以上。

　　值得一提的是，该海港计划还提出了闭塞海峡西口、增加港湾面积和码头长度的设想，这一设想即是目前已经建成的连云港拦海西大堤。

　　因连云港的建设，江苏省政府在港口背后筹设了连云市。在 1930 年代的社会背景下，连云港和连云市寄托了社会各界的期望，希望将其建设成为能够比肩青岛乃至上海的一个"中国人的商业都市""中国人的出口商港"，而绝不是一个货物进出口的终端。在紧邻港口的地方建设一个城市，充分利用其广阔腹地丰富的矿产和其他原材料，生产附加值更高的产品，从而推进地方工业化的进程，带动地方经济的发展，促进整条铁路沿线区域的经济发展和社会进步，当时国人对连云港和连云市的期望正在于此。在这一目标之下，正如上文中陇海路局以及其他各界呼吁的那样，在港口背后规划建设城市，将港口和城市纳入统一的发展规划中，为以后港口和城市的发展奠定扎实的基础，的确是刻不容缓的任务。以此考量，江苏省政府筹设连云市的动作并不是那么迅捷，筹备市政之后除负担筹备处的日常开支和薪资外，也没有投入任何建设资金。早期连云港和城市的建设，分别由铁路局和省政府负责，双方步调的一致并不是很容易，因此，从一开始，港口和城市就面临能否协调发展的问题，各规划文本中也并未涉及未来城市与港口采用何种管理体制的问题。

从都市建设的角度来看，汪寿康等民间人士、日本占领当局、市政筹备处及连云市政府所制订的都市计划均颇有可取之处。围绕港口发展城市是上述各方案的共同特征。将港口和城市纳入统一的发展规划，将城市的重心放在港口区，以港口发展为中心规划都市建设，优先发展港口区，等到港口区域的发展达到一定程度的繁荣时再往周边扩张，这一思路，与青岛、大连、上海、香港等著名沿海港口城市的通行做法基本一致，也是现代港口城市成长的一般路径。

由于港口附近地形狭窄，日本占领当局与连云市政府在规划中，均将紧邻港口的墟沟及其以西地带作为城市的行政区，将铁路以南以及后云台山北麓平地作为商业区，并以附近山麓的山坡地作为居民区，新浦、大浦等处的开阔平地则被划作工业区。注重工业发展也是各方案的共同特点，所划工业区位置基本接近，日本占领当局的方案则对工业用地、用水、电力、燃料以及各种工业类别发展的布局规划尤为细致。

虽然上述各规划方案最终均未付诸实施，但其围绕港口发展城市的思路，即使在今天看来仍不无教益。

第四章 港口、城市的成长与分离

　　本章主要探讨不同时期港口、铁路与连云港城市发展的关系。首先需要指出的是，文中所讨论的港口与城市的分离，其具体含义并不仅指二者在地理空间上的分离，更多的是指二者在经济活动中不能紧密联系、互动，从而达到通常所谓"港为城用，城以港兴"的效果。通过港口企业（不仅指港口当局所兴办的企业，更多的是指依赖于港口的企业）从业人口与城市人口总和的比较分析，以及港口从业人口与港口生产总值的对比，分析港口的劳动生产率；通过港口区所创造的价值与城市经济总量的对比，计算港口经济对于城市的重要性和关联程度，同时将这一数据与国内其他港口城市做比较。上述分析有天然缺陷：无法体现出港口的效率，港口从业人口比重大，固然可以说明港口的重要性，但也可以理解为港口企业效率低。因此必须考虑将港口企业的生产总值与城市国民生产总值加以比较，如能结合从业人口比例综合分析，自是最为恰当，也最能说明问题。遗憾的是连云港市从来就没有做过港口经济方面的统计，数据无从得来，分析只能止步于此。

　　铁路沿线和临港地区一般为两种交通方式最直接的辐射区域。现代港口在原来的海陆运输枢纽功能的基础之上，又增加了产业活动的基础和现代城市发展的中心两大功能。现代港口的发展以所在城市为依托，又是城市经济社会发展最为重要和直接的动力。这种互动关系的简单描述就是"港为城用，城以港兴"。

　　基于此种互动本质，依据这两个标准，结合连云港市城市发展、港口与腹地经济包括港口贸易结构的相关资料，可以认为，没有形成相对发达的临港工业，港口没有成为新产业的活动基地，使得连云港港口虽有较大的吞吐量，但其对地方经济，尤其是新兴产业的促进作用很小；连云港港口与城市"港城分离"的特征是其城市发展的重大缺陷，港口自身也无法完成从运输枢纽到新兴产业基地和现代城市发展中心的实质性提升。

第一节　港口周边城镇的初步发展

陇海路铺轨至海州新浦前，新浦由于靠近临洪河，运输便利，已发展成为苏北、鲁南粮食集散地，淮北盐亦由此转运各地，并逐渐形成市街。[①] 1925年铁路修筑至新浦并延长到大浦，新浦市街更趋繁荣，其市面繁荣程度超越了该区域的政治中心海州城，并逐渐完成对海州的取代，海州区域的城市格局开始发生明显变化。连云港开始建设时，原本荒僻的墟沟及连云老窑一带，人口逐渐聚集，各种产业有了初步发展，江苏省遂于墟沟筹设连云市。由此奠定了现代连云港市市区的基础，即新浦、海州和连云。

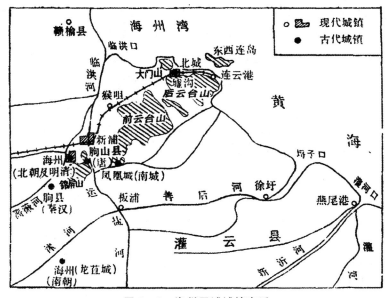

图 4-1　海州区域城镇变迁

资料来源：王庭槐、张传藻《连云港历史地理概述》，《南京师院学报》（社会科学版）1981 年第 2 期。

---

① 《新浦街的变迁》，政协江苏省连云港市委员会文史资料研究委员会编印《连云港市文史资料》第 7 辑，1989，第 1 页。

一　新浦的兴起

新浦位于东海县，南距板浦镇 40 里，北距青口镇 70 里，西距东海县城 12 里，东距大浦 20 里，大浦者，即陇海铁路东段之终点。再东去 40 里曰墟沟海港，兴起于 20 世纪初，最初仅为"荒凉小村，仅供过道船只停泊"。① 开辟为商埠之前，新浦毫无工商业和人口聚集，"几等荒墟"。② 实业仅有 1910 年前后海州人沈云沛创办的海赣垦牧公司，设联络处于新浦。1921 年，位于临洪口的大浦作为商埠开放，设立胶海关海州分关。1925 年前后新浦镇面积增长到东西约 4 里、南北约 3 里。③

新浦地理位置优越，市镇介于临洪河与运盐河之间。由于当地河流众多，且大多可以通航，水上交通还算方便。临洪河下游通赣榆县，上游经东海蔷薇河，可入沭阳之后沭河。夏秋水涨时，可直抵宿迁之刘老涧。由运盐河南行入灌云，经涟水至淮阴西坝，新浦到西坝镇约 300 里，"有小轮船往来，隔日开驶一次"；④ 沭阳之六塘河，灌云之龙沟、武障、东门、车轴诸河，均可由盐河抵达新浦，船运便利而水脚费用低廉。除水运外，新浦还居于该区域陆路交通的中心，由新浦乘汽车可直达赣榆青口、沭阳县城、灌云板浦、大伊山、响水口、东堆、大浦、墟沟及连云港、牛山、阿湖，以及邳宿两县所属之新安镇、运河镇诸站。优越的地理位置使新浦逐渐成为附近各县物产集散地和海州商业重镇，⑤ 海州区域内的商业"多集中于新浦"。⑥

新浦土产出品以豆饼、豆油、花生、麦子为大宗，总计每年出口值洋五六百万元，此外如徐州之窑湾、钱集，山东之郯城、桃林、马厂等处之

---

①　冯光烈：《连云港实习调查日记》，1935 年，萧铮主编《民国二十年代中国大陆土地问题资料》，第 52960 页。

②　《新浦金融机关调查》，《中央银行月报》第 3 卷第 1 期，1934 年 1 月，第 90 页。

③　许福眲：《新浦市场调查录》，《大陆银行月刊》第 3 卷第 6 期，1925 年 6 月 25 日，第 67 页。

④　许福眲：《新浦市场调查录》，《大陆银行月刊》第 3 卷第 6 期，1925 年 6 月 25 日，第 67 页。

⑤　仇需生：《连云市区域问题之商榷》，《江苏月报》第 4 卷第 4 期，1935 年 9 月 1 日，第 29～32 页。

⑥　王培棠编著《江苏省乡土志》，商务印书馆，1938，第 481 页。

豆饼、豆油运至新浦，转口运出者三四百万元，这是输出品的大概情形。输入品则来源比较广泛，比如常熟、崇明的粗布，青岛、天津的洋广布匹，浒浦、浏河的杂货，常熟、清淮的食米及绸缎。纸烟、煤油、煤炭、竹木、五金等也都是由各地商人从青岛、天津、上海等处装运而来，卸货销售后再装当地土货运出，"综计输入货物每年约值四五百万元之谱"。随着商业的逐渐繁荣，一大批商号逐渐成长起来，其中一些资本雄厚（参见表4-1），"历年营业盈余者多，亏短者甚少"。①

表4-1　1925年新浦较大商号资本统计

单位：万元

行业	商号名称	各号资本	总额
钱业	鼎康	2	7
	新海	5	
布业	厚大、复和、祥泰、来同、慎昌	3	21
	义森、泰裕、隆恒	2	
杂货业	聚源、永复、茂永、同恒、昌裕、兴祥、义源、祥同、昇永	2	18
粮行	公和、昌同、盛福、同合、泰永、昌和、复兴永	2	14
豆饼行	甡茂、复茂、永裕、泰恒、公兴泰	3	23
	德兴、永萃、丰恒、聚兴永	2	
油坊	复茂、永大、兴隆、增盛、刘四、泰复、兴永、大丰、公和、昌甡、泰豫、升聚、兴源	5	85
	赣丰	20	

资料来源：许福晒《新浦市场调查录》，《大陆银行月刊》第3卷第6期，1925年6月25日，第68页。

陇海铁路通车至新浦后，当地新兴的转运业骤然兴旺起来，普益汽车公司、三益汽车公司等一批运输企业都是在路、港修筑期间开业的。②1930年前后，新浦海陆运输公司有二十余家，这些转运企业盈利状况普

① 许福晒：《新浦市场调查录》，《大陆银行月刊》第3卷第6期，1925年6月25日，第68页。
② 张传藻：《新浦大街经济史略》，《连云港市文史资料》第7辑，第11页。

遍较好，"均占厚利"。①

与此同时，转口贸易的范围也大大扩展。陇海铁路西段的豫、陕、甘各省出产转运青岛、上海的货物，以花生仁、瓜子、红枣、棉花、药材、牛羊皮骨为大宗。② 陕、甘之水烟、药材，河南之棉花、烟叶、红枣，多数由陇海转运至大浦，然后由轮船分别运往上海、青岛、大连等处，再转销所需各地。③ 徐州一带出产的小麦、黄豆和山东郯城码头的豆饼，春夏两季每月有四五千吨，秋冬季节每月高达一万吨以上。通过海上输入再转运河南、陕西各地的货物，如青岛的棉纱、红糖、白糖、布匹、洋油、火柴等每月有 1500 吨以上。④ 豫、陕一带需要输入的日用品，如杂粮、洋油、糖等，由各处运至大浦，再装陇海车分运豫、陕等处，⑤ 但经常出现铁路车辆缺乏不能转运的情况，⑥ "致各货囤积者，比比皆是"。⑦

海运进口较多的是大连高粱、玉米，每年输入约 6 万吨，青岛、上海方向进口较多的是棉纱、匹头、火柴，杂货、海味、大小粗布等次之，月计 1000 吨左右。⑧

出口方面，当地盛产食盐，每年输出三百多万包，其中半数运往皖、豫等省。但因陇海铁路车辆缺乏，大半改由海运，由大浦运到浦口，转津浦车运到安徽蚌埠。如运至河南，则由陇海铁路直接装运。小麦也是大宗输出品，其次是豆油、豆饼。小麦每年约十万吨运往河南、安徽；豆油、豆饼每年约五万吨运往上海等地。⑨ 抗战前，新浦和上海、青岛间的商品流通，输出品为盐、高粱、小麦、花生、兽皮、猪毛、猪肠等，输入品为石油、纸、火柴、砂糖、洋布、烟草等，年贸易量"估计有 10 万吨"。⑩

1930 年，南洋烟草公司、英美烟草公司在新浦设立机构，每年销售

---

① 《新浦商务概略》，《海光》第 2 卷第 4 期，1930 年 4 月 1 日，第 1 页。
② 《新浦商务概略》，《海光》第 2 卷第 4 期，1930 年 4 月 1 日，第 1 页。
③ 《调查新浦镇各项商务状况报告》，《海光》第 2 卷第 3 期，1930 年 3 月 1 日，第 17 页。
④ 《新浦商务概略》，《海光》第 2 卷第 4 期，1930 年 4 月 1 日，第 1 页。
⑤ 《调查新浦镇各项商务状况报告》，《海光》第 2 卷第 3 期，1930 年 3 月 1 日，第 17 页。
⑥ 《新浦商务概略》，《海光》第 2 卷第 4 期，1930 年 4 月 1 日，第 1 页。
⑦ 《调查新浦镇各项商务状况报告》，《海光》第 2 卷第 3 期，1930 年 3 月 1 日，第 17 页。
⑧ 《新浦商务概略》，《海光》第 2 卷第 4 期，1930 年 4 月 1 日，第 1 页。
⑨ 《新浦商务概略》，《海光》第 2 卷第 4 期，1930 年 4 月 1 日，第 1 页。
⑩ 滿鐵鐵道總局調查局『連雲港調查報告書』，1939、11 頁。

额约五十万元；美孚、亚细亚、德士古均在新浦设有办事处销售洋油、洋火。[①] 1930 年代的新浦大街（现为民主路）上，集中了众多商家，百货业有鼎丰源、义信商店、华中裕，布店有厚大、利源太、公太，煤油商店有亚细亚煤油公司、光华煤油公司，还有森太木厂，以及复源永、海兴涌、福泰永、稻香村、馨祥、德康、何公盛等杂货商店，这些商店大多是陇海铁路通车到新浦后才开业的。1934 年时，新浦"市面尤为繁盛，俨然有大都市之风，各种货物，应有尽有，商店约有八百余家，最大者有五六十万元之资本；旅馆业亦有三十余家，营业甚为发达"。[②]

陇海铁路通车后，新浦车站附近的地价即上涨到"十倍其值"。[③] 路、港开始筹筑后，该区域工商业发展前景被普遍看好，吸引了众多资本进入，不少官僚士绅投资购地，如寓居当地的旧军阀白宝山、南京政府高官等均购地甚多。地价因而呈现急剧上涨的态势，新浦地价每亩"多至四千余元"，与墟沟相当，仅次于老窑码头附近。[④]

与此同时，金融业也开始兴起，最初以银钱业为主。新浦各钱庄都从事以元易洋业务，每年 4 月、5 月两月，仅淮北盐商在新浦发放灶户工资口粮之需，平均每日交易额即有一万两。总号设在河南新乡的同和裕银号，于 1929 年在新浦设立分号，业务范围包括存款通兑、税款押汇等，历年营业情形甚好。厚康钱庄成立于 1930 年，资本一万元，"专放垣商、运商税款以外小款"，营业状况尚佳。[⑤]

随着陇海东段工程的不断推进，中国银行和交通银行开始在新浦分设机构，其余银行则派员调查，以便后续展开营业。[⑥] 1923 年秋，清江浦中国银行在新浦设立兑换处，附设于新海钱庄内，最初仅派办事员一人。该

① 《调查新浦镇各项商务状况报告》，《海光》第 2 卷第 3 期，1930 年 3 月 1 日，第 20 页。
② 《1934 年新浦基本情况》，新浦区地方志办公室编印《新浦历史资料汇编》，1996，第 8 页。
③ 周鹤生：《新浦通车后之商况调查》，《钱业月报》第 6 卷第 2 期，1926 年 3 月 28 日，第 10 页。
④ 冯光烈：《连云港实习调查日记》，1935 年，萧铮主编《民国二十年代中国大陆土地问题资料》，第 52959 页。
⑤ 佚名：《各地方金融机关（新浦，宁波）》，《中央银行月报》第 3 卷第 1 期，1934 年 1 月，第 90～91 页。
⑥ 周鹤生：《新浦通车后之商况调查》，《钱业月报》第 6 卷第 2 期，1926 年 3 月 28 日，第 10 页。

兑换处主营业务是独家承办陇海铁路东段建筑一切工程款项出入，同时推行钞票。铁路通车后，陇海路车站"收入至巨"，兑换处扩充为办事处，并另行租赁房屋，增加办事人员。计划将来营业如有更大发展，则改为支行。交通银行则于 1924 年将办事处附设于鼎康钱庄内，铁路通车以后也开始营业，营业状况较中国银行稍有逊色。[①] 1930 年前后，新浦每年汇兑交易约在三百万元，且都是钱庄在从事该项业务。鉴于新浦发展"因当地钱庄实力小，而汇兑困难"，上海商业储蓄银行调查后认为，如有银行前去办理，则汇兑势必增加，[②] 进而筹划在新浦设立商业银行汇兑处，营业以汇兑为主，兼做押汇、堆栈、押款等业务，[③] 汇兑业务自然需要准备相当数量现款，押汇、堆栈、押款则是在大量货物交易基础上发展出来的金融、票据功能，更需要巨额资金支持。这些业务一般仅在较大口岸和都市才能开展，可见该行对新浦发展充满信心。除该行外，中国银行派员前往新浦整理机构，准备扩大营业，交通银行亦派员赴新浦调查。[④]

　　除了最早的中国银行、交通银行外，1927 年以后到抗战前，徐州国民银行、上海银行、中央银行、金城银行、江苏银行、浙江实业银行、中国农民银行等均在新浦设立分行或办事处等营业机构。[⑤]

---

① 许福晒：《新浦市场调查录》，《大陆银行月刊》第 3 卷第 6 期，1925 年 6 月 25 日，第 68、69 页。
② 《调查新浦镇各项商务状况报告》，《海光》第 2 卷第 3 期，1930 年 3 月 1 日，第 20 页。
③ 《拟设新浦商业银行汇兑处之意见》，《海光》第 2 卷第 4 期，1930 年 4 月 1 日，第 4 页。押汇、堆栈、押款均为当时的金融业务。押汇是异地商人互为交易时，卖方将所运货物之提货单、保险单、发票等票据作为抵押品，向银行押取现款，而银行则转向买方收回票款，押汇实为一种以货物为担保之票据贴现业务。见杨荫溥主编《经济常识》，经济书局，1936，第 28 页。堆栈业以仓库存储为基础，主要业务有代替货主保管货物、发行栈单、租借堆栈、火灾保险、代收货款、转送货物、介绍押款。信用卓著的栈单一般被银行视为优质抵押品，且栈单可以再次抵押。依法移转栈单即等同于货物交易。堆栈一般选择开设在通商口岸、都会以及铁道交会地。见李恭楷《堆栈业概说》（上）、（下），《银行周报》第 6 卷第 27、28 期，1922 年 7 月 18 日、25 日，第 17～19、31～33 页。押款即动产抵押，出押人以物品抵押于受押人，受押人根据货物估价以一定折扣付款给出押人。抵押到期，出押人还本付息后赎回抵押物品。见《押款合同式》，《中华实业丛报》第 13 期，1914 年 5 月 1 日，第 11、12 页。
④ 《调查新浦镇各项商务状况报告》，《海光》第 2 卷第 3 期，1930 年 3 月 1 日，第 20 页。
⑤ 《新浦金融机关》，《中央银行月报》第 3 卷第 1 期，1934 年 1 月，第 90 页；《新浦办事处过去一年中之业务经过》，《苏行谈座》第 1 卷第 4 期，1935 年 4 月 30 日，第 6 页；滿鐵鐵道總局調查局『連雲港調查報告書』、11 頁。

　　连云开港使得海州这一原本默默无闻的小城，一跃成为东部地区海陆交通的重要节点。鉴于其地位重要，海州有了当时尚不多见的民用航空，新浦有英国人出资修建的机场，[①] 设在杨圩。1933 年前后中国航空公司开通了沪汉线、汉渝线和沪平线三条航线，其中沪平线是由上海依次经停南京、海州、青岛、天津后至北平。该公司在国内不少口岸设立事务所，专门经理客票事务，江苏境内仅有南京和海州两处，海州事务所位于东门大街牌坊巷。[②] 1933 年 3 月开通的沪平航线，每周往返三次。开通一个月以后改由上海径赴海州，再飞青岛、天津和北平，减少航程 157 公里，往返当日均可到达。[③] 其中上海至海州单程票价 75 元，往返 140 元。[④] 次年 4 月，国营招商局、英商太古轮船公司与中国航空公司签订合同，沟通海空运输，为国内办理海空联运之嚆矢。中国航空公司经营的沪平线上海、海州、青岛、天津、北平五站，与招商局经营的各条航线均可发售联运票，其中沪海线上的海州是重要的中转站。如旅客自上海赴北平，可以自行决定是否在海州或其他口岸乘轮船或换乘飞机，回程亦然。凡中国航空公司与招商局、太古公司经营航线衔接的站、线、口岸间均可以办理联运。[⑤] 民国时期，国内航空业处于起步阶段，整体经营状况并不发达。海州能成为东部地区较早开通航线的城市，通过融入现代航空交通体系与上海、青岛、天津、北平等大城市更紧密地相连，充分体现了各界对连云港的重视。其根本原因则是连云港的开港和连云市的筹设，促使国内各界尤其是交通运输业希望在港口与城市的起步阶段先行进入以抢占先机。

　　随着工商业的发展，新式的娱乐场所也开始出现。当地报纸记载："从前新浦这地方，除生意而外，别的任何娱乐场所都没有，到了现在，戏园子也有了，游艺场也筹办了。"[⑥] 1928 年，新浦第一家室内营业性剧场新新舞台开业，可容纳观众 800 多人，据称开业一年内上座不衰。翌年

---

①　滿鐵鐵道總局調查局『連雲港調查報告書』、12 頁。

②　《中国实业志·江苏省》第 11 编第 6 章，第 276 页。

③　《沪平航线改由上海迳趋海州之经过》，《交通杂志》第 1 卷第 6、7 期，1933 年 4 月，第 249 页。

④　《中国实业志·江苏省》第 11 编第 6 章，第 277 页。

⑤　《海空联运实行》，《交通杂志》第 2 卷第 6 期，1934 年 4 月，第 130 页。

⑥　《东海民报》1929 年 3 月 20 日，第 4 版。

初，耗资一万八千五百银元的更新舞台开业。更新舞台开业后经常邀请外地京剧名角前来演出，因而舞台附近的街道经常人流如织、熙熙攘攘。[①]

作为城市发展"点缀"的娼妓业也发达起来。根据统计，1936 年 9 月，新浦共有公娼 82 人，其中纳头等捐者 9 人，每人每月 8 元；纳二等捐者 42 人，每人每月 5 元；纳三等捐者 31 人，每人每月 3 元。公娼中以扬州籍最多，有 35 人，其他多来自江苏各地。至于私娼则要比公娼数量多两倍，[②] 以此推算，新浦共有娼妓 300 余人。抗战前新浦人口至多 3 万人，娼妓比例约为 1%，当时的天津可谓华北地区首屈一指的大都市，1938 年前后，天津市共有人口 117.6 万人，娼妓数量为 3050 人，[③] 娼妓比例仅为 0.26%。两相比较，新浦的娼妓比例远远高于天津。娼妓比例畸高，表明新浦外来人口数量远远高于本地人口，且男女比例严重失衡，而这些恰恰都是新兴商业城镇快速发展的典型特征。

工商业兴旺的表现之一是外来人口显著增多。早期在新浦经营者，除本地人外，以山东人为多，因当时白宝山下野后，原本跟随他的山东籍军人大多留下经商。[④] 山东人有商户 80 余户近 2000 人，他们以经营粮油、布庄、饭庄为主，在 20 余家较大的粮行中，山东人开设的有一半左右，资本额为 5 万至 16 万银元不等。河北人也较多，有千余人，因多来自河北冀州，本地人又称之为冀州帮，他们以经营百货、五金、电器、绸缎等行业为主。来自山东的商人经济实力壮大之后，组织了同乡会，以各种方式开展同乡之间的互助活动，如资助同乡临时吃住、资助贫困者返乡、帮助安葬同乡、资助同乡人合资开店、举办福利事业等。山东商人还创办小学供同乡子女入读。河北商人未组织同乡会，但活动方式与山东商人相似。[⑤] 陇海铁路通车后，因"运输便宜，谋利自广"，逐渐有扬州、镇江、

---

① 易萍、铁峰：《新浦地区剧场、影院的沿革》，政协江苏省连云港市委员会文史资料研究委员会编印《连云港市文史资料》第 5 辑，1987，第 83~89 页。

② 《东海县新浦镇娼妓统计》，《妇女月报》第 2 卷第 10 期，1936 年 11 月 10 日，第 35~36 页。

③ 转引自江沛《二十世纪上半叶天津娼业结构述论》，《近代史研究》2003 年第 2 期。

④ 冯光烈：《连云港实习调查日记》，1935 年，萧铮主编《民国二十年代中国大陆土地问题资料》，第 52960 页。

⑤ 张学裕、阎宗辰：《新浦客商商帮》，《连云港市文史资料》第 7 辑，第 29~38 页。

南京、上海等地资本家来新浦投资。① 外来人口增加，也相应推高了生活成本，表现之一即房租提高。在新浦租房，"必须付全年房租，另外尚有押租"，其原因是"该地乃初兴之市面，房屋亦极难寻觅"。② 大量外来人口与城市商品经济的发展相辅相成、相互促进，一定程度上反映了其城市商品经济的活跃情况及发展前景。

　　1925 年，新浦住户有"三四千家"，机关有淮北盐务稽核所、太平放验处、青东税所东口局、锦屏铁矿局、第八工场、警察分所、商会、邮政支局。③ 至抗战爆发前，新浦人口达 2 万 ~ 3 万人，市街东西跨度约 1000 米，新式建筑林立，"均极宏丽，颇有都市之风"，④ 被称作"海州一带的金融及商业中心"。⑤ 1930 年代初，清江西坝，海属板浦、大伊山、响水口、白塔布、阿湖、青口、沭阳，鲁属郯城码头、桃源、日照，徐属新安镇、窑湾镇、宿迁、运河、官湖等地，即"均以新浦为交易之场"。⑥

二　连云与海州城

　　连云市政筹备处所在的墟沟，原本只是一个小村庄，铁路开通后，人口逐渐增加，至全面抗战开始前，已有 1 万多人。而临时海港所在地老窑，港口建成后人口数达到之前的十倍。⑦ 有记载称，七七事变前港口区域约有 1500 户 8000 人。⑧ 由于附近人口剧增，学龄儿童数亦甚多，陇海路局在车站附近设立了一所小学，以解决铁路员工与附近居民子女的教育

---

① 周鹤生：《新浦通车后之商况调查》，《钱业月报》第 6 卷第 2 期，1926 年 3 月 28 日，第 10 页。

② 《调查新浦镇各项商务状况报告》，《海光》第 2 卷第 3 期，1930 年 3 月 1 日，第 20 页。

③ 许福晒：《新浦市场调查录》，《大陆银行月刊》第 3 卷第 6 期，1925 年 6 月 25 日，第 67 页。

④ 冯光烈：《连云港实习调查日记》，1935 年，萧铮主编《民国二十年代中国大陆土地问题资料》，第 52960 页。

⑤ 滿鐵鐵道總局調查局『連雲港調查報告書』、10 頁。

⑥ 《新浦商务概略》，《海光》第 2 卷第 4 期，1930 年 4 月 1 日，第 3 页。

⑦ 滿鐵鐵道總局調查局『連雲港調查報告書』、6 頁。

⑧ 塩原三郎『都市計画・華北の点線』附件「新浦と連雲港視察記」、33 頁。

问题。① 较大的旅馆则有上海大旅社及花园饭店，可接待旅客数十人。② 镇内五大商店、中国旅行社附设之宿舍设施甚至超过徐州，尤为佳胜。③

　　地价变动方面，设置连云市的动议刚刚提出而尚未开始市政筹备时，平津京沪各地军阀、政客、资本家、巨绅、大买办等即先后进行土地投机，"不数月间连云港及墟沟之地，已大部为彼等收买，平民无知，利其所出地价较高，乃竞求出售，于是地价亦以竞买而日高"。④ 1924 年，这里的一亩地也只不过 20 ~ 30 元；1929 年东海县上则田每亩约 13 元，中则田每亩约 11 元，下则田每亩约 7 元。⑤ 而到 1934 年，墟沟市内车站附近的地价已经达到 3000 元左右，就连山麓较缓的倾斜地带，地价也被叫到 800 ~ 900 元，⑥ 而两年前的调查显示，墟沟车站附近地价为每亩千元左右。⑦ 而那些含碱甚高原本无地价可言的荒僻之地，"亦猛涨不已"，至 1934 年达 "数十元乃至一二百元一亩"。⑧ 1935 年 1 月，连云港附近的土地价格甚至高达每亩五六千元，墟沟地价亦达 4000 余元。⑨

　　土地投机的结果是大量土地集中到各种财团和军人政客手中。该市土地占有情况如下文所述：

　　　　分配情形可别如下：一，平原区域，陇海路局约占十分之三，国内各银行及富商财团约占十分之二，军人政客约占十分之二——以下野军阀白某（宝山）为最多，本地土著约占十分之二——以王、董、邵三姓为最多。二，山区南北云森造林场约占十分之二，本地土著约

① 《连云车站开设小学》，《铁路杂志》第 1 卷第 4 期，1935 年 9 月，第 135 ~ 136 页。
② 滿鐵鐵道總局調查局『連雲港調查報告書』、6 頁。
③ 顾济之：《旅行徐海随笔》，《旅行杂志》第 8 卷第 11 号，1934 年，第 19、22 页。
④ 张丕介：《连云市土地方案纪要》，《人与地》第 1 卷第 13 期，1941 年 7 月 5 日，第 259 页。
⑤ 《视察报告：东海县》，《江苏财政公报》第 7 期，1929 年 7 月，第 31 页。
⑥ 滿鐵鐵道總局調查局『連雲港調查報告書』、2 頁。
⑦ 陇海铁路局车务处编印《1932 年度陇海铁路全路调查报告》，1933，第 4 页。
⑧ 张丕介：《连云市土地方案纪要》，《人与地》第 1 卷第 13 期，1941 年 7 月 5 日，第 259 页。
⑨ 冯光烈：《连云港实习调查日记》，1935 年，萧铮主编《民国二十年代中国大陆土地问题资料》，第 52959 页。

占十分之二，军人政客约占十分之二——亦以白某为最多，陇海路局征收及各方购买约占十分之一，其余为地方所公有。三，官山官荒则多为土著军人政客及地方劣绅侵占报领。四，海滩，为陇海路征收者约占十分之六，为军人政客及当地居民所侵占者十分之二，其余为地方公有。[①]

由此可知，除陇海路局和中兴煤矿公司购买部分土地用于生产经营外，其余多属投机囤积土地，港口周边基本没有像样的经济建设活动。

抗战前，连云港所在地附近大小商店据统计只有 180 余家，资本最大者亦不出 5 万元（中兴煤矿公司及招商局等轮船公司除外），"故现在本港之经济中心仍在自身以外之新浦"。连云港因"交通较逼近于青岛，一般经济关系均系与青岛关系密切，因之日货充斥市面，并不亚于华北之平津等地"。连云港有中国、金城等三家银行设立分支机构，轮船公司三家，报关行数家，较大规模之旅馆二家，邮局、电报局各一家。[②]

人口方面，抗战前连云市有 1423 户，计分为 10 保 121 甲。其中男性 5542 人，女性 2215 人。土著与客籍之比约为 5∶1。此外尚有外侨 12 人，分属荷兰、立陶宛、白俄罗斯等籍，均为荷兰治港公司之工程师或职员。[③]

就工商业和人口规模而言，连云港所在的老窑和墟沟等地不过是一个小镇而已，但随着连云市的建设和港口的发展，该区域呈现了欣欣向荣的发展图景。

与新浦、墟沟及港口区域相比，作为东海县城所在地的海州城则要落寞不少。海州城东西跨度 1500 米，南北跨度 1000 米，城墙全长 5000 米，东西南北各设有一城门。从新浦到海州是经北门进入，此门是出入最频繁的城门。七七事变前海州城的人口约为 1.5 万人，[④] 由于战争的爆发，不少人离开，此后陆续归还的不到半数，至 1939 年前后城内外人口合起来

---

① 无艾：《连云港之现况》，《国本》第 1 卷第 4 期，1937 年 1 月 16 日，第 67、68 页。
② 无艾：《连云港之现况》，《国本》第 1 卷第 4 期，1937 年 1 月 16 日，第 68、69 页。
③ 无艾：《连云港之现况》，《国本》第 1 卷第 4 期，1937 年 1 月 16 日，第 66 页。
④ 塩原三郎『都市計画・華北の点線』附件『新浦と連雲港視察記』、34 頁。

有 1 万 ~ 1. 5 万人。① 海州仅是地方政治中心，陇海铁路开通以来，其经济机构都渐渐转移到新浦，不复往日之繁华，"一天一天的凋落起来"，海州城里 "有一点活气的，也就是（税警团）士兵的购买力而已"。② 到了日占时期，海州城相比战前似乎更趋于沉寂，"呈现出一幅古色苍然之观"。③

　　日本占领时期，由于港口的主要职能是输出煤炭等战略物资，港口周边的其他工商业活动极大萎缩，1945 年连云港工商金融等业几乎濒临消亡，金融业仅有日资的朝鲜银行一家，"办理友邦各机关及邦人存款，并日本华北等地汇兑事宜"，业务范围极窄。工商业除少数日商洋行外，"即规模较大之商店亦不一见，仅有简陋之小商铺与街头摊贩而已。各项日常用品，皆赖徐海等地零星运入，因人口消费有限，甚鲜贸易"。④

　　民国时期，由于港口和铁路的开通，新浦商业繁盛，逐渐取代海州城，成为海州区域的经济中心，港口所在地老窑和连云市政筹备处所在的墟沟也开始由原来的小村成长为市镇。区域内城市（或城镇）格局的变化，与交通方便有莫大关系。新浦商业的繁盛是相对于区域内其他地方而言的，其中心地位仅限于原来的海州所属区域范围，其辐射和吸引能力并不强。该区域始终没有产生超出本区域的经济中心。其取代或崛起只是内部的更替。这种更替也是旧城区工商业发展导致人口密集、经济活动空间不足而向周边扩散。海州城原本就不甚发达，因而新浦的开发和兴起，更像是对海州城原有资本和人口的 "釜底抽薪式的攫取"。时人认为："新浦是被火车码头繁荣起来的，新浦繁荣了之后，西边的海州便一天比一天凋落起来……新浦已经失掉了它的黄金时代，海州尤其是一蹶不振了。"⑤ 民国时期新浦、海州与连云等城镇相距遥远并各自发展的态势奠定了此后

---

① 滿鐵鐵道總局調查局『連雲港調查報告書』、13 頁。
② 徐盈：《饥饿线上的农村旅行：从连云港到海州》，《国闻周报》第 13 卷第 21 期，1936 年 6 月 1 日，第 33 页。
③ 塩原三郎『都市計画・華北の点線』附件『新浦と連雲港視察記』、34 頁。
④ 海州办事处：《经济动态：（十七）连云港》，《中央经济月刊》第 5 卷第 5、6 期，1945 年 6 月 20 日，第 71 页。
⑤ 徐盈：《饥饿线上的农村旅行：从连云港到海州》，《国闻周报》第 13 卷第 21 期，1936 年 6 月 1 日，第 33 页。

连云港市市区的格局。

　　连云港建港初始，由于港口归铁路局建设、管理，而市政建设则由江苏省当局负责，港口从一开始就没有得到较好的城市依托条件。第一章已述及，海州区域内港口随海岸线的变迁逐步前移，与之相伴的是区域中心城市的变迁，中心城市与港口的距离始终不远。陇海铁路最初于大浦设港，使得紧邻的新浦成为新兴市镇，并成为区域中心，而正式海港前移至海岸边的连云之后，城市重心并未随之移动。从一开始，连云港就呈现港城分离的态势，并延续下去。

第二节　港口与城市的分离

　　港口城市是在陆海两种运输方式的连接地发展出来的人群及其社会经济活动的聚落，这些城市可以通过陆路及水道完成与其他地区的贸易往来，从而实现经济繁荣。因而，沿海地区大都非常注重以港口为依托，更多地参与到经济活动中，"以港兴市、港为城用，城以港兴"的描述也经常出现在关于港口、城市发展互动的种种阐述之中。[①]

　　从港口自身发展的历程来看，港口经历了海陆交通衔接点、临港工业区以及城市未来生活的中心区域等几个阶段。港口的每个发展阶段，也对应了港口与城市关系发展的各个阶段。无须太多的数据和例证即可看出，目前世界经济活跃的地带，基本是沿江或沿海交通便利的地区。海运是目前最为廉价的运输方式，而沿海地区因为有运输便利的条件，非常容易吸引大量产业聚集于港口附近。

　　由于港口周边人口和产业活动高度聚集，港口与城市发展在用地空间上的矛盾突出。为此，很多港口城市选择将港口迁移到距离城市较远的地方，以使港口与城市均获得充足的未来发展空间，比如上海港规划的洋山港区和大连新港等。当然，这些港口城市的港城互动关系并不会因港口迁移而有所减弱，港口实际上成为未来城市发展的中心。

　　然而，连云港港口与城市的分离态势完全不是这样。这种分离主要体

现在两个方面：一是港口与城市在空间上的分离，二是港口与城市经济发展上的疏离。

　　1949 年以后海州区域的市区建制发生了一些变化。新浦、海州及连云市被合并为新海连市，后于 1961 年改称连云港市，属徐州专区管辖。另有东海、赣榆、灌云三县。1984 年撤销专区后实行市带县体制，连云港市为江苏省省辖市，下设新海区、云台区和连云区。海州区另设、云台区被并入连云区后，连云港市区形成了新浦、海州、连云三区加经济技术开发区的格局（见图 4-2）。随着政治中心转移到新浦，加上工商业活动的相对活跃，新浦取得了对其他城区的压倒性优势，成为连云港市的主城区，在城市建设方面也要优先于其他区域。

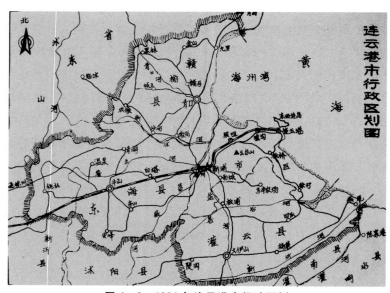

图 4-2　1984 年连云港市行政区划

资料来源：连云港市统计局编印《连云港市国民经济统计资料（1984）》，1985，插图。

一　港口与城市的空间分离

　　海州区域（连云港市）的政治重心因新浦崛起而从海州城转移。一个新建城市，如无强力外因如自然灾害、战争等，会有一个相当长的发展时期，从产生、发展到繁盛、衰落不是短期内可以完成的。新浦成为城市重心，以行政重心的迁入为标志，而城市重心的存在，则促进了新浦这个新兴市镇的进一步发展，并巩固其地位。

1949 年以后，新浦作为新海连市市政中心，市一级机关均在该地。新浦、海州城区工业、交通、文化教育等较为发达，且为东海、赣榆、沭阳、灌云等县客货的集散地。海州南门外有锦屏磷矿，新浦有淮北盐务局，在新浦与海州之间有电厂、面粉厂、油厂、加工厂等规模较大、采用现代化设备的工厂。而连云港港口地区，至 1956 年时，因交通不便、环境荒僻，除了港口之外再无工业厂矿。[①]

从人口的分布来看，连云港市区人口中大部分居于新浦。1956 年时新海连市总人口为 201600 人，市区内共有 9 个城市居民点和集镇，其中新浦 52426 人，海州 35158 人，连云港 8620 人，猴咀 12721 人，墟沟 3970 人，陈家港 13551 人，燕尾港 6318 人，洋桥 4066 人，大浦 4114 人，其余人口都是散居郊区的农、渔、樵、船、盐民等。[②] 新浦、海州两市区的人口远远超过连云港及其附近的墟沟人口总和。至 1956 年，市区内仅有新浦居民的 80% 可吃上自来水。即使是相距 5 公里左右的新浦和海州两地，也是"中无街坊，市区两旁有较广阔的荒地"，"漫无边际、分散零乱"，以致"对建筑区域的规划很难着手"。[③]

由于城市主要人口和工商业企业大多集中于新浦和海州，其市政建设方面也是从新浦、海州开始的，而港口区域则要滞后不少。1956 年制定的 1958～1967 年市政建设规划中，1958 年计划安排 415775 元用于建设市区道路和改换下水管道，其中除 97000 元用于连云港市内道路整修外，其余全部用在新浦。次年该项费用安排为 230280 元，除多半用于海州外，剩下部分则用于继续修建新浦市区上年未完工程。前五年中总计安排筑路

①　新海连市人民委员会建设科：《新海连市十年远景市政规划（一九五八年～一九六七年）》（1956 年 8 月 8 日），连云港市档案馆藏，3 - 2 - 17 - 4。

②　新海连市人民委员会建设科：《新海连市十年远景市政规划（一九五八年～一九六七年）》（1956 年 8 月 8 日），连云港市档案馆藏，3 - 2 - 17 - 4。

③　新海连市人民委员会建设科：《新海连市十年远景市政规划（一九五八年～一九六七年）》（1956 年 8 月 8 日），连云港市档案馆藏，3 - 2 - 17 - 4。

费用 1496355 元，其中仅有不到 1/10 用于整修连云港街道和涧沟，其余除少量用于添购车辆、仪器外，全部用于新浦和海州。1963～1967 年该项费用总计预算为 1916050 元，仅有 80000 元用于连云港道路和下水管道整修。供水设施方面，十年规划总预算 354190 元，其中仅有 32000 元用于在连云市内设立一座库容 1000 立方米的蓄水池，其余则全部用于敷设新浦、海州城内的供水管。十年市政规划中，总计安排建设资金 3766595 元，其中用于连云市政建设的比例仅为 5.5%。① 此时的新海连市财政收入有限，将大部分建设资金用于人口最多的新浦、海州市政建设，是可以理解的，更何况连云港此时与地方政府并无多少关系。

至 1974 年，港口所在的连云镇（包括马腰、荷花街一带）建成区占地面积 75 公顷左右，有居民 2 万人；除港务局、铁路分局、渔业公司、外贸公司和涉外机构等几个主要部门及所属单位外，还有区属地方工业、渔业、海运公司等。连云镇各类房屋面积约 27 万平方米，其他设施主要有道路 5 条，桥涵 7 座，10～35 千伏变电所 1 座，直径 200 毫米输水管道两条，中学 1 所、小学 6 所，医院门诊所两座，影剧院、百货公司各 1 座，以及区属各类商业服务业网点等。② 其基本状况的确就是一个小镇的规模，而旁边的港口竟是一个在全国交通港口格局中占有相当重要地位的大港。

1990 年代之后，随着港口逐渐下放地方，地方政府在港口发展中的发言分量逐渐增大。1990 年 9 月新亚欧大陆桥开通后，国务院生产委 1991 年第 1 号会议纪要确定连云港为该大陆桥的东桥头堡。

不过，此时地方政府仍未充分认识到港口对城市依托的迫切需要，以及未来城市发展将以港口区为中心的趋势，在制定城市发展规划时，依旧将新浦作为城市的中心。1993 年该市制定的城市发展总体规划中，总则部分将市域中心城市界定为新海地区（新浦、海州区、云台区猴咀镇）

---

① 新海连市人民委员会建设科：《新海连市十年远景市政规划（一九五八年～一九六七年）》（1956 年 8 月 8 日），连云港市档案馆藏，3－2－17－4。引用数据系从原工程计划表格中计算得出。

② 江苏省连云港建港指挥部：《连云港"五·五"规划及远景设想（草案）》（1974 年 6 月），连云港市档案馆藏，2－2－42－1。

和连云地区（连云区、开发区），将城市主要职能界定为新亚欧大陆桥的东桥头堡、临海工业基地、带动地区经济发展的龙头和风景旅游胜地。从总则部分的文本来看，似乎地方政府颇有依托港口从而大展一番拳脚的意图。然而在具体规划中，在城市形态结构上，设计城市形态"为一市双城布局"，即由新海地区和连云地区组成；城市结构则是"一个中心、一个副中心"，新浦"是全市政治、经济、文化中心，地方工业集中的地区"，连云作为"城市副中心"，主要是港口、涉外、贸易、旅游、开发区和保税加工区，"是连云港市的窗口"。市区工业用地划分了9个工业区，其中新浦、海州地区有7个，"副中心"的连云地区则有一个工业区和保税工业区。在居住人口方面，新海地区规划了8个居住区，共40万人；连云地区规划了5个居住区，共24万人。道路建设标准方面，作为市中心的新海地区的标准显然要高于"副中心"的连云地区。该规划规定，新海地区主干道宽度不少于60米，6车道标准预留发展至8车道的用地；连云地区则是33～50米。[①]　此外，在连云港市规划中也出现过"一港双城"战略的提法，其实质与"一个中心和一个副中心"并无多少区别，即无论是双城，还是两中心，连云港所在的连云区肯定不是城市的中心，这显然不符合港口城市中普遍的把港口作为未来城市发展中心的通行做法。这种规划思路下的结果就是，当笔者多次往返于连云与新浦时，连接新浦至墟沟两个市区的30多公里的港城大道，除零星房屋外，其余多为空旷之农田、草滩，到达墟沟以后，新建的连云港东站周边道路车辆及行人寥寥无几，火车站对面新建的居民区外围商铺大多房门紧闭，偶尔有几家正在营业的也是门可罗雀。

新浦区被作为市中心列入发展规划，最为直接的因素就是其为市级行政中心（含党委）所在地。根据各地城市发展的一般经验，城市中心大多是市级行政中心所在地，该区域一般是城市中市政基础设施条件最好，工商业最活跃，文教、医疗卫生等配套机构最为齐全和水平最高的地区。该市优先发展新浦，又强化了港口区与市中心的差距。发展规划中虽将连

---

①　中国城市规划设计研究院、连云港市规划管理局编印《1991～2010 连云港市城市总体规划（文本）》，1993，第3～5、8～12、18页。

云作为城市的副中心，但由于"中心"仍在新浦，实际上等同于不是中心。自建港之初即已存在的港口周边人口较少，城市基础设施差，以及教育、文化状况落后于市中心的局面也将长期存在。

长期以来港口作为交通部所属企业，虽利润可观，但港口利润除上缴外其余部分基本留作港口建设和改造，地方政府很难从中染指。1987 年 3 月 7 日，连云港由交通部下放地方管理，但由于改革并不配套，地方获得的仅是部分事权。港口财务上实行"以港养港，以收抵支"的管理办法。核定的养港资金用于国家计划安排的港口建设，在地方财政上只是表现为列收列支的账务处理，其实质是"港口对中央财政实行包干"。[①] 因此，本就财力有限的连云港市地方政府缺乏投入大量资金建设港口周边地区基础设施以及其他配套服务设施的动力。

连云港市域经济发展不力，政府财力不足，无法在两个相隔近 40 公里的市区进行大规模的基础设施建设，最终只能将有限的财力投入到新浦地区。基础设施差，使得新浦市民不愿意工作、生活于连云区，而港口附近的不少居民搬迁至新浦，甚至有些港口职工也选择离开港口，造成港口人才流失。由于港城分离，港口只能投入资金来改善市政配套设施，增加了港口运营的负担，制约了港口的发展。[②]

二 港城分离的数据表现

除港口与城市在空间上的分离外，我们从港口与城市经济社会发展的相关数据统计中，也可以得到不少启示。

一般而言，衡量港口与城市关系最直接的办法有二：一是将全市港口与相关产业产值与全市总产值加以比较，二是考察该城市中依赖港口的产业就业人口，以及港口相关行业的就业人口在城市人口中的比例。依赖港口的产业有码头装卸、海运、船舶代理、货物代理、仓储、陆上运输以及通信、船舶修理、集装箱制造及拆装、船舶供油、码头建造

① 王公卿、李安庆：《论连云港港口发展与城市依托关系》，王家典、陆仰渊、徐梁伯主编《港口发展与中国现代化》，上海社会科学院出版社，1989，第 277 页。
② 王公卿、李安庆：《论连云港港口发展与城市依托关系》，王家典、陆仰渊、徐梁伯主编《港口发展与中国现代化》，第 270、271 页。

等，港口相关产业一般指原料与产品对海运依赖性较强的产业，如钢铁、制糖、造船业、石油炼化以及其他重化工产业等。① 港口与相关产业产值以及港口与相关行业就业人口的比例越高，则港口、城市互动状况越好。

不过由于连云港市的统计数据中没有港口及其相关产业的详细调查，也无法体现港口以及与港口相关产业的就业状况，笔者只能以部分经济指标以及城市人口为参照。当然这样的参照还是有一定缺陷：外来人口的贡献无法考量。不过，市区人口的增长还是可以体现其城市化水平，并作为港口城市发展水平的参考。

此外，将城市的地区生产总值、外贸进出口总额、市区人口以及外贸口岸进出口总额的增长速度加以比较，也能够说明其港口与城市经济发展的关系，从而考察其港城互动关系（见表4-2）。

表 4 - 2　1984~2000 年连云港市经济、人口与港口吞吐量统计数据

年份	地区生产总值（亿元）	连云港口吞吐量（万吨）	市区人口（万人）	外贸口岸进出口总额（万美元）	外贸进出口总额（万美元）
1984	21.62	900.19	46.58	86200	—
1985	27.53	929	47.81	112307	6095
1986	32.59	948.5	49.09	114957	5748
1987	35.74	894.2	50.47	94795	4996
1988	41.51	1114	51.87	126379	5695
1989	44.84	1126	52.87	136006	5623
1990	50.14	1137	54.26	111511	5929
1991	53.75	1213	55.18	122840	6003
1992	60.17	1359	57.02	129895	4452
1993	77.38	1416.6	56.92	117101	10233
1994	116.63	1588.8	58.04	122441	17855
1995	155.16	1716	59.26	177674	27675
1996	210.2	1583	60.32	164765	36525

---

① 〔日〕竹内良夫：《港口的开发及其评价方法》，第64页。

年份	地区生产总值 （亿元）	连云港港口吞 吐量（万吨）	市区人口 （万人）	外贸口岸进出口 总额(万美元)	外贸进出口总额 （万美元）
1997	238.53	1652	61.53	164624	36955
1998	264.67	1776	62.7	151110	32824
1999	284.963	2016.7	64.1	137059	41872
2000	291.134	2708.2	65	197504	48509

资料来源：历年《江苏省年鉴》、《连云港年鉴》、《连云港统计年鉴》和《江苏省统计局统计公报》。

1984～2000 年连云港港口吞吐量、连云港地区生产总值、连云港外贸口岸进出口总额、连云港市外贸进出口总额、连云港市区人口等社会发展指标在总体上呈现不断增加的趋势。但各项指标之间还是有颇有差异的。连云港市区人口从 46.58 万人增长到 65 万人，增长幅度为 39.5%，而同期全市地区生产总值则增长了 12.46 倍，港口吞吐量增长 2 倍，外贸口岸进出口总额增长了 1.29 倍。显然其中增长速度最慢的是人口指标。连云港市总体经济发展水平不高，外来人口数量并不多。从事港口产业及港口相关产业的人口也多居住于连云区。以 1995 年为例，全市总人口（含市区及各县）359.6 万人，其中非农业人口 70 万人，市区 41.6 万非农业人口中，港口所在的连云区仅有 8.7 万人，无论是非农业人口还是总人口数在全市各区域中均处于最低份额。市区人口增长速度明显慢于港口吞吐量和外贸口岸进出口总额的增长速度，意即港口吞吐货物与口岸进出口货物同连云港市本地的关系并不密切。连云港港务局所编年鉴也多次指出，河南及其以西各省份的进出口货物占到港口总吞吐量的七成以上，这从侧面印证了港口与本地联系的密切。此外，连云港市外贸进出口总额的增长速度明显慢于地区生产总值，这说明连云港市的经济发展对外依存度不高，这也与港口城市对外经济高度活跃的一般状况有所不同。

当然，若以 1994 年以后的各项指标增长速度来看，其相互差距比此前有所缩小，这也反映出港口下放地方以及市场经济体制确立之后，港口与城市间的互动关系稍有改善，但仍有较大差距。

相关研究也表明，连云港港口与城市在经济发展上处于疏离之势。邓焕彬、朱善庆采用计量经济学方法对全国 25 个主要港口城市 2000 年以来港口吞吐量与区域生产总值之间的关系进行分析，认为，连云港属于港城关系比较松散的类型，其情况稍好于秦皇岛、舟山、日照、营口、防城港等以大宗散货吞吐为主营业务的港口。而温州和汕头港虽总吞吐量不大，但与城市关系最为紧密，其港口以城市为主要服务对象。上海和深圳则属于复合型港口城市，其港口既服务于周边地区，辐射范围大，又与所在城市产业关联度高，产业链条长。①

　　新浦作为小区域内的新生城市，与港口背后的墟沟镇距离约 30 公里，而墟沟与港口间尚有 8 公里路程，主城区与港口间近 40 公里的距离，对于一个新生的港口和城市而言实在是太过遥远。新浦、墟沟以及连云市三者中，从来没有哪个城区出现过由于城市人口、工商业过度密集而不得不另寻扩展之所的情况，加上较长时期内（从 1930 年代初连云市筹划至 1984 年设立省辖连云港市并实行市带县体制为止）行政区划的隔阂，三个地方基本处于独立的发展状态。其间虽有新海连市、徐州专区管辖的连云港市，但新浦与墟沟至今尚未连为一片，其间仅有零星房屋、工厂存在，其余则是农田或草滩。这样一来，就出现了如下困局：由于城市太过分散，人口和工商业的集聚程度不高，城市经济活力不足，地方政府无力承担多个城区的市政建设所需的巨额资金，港口所在的连云及墟沟又因基础设施落后，不能为临港工业提供足够的支撑。而港口无法形成发达的临港工业区，只能作为陆海运输的中转，无法达到促进临港城市经济社会发展的目的，最终陷入港口与城市各自分散而成长缓慢的困境之中。

　　连云港港口区与城市中心区地理上的分离，显然脱离了现代港口城市发展的一般路径。青岛在城市发展初期，建设重心完全围绕港口。港口及港口区高度发展之后，方选择往外扩展。二战前日本四大主要工业区和经济高速发展时期开发出来的现代化工业区，都位于以港口为中心的临海工业区地带。城市的活动也一样，每个港口城市的港区又都和城市活动的中

---

①　邓焕彬、朱善庆：《全国沿海主要港口吞吐量与地区经济发展关系研究》，《中国港口》2009 年第 2 期。

枢相毗连，使城市与港口连成一体。①

　　港口与城市经济发展的相关数据，比如城市市区人口增长速度低于港口吞吐量，外贸进出口总额增长速度远低于地区生产总值的情况，足以说明连云港港口与城市经济活动分离的态势。事实上，经济活动的分离与前述空间分离二者之间也是一种相互影响的关系。

　　"没有陇海路局，连云不能成为一个市，没有市政筹备处，连云港只发生路局的营业价值，不发生国家价值。"② 港口与城市从一开始就处于分离的状态，并不只是空间上的，更多的是管理体制上的分而治之。早在连云市开始筹备时，市政筹备处与陇海路局驻港办事处即已各行其是，路局方面在所购买的孙家山、老窑、墟沟等地自行规划建筑街市房屋，并未与市政筹备处沟通做通盘筹划，市政筹备处只能咨请江苏省政府转咨陇海路局以便协调一致。③ 铁路港口管理方与地方政府各自要对这种分离承担多少责任，并不容易判定。然而，连云港港口与城市的分离，使得连云港港口的功用仅限于中西部地区货物的中转、出海口，没有充分发挥对地方经济和社会发展的引领作用。

　　连云港市的城市重心，并没有因为港口东移而继续跟随迁移至墟沟，而是停留在了新浦，其中一个重要原因是，连云港市没有因为新港口的开辟而发展出强大的临港工业，很长时间内仍然是以传统制盐及盐化工业为主导，产业结构单一，很难引领其他产业的发展，也无法形成具有足够吸引力的临港经济活跃区域。因此，城市并未跟随港口迁移，而是留在原地。这一态势，既是港口经济发展的结果，也反推了港口与城市的分离。

---

①　〔日〕竹内良夫：《港口的开发及其评价方法》，第 2 页。

②　佚名：《连云市及市政筹备处》，《淮海》第 5 期，1935 年 10 月 1 日，第 40 页。

③　《陇海路局与连云市市政筹备处协商市政进行》，《铁道公报》第 1284 期，1935 年 10 月 1 日，"部路要讯"，第 11 页。

第五章　铁路与港口运营

连云港开港之后，港口货物吞吐量逐年攀升，发展势头颇为不错。港口与中兴煤矿公司的合作于双方皆有益处，同时陇海路局与国营招商局合作开展的海陆联运，在帮助招商局获得全国铁路的海陆联运业务之余，也使连云港海运业务获得一定的保障。日占期间的统制经营使得连云港煤炭输出港的特征达到极致。1949 年以后，作为中西部以及西北基础工业原料、燃料输出的主要中转港，长期由交通部直接管辖的连云港，其港口业务完全服从于国家计划，而与地方关系不大，这种状况一直持续到 1990 年代初。

第一节　抗战前铁路、港口运营情况

一　铁路与港口营业

连云港作为陇海铁路出海口，其修筑和运营完全由陇海路局负责，因而铁路的运营状况与港口息息相关。陇海铁路在 1920 年以前路线往东西两端延伸时，国内政治局势还算比较稳定。此后军阀间战争迭起，直皖战争时陇海铁路即首当其冲，所幸为时不久战争即告结束。1922 年开封、郑州间爆发战争，陇海铁路业务虽受影响，但并未造成太大损失。此后，各地军队侵扰铁路运行的情况逐渐增多，扣留客货车、侵吞营业款等情况比比皆是。陇海路客、货运受战争的影响尤以 1930 年最为剧烈，该年战事在开封一带相持近 9 个月，大部分车辆被各军队掌握并流往外路，经陇海路局从中交涉后才逐渐收回。因车辆被扣或流入外路以及军运繁多，陇海铁路该年进款总数为前后五年中最低，以致营业出现亏损（详见表 5 - 1）。

表 5 - 1　陇海铁路营业收支情况

单位：元

年份	1928	1929	1930	1931	1932
营业进款（总数）	8529853.21	8671502.61	7524695.57	9886831.91	10095402.92
营业用款	3465319.66	3802108.50	3876756.87	6711443.13	6689990.65
营业净余	5064533.55	4869394.11	3647938.70	3175388.78	3405412.27
军运总数	3657201.15	3924822.27	3657735.80	1838991.85	1251212.90
商运进款（净数）	4872652.06	4746680.34	3866959.77	8047840.06	8844190.02
实际盈亏	1407332.40	944571.84	- 9797.10	1336396.93	2154199.37

资料来源：根据《陇海年鉴》第 305~307 页各项数字综合制成。其中商运进款为营业进款减去军运总数，实际盈亏数为商运净数减去营业用款数。

　　除个别年份因国内军事情况影响营业外，陇海铁路全线营业状况基本呈上升趋势，尤其是 1932 年盈利达到 215 万元以上。1934 年，陇海铁路潼（关）西（安）段于 10 月通车至渭南，11 月通车至临潼，12 月通车至西安。线路延长、通车里程增加，促进了陇海铁路客货运输的增长。1934 年全年仅客运进款即达到 320 余万元，比上年增加近 20 万元。事实上，1934 年 1~9 月，客运进款反倒比上年同期略少，由于西段通车，当年最后 3 个月内客运进款猛增 20.4 万元以上。除此之外的其他营业及行车数量等，均打破此前历年纪录。[①]

　　不过，陇海铁路全路都是贷款筑成的，以后展拓，大都因循旧例。自 1912 年起，陇海路局先后向比利时、法国、荷兰三国贷款，而自 1925 年起，本息又延期未付，截至 1936 年，累计欠本金 1.5 亿余元、利息约 1 亿元，两项合计 2.5 亿元。[②] 在使用外国贷款修建的各国有铁路中，尤以陇海铁路债务负担最为沉重。资金的短缺使得铁路建设时常处于停工待款的境地，铁路无法按期投入使用，营业收入自然大受影响。

　　陇海铁路借款数额巨大，固然与中西部路段多山、桥梁和隧道较多导致造价高昂有关，但所借贷款并没有全部用于工程建设，在袁世凯时代，资金多被挪用于弥补政务开支，以及偿还历年积累的贷款利息，真正用于

①　《陇海路营业概况》，《铁路月刊：津浦线》第 5 卷第 3 期，1935 年 3 月 31 日，"路界纪闻"，第 3、4 页。

②　《整理陇海路债务》，《铁道半月刊》第 8 期，1936 年 9 月 1 日，第 38 页。

工程建设的不及一半。该路资产总值远不够偿还贷款本息。[1] 鉴于陇海路局债务沉重，按照原来还款方案将严重影响铁路正常运行，而盈利能力下降将会直接导致后续偿还本息困难，从而陷入"还款压力大—运营困难—盈利下降—还款压力更大"的恶性循环，因此，在津浦、道清两路整理债务方案公布后，陇海铁路的比、法、荷贷款方，迫不及待地要求政府援例办理，以保证贷款安全。经协商和双方妥协，达成了整理债务的协议，年息从五厘永远减为四厘，积欠利息全免，减免利息总额约 1.5 亿元。[2] 经此次债务整理，陇海路局负担大大减轻，加之港口建成和铁路通车至宝鸡，陇海路局用于新建工程的大额投入基本结束，陇海全路的营业状况有了相当大的改善。1936年陇海路营业收入为 1713 万余元，比上年增加 200 余万元。[3]

　　港口方面，连云港开港之前，陇海铁路尚未直接连接到海边，与海运衔接主要依靠临洪河口的大浦码头，因航道水深较浅，大型船只进出困难，货物装卸颇费周折，新浦、龙泉山等地的运输条件亦是如此。不过，即便是在如此不便的条件下，因陇海铁路沿线货物出入的需要，临时码头还是取得了相当不错的成绩。[4] 不少航业公司从东海开辟航线通往外地，据统计，当时的轮船有：招商局之同华、嘉禾轮，大兴公司之庆宁、永升轮，合众公司之郑州、徐州、海州轮，大振公司之泳平、泳安、昌安、泳吉轮，裕兴公司之恒泰、元泰轮，裕茂公司之利泰轮，永德公司之青海、德春、迎春、泳春轮，恒真公司之公利轮，中兴公司之宁静轮等。[5]

　　由于临洪河口淤塞日益严重，陇海路货物进出口不通畅，全路业务大受影响。在第一泊位尚未完成之前，路局为缓解运输困难，在老窑西边的孙家山修建了一座木桩临时码头，用于停靠驳船，再用驳船将货物转运到大船上。所以当第一泊位竣工后，路局便在不影响码头建筑的前提下，迫不及待地将其投入运营。

---

① 张公权：《抗战前后中国铁路建设的奋斗》，台北，传记文学出版社，1974，第 109 页。
② 《整理陇海路债务》，《铁道半月刊》第 8 期，1936 年 9 月 1 日，第 38、39 页。
③ 《陇海铁路去年份营业收入激增》，《交通杂志》第 5 卷第 3 期，1937 年 3 月，"交通政闻"，第 162 页。
④ 《连云港之面面观》，《中行月刊》第 9 卷第 2 期，1934 年 8 月，第 177、178 页。
⑤ 《建筑连云港声中东海之航业》，《中央日报》1933 年 3 月 21 日，第 6 版。

　　1933 年 7 月至 1937 年 7 月是连云港建设和发展的基础时期。港口建设期间，航海货运业务并未停滞，孙家山临时码头发挥了重要的作用，保证了港口进出口业务的开展。

　　临时码头输入货物数量较少，"不及出之什一"，1933 年输入总计 64837 吨，其中矿产品 20131 吨，大多为金工窑业制成品，非矿产品以面粉及糖为大宗。至于货物输出情况，详见表 5 - 2。

表 5 - 2　临时码头货物输出统计

单位：吨

年份	1932	1933	1934
煤炭	300456	286318	259862
铁器	8339	6295	4878
煤油*	13963	20854	20533
食盐	76875	89527	84862
石类	4061	21213	75894
石灰	14037	19267	15769
洋灰	775	1039	2838
农产品、手工业品、动物等	263582	393936	476299
总计	666117	814595	920366

注：煤油单位为箱。

资料来源：柴《连云港之货运事业》，《矿业周报》第 305 期，1934 年 10 月 7 日，"新闻"，第 9 页。

　　随着港口各码头、泊位逐步建成并投入使用，连云港的货物吞吐量逐年增长，路港运输呈现逐渐兴旺的景象。1934 年 10 月 1 日起，尚未完全竣工的一号码头开始停泊货轮。尽管最初只能停靠一艘 3000 吨级货轮（竣工后可同时停泊 3 艘），但货运仍"日形畅旺"，一个月间"出入口货物均达万吨以上"。[1] 1934 年孙家山临时码头及第一泊位出口货物 151761 吨，进口货物 22757.67 吨，共计 174518.67 吨。由于第二泊位于 1934 年 12 月 24 日竣工，次年陇海路局弃用孙家山临时码头，一号码头的第一、第二两个泊位出口货物 181434.40 吨，进口货物 68551.40 吨，共计 249985.80 吨。[2]

---

[1]　《连云港泊轮后，货运日形畅旺。一月间出入货物达万吨以上，继续发展航运特辟三大航线》，《中央日报》1934 年 11 月 7 日，第 6 版。

[2]　刘峻峰：《陇海铁路终点海港》，《工程》第 12 卷第 2 期，1937 年 4 月 1 日，第 132 页。

　　投入运营的最初几年内，连云港进出口吞吐量呈现高速增长的态势。进出口业务的快速增长，使得原有设施不敷使用。为此，港口计划投资254000 余元，在连云港车站附近建设仓库 8 座，铺设货场轨道 3 股、岔道 6 条，以存卸往来货物。[①]

表 5 - 3　1934~1937 年连云港货物吞吐量统计

单位：吨

时间	进口	出口	合计
1934 年下半年	32581	79761	112342
1935 年半年 *	32267	164667	196934
1936 年上半年	43400	204812	248212
1936 年下半年	57246	204197	261443
1937 年上半年	61290	356913	418203

　　资料来源：滿鐵鐵道總局調查局『連雲港調查報告書』。原表中 1935 年进出口数字为 1~9 月累计，为便于比较，笔者将原表中数字换算为半年数。

　　从表 5 - 3 可知，在连云港投入运营的短短几年时间内，进出口吞吐量呈现高速增长的态势。尤其是出口，1934 年下半年不足 8 万吨，1935 年半年数猛增至 16 万吨以上，增幅可谓迅猛。

　　当时报道该港货物进出口情况时，其表述基本一致："进口货物以糖、钢、铁、水泥、纸、木、电料、纸烟、麦为大宗，出口货物以煤、花生仁、棉衣、小麦、黄豆、芝麻、杂粮为大宗。"[②]

　　当然，出口远超进口主要是因为煤炭所占比例极高，单是 1937 年上半年，煤炭出口就达到了 286766 吨，占出口总量的 80% 左右。而自 1934 年至 1937 年，中兴煤矿公司出口的煤炭每年均占连云港出口量的70%~80%。除煤炭外，1937 年上半年，棉花的出口量达到 4 万吨左右，花生米达 1.1 万吨，其余均为 4000 吨以下。

　①　《连云港筹建仓库》，《航业月刊》第 4 卷第 9 期，1937 年 4 月 15 日，第 19 页。
　②　《连云港五月份航运概况》，《中央日报》1935 年 6 月 7 日，第 6 版；《连云港之货运日畅》，《中央日报》1935 年 2 月 12 日，第 6 版；《连云港一月份进出口统计》，《中央日报》1936 年 2 月 29 日，第 3 版；《连云港八月份货运概况》，《航业月刊》第 4 卷第 3 期，1936 年 10 月 15 日，第 7 页；《连云港八月份货运概况》，《中央日报》1936 年 9 月 24 日，第 6 版。

　　仍以 1937 年上半年为例，进口货物仅有砂糖和米超过万吨，分别为
13107 吨和 10436 吨，面粉和水泥各有 6000 吨左右，金属 5780 吨，石油 1598
吨，棉纱和棉布的进口量分别为 263 吨和 598 吨，其他物资也均不足千吨。[①]

　　从其货物进出口结构可知，连云港货物吞吐以出口为主，出口数量的
激增基本依赖于煤炭输出，连云港作为能源和矿产品输出港的特征非常明
显。进口量虽逐年增长，但占每年吞吐量的比重均不超过 20%，说明腹
地商品经济虽有发展，但依旧落后。

　　连云港 1937 年上半年货物进出口总量为 418203 吨，[②] 全年货物进出口
量可超过 80 万吨，这表明七七事变前港口的设备已基本完备。

　　从贸易方向看，抗战以前，连云港进出口货物的主要目的地为上
海、青岛和日本：1937 年上半年上海方向的货物输出、输入量分别为
191350 吨、39730 吨；其次是输出日本的 147000 吨煤炭；同期青岛方
向的进出口总量为 29000 吨，其中进口量略多于出口量。与以上三地的
贸易总量占到连云港同期进出口总量的 97%（见表 5 - 4）。

表 5 - 4　1937 年上半年进出港口货物品种数量情况

单位：吨

出口			进口		
品名	数量	目的地	品名	数量	来源地
煤炭	147000	日本	砂糖	7590	上海
煤炭	139750	上海	麦粉	6750	
棉花	34320		纸	2430	
花生油	2150		米	9470	
花生	7700		金属品	4560	
大豆	2840		其他	8930	
其他	4590		砂糖	5500	青岛
棉花	6210	青岛	石油	1500	
花生	4200		机械油	270	
大豆	230		水泥	5070	
其他	2420		米	900	
			金属品	1080	
			其他	1620	

资料来源：華北交通株式会社連雲碼頭事務所『連雲碼頭事務所史』1942、12～13 頁。

---

① 滿鐵鐵道總局調查局『連雲港調查報告書』、29～32 頁。
② 滿鐵鐵道總局調查局『連雲港調查報告書』、29～32 頁。

港口货物吞吐量增长的另一个显著特征是，进出港口船舶数量和吨位明显增加，表5-5、表5-6分别统计了轮船和帆船的数量。

表5-5　汽船出入港只数调查

单位：只，吨

时间	入港		出港		出入港合计	
	只数	吨数	只数	吨数	只数	吨数
1936 年上期	124	229086	122	230040	246	459126
1936 年下期	131	231390	136	238248	267	469638
1937 年上期	164	344782	162	338906	326	683688

资料来源：滿鐵鐵道總局調查局『連雲港調查報告書』、29、30 頁。

表5-6　戎克船（中国式帆船）出入港只数调查

单位：只

时间	入港	出港	合计
1936 年上期	1737	1756	3493
1936 年下期	1274	1395	2669
1937 年上期	1714	1743	3457

资料来源：滿鐵鐵道總局調查局『連雲港調查報告書』、29、30 頁。

在港口规则及费率方面，铁道部指令陇海路局拟订连云港码头规则十四条，其中最为重要的一条是："凡华商轮船呈经该路登记许可者，方得停泊港区内并装卸货物，应照章收费。"这条规则确定了连云港只对华商开放，禁止外轮进出。显然这条规则具有保护本国航业的意图。海州是自开商埠，连云港也不是传统意义上的通商口岸，外国航业对此也无可指摘。事实上即便是西方发达资本主义国家，沿岸贸易权和国内以及沿海航运特权也曾长期专属于本国。

其他码头规则，如"凡轮船呈请登记时，应缴验船舶执照、检验证书、丈量证书、船员名簿等；凡进出港轮船，应预先将船进出港系留日期、卸货目录、船舱积载图舱单，报告路局缴纳费用后，始准进港出港。倘在驶进或停靠或驶出时如有损坏码头或其他建筑等，其修

理费概归各该轮认赔"等，都是当时各地码头通行的做法，并无特殊
之处。

　　1935 年规定的费率标准如下。（1）船位费，每吨每十二小时为一分
八厘。（2）船舶转系费，每次每吨一分二厘。（3）拖船费，系离时每次
八元。转系时每次十二元。（4）装货费，每吨一元二角，每次五十公斤
七分。（5）卸货费，每吨一元二角。每五十公斤七分。[1] 后经调整，码头
各项费率共分为十二项，分别为：（1）船舶系留及转系费；（2）拖船及
拖驳费；（3）领港费；（4）装卸船舶费；（5）移转费；（6）货物装卸
费；（7）搬运费；（8）码头费；（9）栈租费；（10）留置费；（11）请求
临时作业手续费；（12）证明手续费。最初只收取第一项内的船位费，按
照船只全长以英尺为单位，停泊前三天每英尺三角五分，第四天每天每英
尺二角五分，第五天起每天每英尺一角，领港费每次每只汽船八元，码头
费每货吨一元一角。[2]

　　陇海路局为吸引货源，上报申请免除了连云港的货物转口税，"凡由
连云港运出土货，经过国内各通商口岸，沿途并不卸载者，概予免征转口
税，借示奖励"。[3] 以郑州运往上海的棉花为例，经连云港转运 1 吨，仅

---

① 《连云港码头规则之要点》，《航业月刊》第 3 卷第 2 期，1935 年，"航讯"，第 5 页。
② 《连云港港务调查》，《海事》第 10 卷第 2 期，1936 年，"海闻"，第 83 页。
③ 当时的海关法规规定，"凡内港船只所装之土货（即国货），运经该船核准航线内所
　　经之另一通商口岸时，应在起运口岸海关照完转口税"，因此，由连云港运往天津
　　或广州等地之货物，如装载轮船在青岛或上海等处停留装卸货物时，对原装未卸继
　　续前运之货物，仍须征收转口税，显然，这对连云港以及西北出口货物很是不利。
　　见顾孟余《咨财政部：为连云港输出土货经过国内各通商口岸沿途并不卸载者请予
　　免征转口税由》，《铁道公报》第 957 期，1934 年 9 月 6 日，第 4 页。土货转口税问题
　　是历次通商条约和海关税则的遗留问题。土货从国内口岸运往另一国内口岸时，要先缴
　　出口税从价 5%（即值百抽五），进入口岸后再缴 2.5% 的复进口税（又称沿岸贸易税），
　　若土货再运往其他口岸或内地，除上述两税外，还要逢关纳税，遇卡收厘。而当时外国
　　货物进口到国内通商口岸时，在缴纳从价 5% 的进口正税和 2.5% 的子口税后，即可遍
　　运全国而不再缴税。土货在国内的税负水平远高于洋货，足以妨碍国内经济发展。1927
　　年、1928 年国民政府两次裁撤国内通过税均因战事军需浩繁未能实行。1930 年，国内
　　军事渐少且关税自主交涉成功，国民党三届四中全会决定自 1931 年 1 月 1 日起施行裁
　　厘，并由国民政府明令公布。但此次所裁项目中，"复进口税被纳入，而由此口到彼出
　　口税则并未列入。本国土货由此口岸至彼口岸之出口税，既未取消，于是改其名为转口
　　税"，税率事实上仍为 7.5%。见《转口税的沿革》，《国衡》第 1 卷第 3 期，1935 年 6
　　月 10 日，第 9 页。

转口税一项较之经行浦口节省 9.1 银元。为吸引航运界参加连云港航运，陇海路局又上报铁道部批准于 1935 年 7 月起豁免船位费一年。[①] 1934 年全年，连云港轮船航行 86 艘次，码头每天仅停泊 0.24 艘，原因是货物装卸要以驳船转运；至 1936 年平均每天停泊 1.41 艘，增长近 5 倍。这期间在连云港停靠的船舶多为招商局和中兴煤矿公司所有，招商局轮船在连云港的航线主要是上海、天津、青岛，中兴煤矿陆续购置的 16 艘运煤船只航行于连云港和上海间的有 7 艘，总吨位 28814 吨。[②]

需要指出的是，连云港建成后，航运较大浦港时期虽有较大发展，但从轮船数量和航线方面来看，事实上成为上海、青岛和天津港的中转港口。这种状况也表明，在连云港开港初期，海州区域经济贸易活动在东部沿海地区居于从属地位。

二　与招商局合作海陆联运

海陆联运，在清末已萌芽，草创不久至民初先后废弛。[③] 1912 年沪宁铁路与招商局议定联运合同，亦因故未能开展。招商局曾于 1928 年与陇海铁路管理局商议水陆联运办法，当时双方派定代表议有草约，"旋因铁道合部，路局易长，加以西北军衅又启，以致议定待签之约，率尔中辍"。[④] 同年第十四次国内联运会议提倡水陆联运，亦未付诸行动。1928 年北宁铁路为发展业务，积极开辟葫芦岛为商港，为预先筹划货运，又于 1930 年与招商局订立联运合同，可惜的是合约签订后，葫芦岛尚未竣工九一八事变即爆发，多方筹划已久的联运中途夭折。1931 年 3 月，招商

① 《连云港船位费免纳一年》，《航业月刊》第 3 卷第 4 期，1935 年 8 月 15 日，第 12 页。
② 徐德济主编《连云港港史（古、近代部分）》，第 100～112 页。
③ 宣统二年（1910），邮传部倡议联运，"凡与江海相通之铁道，亟宜联合运输，决定办法，签立合同，以免外人搀越"，当时规定水陆联络运输站线共分四线：（1）由上海至营口转奉天；（2）由广州至营口转奉天；（3）由上海至天津转运张家口；（4）由上海经铁路至镇江、南京转长江轮船至汉口。以上四线联运，客、货运兼办，为中国举办联运之嚆矢。见周凤图《我国铁路轮船联络运输之回顾》，《交通杂志》第 3 卷第 7、8 期合刊，1935 年 6 月，第 86 页。
④ 《招商局筹备水陆联运》，《海事》第 4 卷第 6 期，1930 年 12 月，第 66 页。

局奉交通部令转铁道部咨饬参加第十五次国内联运会议，派员会同商订联运大纲。1933 年 9 月的第十六次联运会议上，招商局与铁道部联运处订立正式联运合同签字之前，该局根据历届联运会议成案，先与陇海铁路管理局订立联运细则，从 1933 年 11 月开始，在连云港（此时为孙家山临时码头）试办水陆联运（见图 5 - 1）。[①] 因孙家山临时码头工程尚未竣工，最终确定 1933 年 11 月 20 日由同华轮开行首次航班。[②] 次年，陇海路车务处处长黄兆桐与招商局海州分局局长陈永杰在上海商定了水陆联运的三条路线：（1）连云港至天津线，主要是陇海沿线土产如羊毛等运往天津者日益增多；（2）连云港至青岛线，主要是因为陇海沿线土产运往青岛一向没有专轮，颇为不便；（3）连云港至广州线，因连云港至广州均由上海转口，开行直航船将会更有利于货运。[③] 由此开始了直至 1937 年前始终繁盛的联运业务。

图 5 - 1　连云港水陆联运码头

资料来源：《交通杂志》第 5 卷第 4 期，1937 年 4 月，插图。

---

① 《陇海路局与招商局签订海陆联运合同》，《铁路协会月刊》第 5 卷第 9 期，1933 年 9月，第 71 页。
② 《招商局水陆联运决先开办三要线》，《申报》1933 年 11 月 8 日，第 11 版。
③ 《连云港完成后津青粤三线联运将实行》，《海事》第 8 卷第 6 期，1934 年 12 月 1 日，第98 页。

　　创办之初即严重依赖官方扶持的招商局，最初以政府投资为购买船只和建设港埠的资本，后来又获得了漕米、茶叶运输的专营权。改为商办后，百弊丛生，困于时局动荡和外国航运公司的打压，业务衰颓至几乎不可收拾。1928 年国民政府改组招商局，重新确定国营，稍有起色随即又疲于军运，经济支绌，且依然面临外国轮船公司的激烈竞争，航运业务不振，经营颇为困难。因此，招商局迫切希望得到有力扶持，对与国有铁路合作开展联运抱有极高期望。其总办李仲公（国民政府整理招商局总管理处专员）在给蒋介石的呈文中明确表达了招商局的意图。兹摘要节录如下：

　　　　将来发展计划，首重添船拓航，如竟耗糜巨款，而外航势力未减，竞事跌价，以相抵制，本局纵使牺牲血本，以与周旋，亦属无裨实际……苟不予国营事业以稳固保障，殊难必其基础巩固，业务发达。观乎职局已往营业情形，往往有货时则无船承载，有船时则货不济运，欲谋供求合适，尚无把握，故目前欲使保障局轮营业稳固之方法，惟有恃乎水陆联运。盖国家扶植航业，各国已有先例，而水陆联运，南满亦有成规。……职局性质已定，际此时期，亟宜借重官力，设法使国营事业获得切实保障，与特殊利益……爰拟仿照南满铁路与大连汽船会社之联运办法，依据前年职局与陇海路局所议定之草约，沥陈颠末，吁请钧府令行铁道部，转饬陇海路局，迅与职局继续签订正约，以期早日实行。一俟办有成效，再与其他有关系路局，援例商订协约，次第实现联运计划。[①]

　　此后联运事业的发展表明，招商局此次呈文中的诉求基本得到满足。
　　再来看陇海路局及其港口方面。由于连云港筑港工事需要耗费巨资及很长时间，陇海路局将大浦定为临时海陆联络地，1927 年铺设了新浦至大浦的铁路支线，次年完成了三个木造码头的建设，1929 年又建了裕兴永及大振两个码头。数家民营航业公司开始在大浦经营，与上海、青岛间

---

　　① 《招商局筹备水陆联运》，《海事》第 4 卷第 6 期，1930 年 12 月，第 66、67 页。

的汽船贸易繁盛起来。^① 大浦码头货物较多，营业日臻发达，每次开航均满载货物。各轮船公司有鉴于此，开始逐渐重视海州航线。招商局除将海州办事处改设分局外，还将沪闽线之嘉禾轮调开海州，大振公司新添泳吉轮加入海州航线，合众公司原有三艘，"亦决如期开驶"。^② 此外，还有大兴公司的庆宁、永升轮，合众公司的昌安轮，裕兴公司的恒泰、元泰轮，裕茂公司的利泰轮，永德公司的青海、德春、迎春、泳春轮，恒真公司的公利轮，中兴公司的宁静轮等纷纷加入海州航运。^③

至 1933 年 9 月，共有三家轮船公司经营上海至海州的航运业务，大振公司之泳平、泳安及泳吉三艘轮船，合众轮船公司之郑州、徐州、海州三船，以及招商局之嘉禾轮（或同华轮）等七艘正班船。其他不定期临时货物及装运盐斤之船，每月亦有十一二艘，但此类轮船，无固定之行程与班次，"亦非永久常川沪海线，唯有上述七艘长期往来与上海、海州间"。^④ 这些轮船装载的均为陇海铁路沿途各地土产等大宗货物，以及输往西北的各类工业品。因此大浦"早为车船衔接之口岸，货物吐纳之要途"。^⑤ 但各航业公司各行其是，相互之间没有合作，自然也谈不上联运。而陇海路局为确保建港期间货运畅旺，亦需要同航运企业加强合作。

由于临洪河口的沙洲在退潮时水深仅 1～2 英尺，严重妨碍了船舶的往来，即使在涨潮时，吃水达到 13～14 英尺以上的船舶也无法航行，^⑥ 但连云港未成以前，一向由大浦出入之货物，又不能弃置不运，因此陇海路局在墟沟、老窑间之孙家山修筑了一座临时码头。^⑦ 临时码头不能停靠大船，只能以驳船将货物转运至停泊在航道上的海船，再放洋航行各埠。

---

① 滿鐵鐵道總局調查局『連雲港調查報告書』、7 頁。
② 《海州辟港后货运发达》，《交通杂志》第 1 卷第 5 期，1933 年 1 月，第 167 页。
③ 《东海航业》，《交通杂志》第 1 卷第 6、7 期，1933 年 4 月，第 268 页。
④ 《陇海路局与招商局签订海陆联运合同》，《铁路协会月刊》第 5 卷第 9 期，1933 年 9 月，第 71、72 页。
⑤ 萧梅性：《陇海铁路联络运输之过去现在与将来》，《交通杂志》第 3 卷第 7、8 期，1935 年 6 月，第 199～202 页。
⑥ 滿鐵鐵道總局調查局『連雲港調查報告書』、7 頁。
⑦ 萧梅性：《陇海铁路联络运输之过去现在与将来》，《交通杂志》第 3 卷第 7、8 期，1935 年 6 月，第 199～202 页。

　　孙家山码头即将修筑时，恰逢招商局向铁道部请求与陇海联运，铁道部批准了招商局的申请。[1] 陇海路局于是派车务处处长周颂年到上海，与招商局总经理刘鸿生面晤之后，双方正式签订海陆联运合同。合同规定，自 1933 年 10 月 1 日起，凡招商局运输赴西北货物由陇海路局装运，而西北来货由铁道南下者，统归招商局船转沪，试办期以 1934 年 9 月末为止，届时如双方同意续订联运，再行继续签立新约。[2] 1933 年 11 月 4 日，联运扩展到全国 11 条干线和 23 个主要港埠，联运办法与陇海路、招商局海州联运类似，陇海路联运则从当月 15 日开始。[3] 此次扩展的范围几乎囊括了当时所有国有铁路和重要口岸，此前招商局李仲公呈文中所要求的各项主张，几乎得到完全满足。

　　海陆联运合同签订以后，招商局在海州的转运业务陡然繁忙起来，原来所派的一艘轮船（或同华或嘉禾，于两轮中随时指定）显然已不敷装运。招商局于是租用鲲兴、昌安等轮，随后又租华新等轮行驶其间。[4] 1934 年底，该局又决定以新建之海亨轮行驶于连云港至上海及青岛两埠。[5]

　　除了上海至海州航线外，招商局与陇海路局又开辟了海州至广州的联运航线。广东每年需用大量花生仁、大豆榨油，东北失陷后，即改向海州等埠购买西北所产原料填补空缺，但由海州运沪再转广东，每担花生仁需

①　萧梅性：《陇海铁路联络运输之过去现在与将来》，《交通杂志》第 3 卷第 7、8 期，1935年 6 月，第 199～202 页。
②　《陇海路局与招商局签订海陆联运合同》，《铁路协会月刊》第 5 卷第 9 期，1933 年 9月，第 71～72 页。
③　铁道部第十六次国内联运会议决定全国铁路归国营招商局办理联运。其后铁道部联运处与招商局着手办理全国铁路水陆联运总合同。联运处长俞棪会同招商局孙振武、何泉声商妥修正合同草案，各自上报铁道部、交通部并得到核准。这一合同规定，包括京（南京）沪、沪杭甬、津浦、北宁、胶济、平绥、平汉、正太、道清、湘鄂以及先期的陇海共十一条国有铁路与招商局合作水陆联运，水运口岸，津沪粤闽，为天津、烟台、青岛、海州、上海、宁波、温州、福州、厦门、汕头、香港、广州；川汉沪间，为重庆、宜昌、沙市、汉口、九江、安庆、芜湖、南京、镇江、长沙、湘潭。见《申报》1933 年 11 月 4 日，第 3 张。
④　高廷梓：《一年来之航政》，《交通杂志》第 3 卷第 4 期，1935 年 2 月，第 52 页。
⑤　《招商海亨新轮行驶沪海海青两线》，《交通杂志》第 3 卷第 2 期，1934 年 12 月，第131 页。

纳关税约洋三角。于是陇海路局与招商局商定扩展联运路线，添开海州至广东直航班轮，载运花生仁、豆子等入粤，既可免去在上海装卸的水脚费，又可免纳运出口关税一道，因此极受广东商人欢迎。招商局特地又加租永亨、寿康两船，航行于海州与广州之间。[①] 1935 年 3 ~ 4 月，招商局鉴于原有海轮吨位较小，不适宜装运木棉、带壳花生等轻笨货物，斥资7750 英镑从英国购买了一艘总吨位 2810 吨的旧轮，专供装运联运货物。[②]1937 年 7 月，招商局计划再增加三四艘巨轮运输连云港货物。[③] 1936 年 9月，陇海、同蒲两路局在郑州举行联运会议商订联运事宜，招商局亦派员参加商讨改善海陆联运各项办法。三方议定，两路联运及两路与招商局共办之海陆联运，均定于当年双十节同时举行。凡陕西、山西两省产品直接运往上海、广州、青岛等口岸销售，或由各口岸办货运往晋、陕各车站者，均可购用海陆联运票，省去来往押运货物及中途之困难。[④] 陇海、同蒲铁路实行联运后，同蒲路运输出口的土产货物均由陇海铁路转运至连云港出口，货物种类主要有棉花、花生仁等，每日由招商局派轮船往返于上海和连云以及连云和青岛间。[⑤]

针对联运过程中出现的一些问题，招商局和陇海路局也设法予以改进。1934 年 9 月两局推出了四项改进办法。第一，招商局指定专轮，定期航行于孙家山与上海间，遇货运拥挤时，由招商局随放空轮到孙家山接运，实行时间上负责：（1）徐州以东各站运到上海，至迟不得逾 9 日；（2）徐州以西、郑州以东各站运到上海，至迟不得逾 10 日；（3）郑州以西、洛阳以东各站运到上海，至迟不得逾 11 日，洛阳以西、潼关以东运到上海不得逾 12 日。第二，进出口货物在交接站遇有破包情况发生，双方须负责整理。第三，由上海运陇海各站之货，在金利源三号栈房收货，以便分批装船接卸。第四，遇有损失，经货商请求，立即处理，不得逾

---

① 《招商局积极进行水陆联运》，《铁路协会月刊》第 6 卷第 2 期，1934 年 2 月，第 42 页。
② 《国营招商局拟购轮船载运陇海联运货物》，《交通杂志》第 3 卷第 6 期，1935 年 4 月，第 132 页。
③ 《连云港货运日繁》，《海事》第 11 卷第 1 期，1937 年 7 月，第 87 页。
④ 《陇海与同蒲两路负责货运 十月十日实行》，《铁道半月刊》第 11 期，1936 年 10 月 16日，第 48 页。
⑤ 《连云港货运增加》，《导光周刊》第 4 卷第 36 期，1936 年 11 月 29 日，第 3 页。

20 日。① 随着业务的扩展，原有机构人员已经不敷应对，招商局海州分局要求总局增加经费，扩充内部工作人员，并将海州分局由二等晋升为一等。②

　　由于各铁路局于 1936 年 7 月 1 日起开始实施货物火险，陇海路局与招商局亦开始协商策划改进，对联运货物进行投保。次年，招商局与中央信托局签订保险合约，"所有水陆联运货物，在航程范围内之水火险，均由招商局向中央信托局投保付费"，从当年 4 月 1 日起实行，范围包括招商局与陇海、同蒲两路联运货物。具体办法是，此后凡有水陆联运之货物，在铁路范围内保管或运输时，由铁路负火险责任，在招商局接收后 14 天、海运期间及抵达口岸后 14 天之水火险责任，由招商局负担，均不必由货主自行保险付费，为货商免除保险手续、减轻负担及保障资本安全，而无须另外付费投保。③

　　陇海路局与招商局签订的海陆联运合同，使招商局获得了陇海铁路转运的西北地区货物的海运专营权。在全国航运普遍不景气的 1933 年，"独海州一路，以西北货物输出增加，而能维持不敝。沪上航行海州之轮船，均可获利"。上海各民营航业公司行驶海州的轮船众多，其"往来货物，全恃西北来货为挹注"。而联运之后，国营航业巨头招商局将垄断该路航权，这引发了民营航业公司的强烈不满。它们指称，一旦由招商局"独占联运之优势，将使同航路之其他商轮，以后无货可运"。因此，陇海路局与招商局联运合同甫一签订，三北公司即首先表示反对，随后大振、合众等公司亦表示反对。招商局负责人则声称："本局系国营立场，与商办航轮似有不同，办理联运，各国不少先例，如满铁与大汽（大连汽船），日邮与铁道省等皆是。各航商反对，似无理由可言也。"④

---

① 《招商局与陇海路改进水陆联运办法》，《交通杂志》第 2 卷第 11 期，1934 年 9 月，第 142～143 页。

② 《连云港货运日繁》，《海事》第 11 卷第 1 期，1937 年 7 月，第 87 页。

③ 《陇海同蒲铁路招商局实行水陆联运货物保险》，《交通杂志》第 5 卷第 4 期，1937 年 4 月，第 130 页。

④ 《陇海路局与招商局签订海陆联运合同》，《铁路协会月刊》第 5 卷第 9 期，1933 年 9 月，第 71～72 页。

　　招商局的回应非但无法说服民营航业，反而激起了强烈的反弹。上海市航业同业公会致电南京国民政府、中国国民党中央党部、军事委员会委员长蒋介石、行政院，吁恳准予民营航业同时参与水陆联运。① 公会主席虞洽卿又以私人名义致电正在南昌行营指挥"剿共"的蒋介石，电文开篇即严词指责铁道部、招商局在"党国清共，我公剿共"之时，竟采用"苏俄政策"，并历陈民营航业对蒋及其军队的一贯支持，要求蒋饬铁道部允许民营航业参与联运。招商局则呈请交通部对航业公会予以驳回。② 1933 年 10 月 29 日至 11 月 24 日，虞洽卿四次给蒋介石发电报，请求蒋督促铁道部迅速办理并落实政策。在此期间，蒋介石数次致电铁道部，铁道部先是试图辩解，此后迫于蒋介石以及各方的强大压力，只能同意允许民营航业参加。③

　　1934 年 6 月，交通部、铁道部会商后核准民营航业参加水陆联运。其具体办法是："中国民营国营航业公司，均得参加水陆联运，但以二十二年（1933）十一月，已在各航线常川（即固定班次）营业，及自置有码头栈房者为限。"据此标准核定了准予参加联运的民营企业，其中中国合众航业公司及大振航业公司获准参加上海、海州间航线，首先反对招商联运的三北轮船公司则从该航线排除，获准参加长江线，上海、宁波线联运。④ 该办法将部分中国民营航业纳入联运，但各民营航业仅能参与部分线路的联运，限制了其在将来扩展联运路线的可能空间，事实上是对招商局在全国范围内联运垄断地位的保护。

　　实行水陆联运后，连云港货物运输总量中联运货物一度占据绝对比重。

　　从 1934 年的数据（见表 5 - 7）来看，连云港出口货物中除少量盐、石膏及其他杂货外，农产品占了绝对比例，这说明当地此时新式工业并不

① 《航业公会电请民营亦准参加联运》，《申报》1933 年 11 月 1 日，第 14 版。

② 《全国水陆联运争潮》，《申报》1933 年 11 月 14 日，第 8 版。

③ 虞洽卿与蒋介石相关电文往来，见《军政旬刊》第 3 期，1933 年 11 月 10 日；第 7 期，1933 年 12 月 20 日。

④ 《民营航业公司请求参加水陆联运之核准》，《交通杂志》第 2 卷第 8 期，1934 年 6 月，第 108 页。

发达，连云港的性质也仅是以转口为主，在出口货物中农产品也占绝对比重。进出口货物总计 115895 吨，其中联运货物 99671 吨，占 86.0%。

表 5 - 7　1934 年连云港货物进出口统计

单位：吨

	出口				进口		
货物名称	联运	非联运	合计	货物名称	联运	非联运	合计
小麦	27029	71	27100	金属品	3249	597	3846
花生	20102	331	20433	糖	2129	50	2179
黄豆	18553	246	18799	麦粉	136	1273	1409
盐		6425	6425	木料	57	1244	1301
棉花	4807		4807	棉纱	883		883
瓜子	4298		4298	生油		709	709
芝麻	2027	7	2034	纸	621	53	674
石膏	2725		2725	麻袋	619	30	649
高粱	1170	61	1231	煤		619	619
青豆	1113		1113	水泥	435	90	525
生油	193	686	879	肥皂	479	8	487
烟丝	716		716	披猪	476		476
杂粮	646	38	684	旧报纸	439	9	448
玉米	654		654	蔬菜	23	424	447
别种	2261	1109	3370	别种	3831	2144	5975
总计	86294	8974	95268	总计	13377	7250	20627

资料来源：根据许绍蓬编《连云一瞥》第 130～132 页附表整理。

1934 年下半年，连云港进口货物 32581 吨，其中联运货物 21055 吨，占进口总量的 64.6%，出口货物 79761 吨，其中联运货物 65343 吨，占出口总量的 81.9%，而在 112342 吨的进出口总量中，联运货物为 86398 吨，所占比例为 76.9%。[①] 1935 年 1 月，进口货物 42137 吨，出口货物 48067 吨，进港船只 21 艘，出港船只 24 艘。[②] 5 月，进口货物 32119 吨，出口货物 33046 吨，进出港

① 滿鐵經濟調查會『連雲港移出入貨物ノ概況』滿鐵經濟調查會、1935、3～5 頁。百分比系根据原表计算而得。
② 《连云港之货运日畅》，《中央日报》1935 年 2 月 12 日，第 6 版。

轮船均为 17 艘。① 9 月、10 月，上游黄河水灾，连云港进出口业务受到较大影响。9 月进港轮船仅有 8 艘，总吨数 13400 吨，货值 371000 元；出港轮船 9 艘，出口货物 2363 吨，货值 634000 元。10 月略有好转，进港轮船 10 艘，进口货物 15658 吨，其中联运货物 4654 吨；出口货物 11551 吨，其中联运货物 3909 吨，出港轮船 8 艘。② 1935 年 7 ~ 12 月，连云港进口联运货物 17140.068 吨，出口联运货物 38872.263 吨，非联运货物共 5000 吨。进口货物以糖、杂货、五金、木料为大宗，出口货物以杂粮、棉、花生仁为大宗。③ 1936 年 1 月，进口货物 29670 吨，出口货物 31656 吨，进出港货轮均为 17 艘。④ 表 5 - 8 是连云港与四个主要联运目的地港口间的贸易往来情况统计。

表 5 – 8　1935 年 7 ~ 12 月连云港联运货物进出口统计

单位：吨

联运	上海		天津		广州		青岛	
	进口	出口	进口	出口	进口	出口	进口	出口
1935 年 7 月	2005.007	2156.018	—	—	239.323	—	205.919	450.165
1935 年 8 月	2483.114	2520.606	—	—	224.601	—	309.9	516.892
1935 年 9 月	2739.24	2022.599	47.43	—	—	—	359.687	225.573
1935 年 10 月	4111.451	1982.976	1530.78	—	—	—	269.135	47.143
1935 年 11 月	2255.141	6616.708	4195.545	—	—	—	291.348	579.94
1935 年 12 月	2070.887	12178.914	6661.243	—	—	—	38.839	2675.807
总计	15664.84	27477.821	12434.998	—	463.924	—	1474.828	4495.52

资料来源：《连云港货运日繁》，《海事》第 11 卷第 1 期，1937 年 7 月，第 87 页。本表系根据文字记述转制而成，缺失数据原文即阙如。

　　陇海路局与招商局合作开展的联运业务，对招商局而言，虽在开始时有不盈利之说，但获得了全国主要路线、口岸的联运权，无疑是在权力的保护下取得了航运业的垄断地位，这对招商局的发展意义重大。对路局而言，可以确保在新旧港口交替期间海陆运输的畅通，并获得稳定的营业收

① 《连云港五月份航运概况》，《中央日报》1935 年 4 月 7 日，第 6 版。
② 《连云港十月份航运之概况》，《中国实业》第 1 卷第 12 期，1935 年 12 月 15 日，第 2326 ~ 2327 页。
③ 《连云港进出口统计》，《中行月刊》第 12 卷第 1、2 期，1936 年 2 月，第 175 页。
④ 《连云港一月份进出口统计》，《中央日报》1936 年 2 月 29 日，第 3 版。

入。但从长远来看则弊大于利：连云港货运蓬勃发展，原本固定行驶于上海、海州间的三家轮船公司的 7 艘货轮，仅能暂时满足当时尚不太发达的海运需求，其相互间尚有竞争。到 1937 年 7 月前后，招商局参加连云港联运的船只仅有 4 艘，已经无法满足该港货运需求。[1] 该港货运与招商局高度关联，实质上是将未来发展与后者高度捆绑，从而将港口置于不利境地。

此外，联运业务占货运的比例越高，港口与地方经济发展的关联度就越低，也就无从促进地方经济发展，反过来也不利于港口发展。联运对地方的负面效应很快就显现出来，因"出进口货物均不停留，客商稀少，市面渐呈萧条之象，中国银行驻港分行，近已停业，港湾地产现均落价"。[2] 新浦商业开始出现没落的迹象。转运公司从最多时的 100 多家，到 1936 年时只剩下"一只手已经数得过来"，导致数千人失去营生。车辆上盖货原本用的是本地产的芦席，逐渐被上海制造的帆布取代，芦席业也受到了冲击，这些均可谓"一批时代的牺牲者"，原本繁华的新浦街上"果然是非常凄凉"。[3]

三　中兴煤矿与连云港

铁路是工业时代陆上运输的首选方式，煤炭则是近代工业生产的基本燃料。二者的紧密联系是从一开始就决定了的，很多铁路的修筑就是以运输煤炭为最初目的，如唐山至胥各庄间的唐胥铁路。当时的铁路蒸汽机车以煤为燃料，机车行驶所消耗的煤炭成为铁路运输成本的重要组成部分。1924 年、1925 年，国有各铁路机车消耗煤炭"占机车用款百分之七十，占运务费百分之五十，占营业用款总数百分之十"。[4] 各路局既是大宗煤炭的买家，同时其主营运输业务大多以煤炭为主，个别线路甚至以运输煤炭为唯一业务。因此，路局与煤矿之间往往互相给予优惠。煤矿甚至在路

---

[1] 《连云港货运统计》，《中国实业》第 2 卷第 2 期，1936 年 2 月 15 日，第 2744～2745 页。

[2] 《连云港市面萧条，某国人纷往游览》，《中央日报》1936 年 11 月 8 日，第 3 版。

[3] 徐盈：《饥饿线上的农村旅行：从连云港到海州》，《国闻周报》第 13 卷第 21 期，1936 年 6 月 1 日，第 29～34 页。

[4] 胡博渊：《铁路与矿业之关系》，《津浦铁路月刊》第 4 卷第 7 期，1934 年，第 22、23 页。

局资金短缺时直接提供资助帮助路局建筑铁路、修筑港口等。在连云港的早期发展中，陇海路局和中兴煤矿之间的紧密合作，就是典型代表。

中兴煤矿是中国近代设立较早的民族资本煤矿，矿厂位于山东峄县（今山东枣庄市峄城区）城北 12 公里之枣庄，西距津浦铁路临城车站 31.5 公里，有支线相通。中兴煤矿矿区总面积 317 平方公里，煤层极厚，共有 6 层，厚度自 2.9 英尺至 6.9 英尺，埋藏深度为 383.6 英尺至 1020 英尺。所产煤炭含硫量较低，火力强而耐久，平均发热量达到 7700 大卡，品质极佳。[①] 光绪六年（1880），北洋大臣、直隶总督李鸿章委派戴华藻集股本银 2 万两创办中兴矿局，后来增加资本，并置办机器扩大生产。光绪三十一年（1905）经农工商部注册，宣统三年招足股本为 300 万两。后来因为营业发达，工程加以扩充，于 1922 年改定资本为 1000 万元，实际资本 750 万元，成为国内规模第三的煤矿（仅次于开滦和抚顺），也是规模最大的民族资本煤矿。持股较多的股东有黎元洪、徐世昌、朱启钤、周学熙等民国闻人。[②] 到 1925 年，中兴煤矿年产煤 82.2 万吨，每天出煤约 2500 吨。[③] 1933 年产量达到 113 万吨，1934 年 2 月，该矿第三大井工程竣工，产量大增，全年产煤 131.1 万吨。[④]

关于中兴煤运销情况，在陇海铁路兴建连云港和台赵支线以前，中兴煤的运销主要依靠津浦路、台枣两路和京杭运河。

台枣铁路系公司自筑，专为运煤至台儿庄而建。台儿庄濒临京杭运河，为当时鲁西南地区重要商业市镇和物资集散地。路轨直通矿厂，共分枣庄、峄城、泥沟、台儿庄四站，距离共计约 90 里。1925 年时，有机车 2 辆、15 吨煤车 75 辆、杂车 18 辆。至 1928 年濒临停产时，仅存机车 1 辆、煤车 28 辆、杂车 15 辆。从枣庄下行至台儿庄，每次可运煤 220 吨，用时 1 小时 30 分，每吨运费约 6 角。1925 年时每日可往返 4 次。运煤至

① 朱梅隽：《中兴煤矿之调查》，《时事月报》第 5 卷，1930 年 7 ~ 12 月合订本，第 235 ~ 240 页。

② 谭焕达：《调查山东中兴煤矿报告》，《矿业周报》1928 年第 5 期，"专件"，第 3 页。

③ 《实业部为救济长江流域煤荒致行政院呈》（1931 年 10 月 27 日），国民政府实业部档案，《中华民国史档案资料汇编》第 5 辑第 1 编，第 468 页。

④ 魏敦夫：《最近三年中兴煤矿公司业务概况》，《交行通信》第 8 卷第 6 期，1936 年 6 月 30 日，第 45、46 页。

台儿庄分厂后，再装船由京杭运河运至马头、清江浦、瓜洲、镇江、通州各处。该厂旧有运船 8 只，每只可装 30 吨煤，又有橹船 52 只，每只可载 25 吨煤。① 中兴煤船沿运河顺流而下，表面上看具有水运费用较低的优势，然而中运河经常因水量变化较大而停运，并不可靠。此外，中兴运煤船只在通过沿途码头时，除需要缴纳相关正常费用外，还经常被当地船行借口差徭而截留不放。不仅煤焦损失，甚至导致公司"停运停销"。无奈之下，中兴煤矿只能求助于江苏省政府饬令相关县政府出示晓谕，对中兴公司运煤船只妥为保护。② 随后不久，中兴煤矿又向江苏省政府提出申请将通令范围扩大到运河沿途 12 个县。③ 同时，鲁南、苏北、皖北地区土匪活动一向猖獗，中运河一段的航运并不安全。综合以上原因，中兴煤矿通过运河的行销路线，显然难称稳妥可靠。

　　津浦铁路是中兴煤的主要运输路径。该矿总产销量的 70% 销往南部，其中大部分是销往津浦铁路沿线的各大市镇，如徐州、蚌埠、浦口等。1928 年前后，由于运河"河运甚困，销数有限，故大部分赖津浦运出"。同时，津浦路烧煤，多由中兴供给。津浦筑有临城至枣庄的临枣支路，长约 60 里。路局与公司定有互惠合同，各以廉价相让运费、煤价。④

　　1927 年国民革命军沿津浦线北伐之后，津浦铁路遂为军事运输之用，煤炭则无法运销。台儿庄分厂则因运河淤阻、土匪又多，销售数锐减。表 5-9 清楚地显示了当时销售量的变化。

表 5-9　中兴煤各地销量（1925～1927）

单位：吨

销售地	分销处	1925 年	1926 年	1927 年
官桥至济南	镇兴	44445	20435	26720
徐州、蚌埠	同义	21710	30815	7390
南宿州	裕记	3000	5235	—

① 谭焕达：《调查山东中兴煤矿报告》，《矿业周报》1928 年第 5 期，第 7 页。
② 江苏省政府秘书处：《江苏省政府公报》第 410 期，1930 年 4 月 12 日，第 9 页。
③ 江苏省政府秘书处：《江苏省政府公报》第 449 期，1930 年 5 月 28 日，第 7、8 页。
④ 谭焕达：《调查山东中兴煤矿报告》，《矿业周报》1928 年第 5 期，第 8 页。

续表

销售地	分销处	1925 年	1926 年	1927 年
桑园一带	同兴	3560	—	610
海州	合兴	416	9395	950
临城	临城分厂	5683	13436	6652
峰县	峰县分厂	5493	4319	1029
台儿庄	台儿庄分厂	37948	41462	28606
清江浦	清江浦分厂	7412	7786	4323
镇江	镇江分厂	5373	13513	1434
上海	上海分厂	26314	32484	3210
浦口	浦口分厂	51120	114710	3866

资料来源：谭焕达《调查山东中兴煤矿报告》，《矿业周报》1928 年第 5 期，第 8、9 页。

表 5 - 9 各项数据中，尤以 1926 年、1927 年两年中上海和浦口销量的变化最为明显，1927 年上海销量比上年降低了 90%，浦口则更为夸张，下降幅度近 97%。作为津浦路终点的浦口，无疑是中兴公司最为重要的销售市场，1926 年浦口市场的中兴煤销量为 114710 吨，占当年全矿总销量的 20%。一个重要市场中销量下降幅度如此之大，对公司的打击自是非常沉重。

显然，在陇海铁路修筑连云港和台赵支线以前，中兴煤矿的运销路线存在较大的隐患。运河水运方面，京杭运河鲁南苏北段，水量变化较大，经常影响行船，一旦遇上枯水期则河运大受影响甚至无法通航。津浦路作为陆运主线，直通长江下游各大市镇，局势稳定时运输还算可靠，不过，津浦线徐州一带时常成为战乱冲突的焦点，中兴煤运销时常受阻。如何拓展运销线路，尽量减少对单一运销路线的高度依赖，成为中兴煤矿重振雄风的头等大事。而此时已经通车至大浦的陇海铁路，距离出海口较近，无疑是上佳选择。

1930 年 2 月，中兴煤矿经与陇海路局多次协商，达成了运煤至大浦码头装载出海的协议。与此同时，中兴煤矿在大浦租用裕兴永码头及其货栈，并于同年 6 月在大浦设立分厂，在运河站（今江苏邳州市）设立堆栈，装车运至大浦。经大浦港出海的煤炭运至上海后，大受欢迎。1931 年，长江沿岸发生煤荒，国民政府实业部为救济煤荒，提出的主要办法是增加国煤运销，中兴煤矿因而成为救济煤荒的重要力量。[①] 中兴公司乘机将各处存煤源源运出，全年除抵补历年亏损 150 万元以外，还盈余 2 万余元，无奈之下开辟的运销路线竟一举扭转了中兴煤矿连续四年的亏损局面。中兴煤矿的支撑，也延缓了大浦码头的衰败。[②]

对路局而言，经由便捷路线而来的中兴煤，无疑是优质而稳定的大宗货源。台赵支线的修筑，就是陇海路局为扩大货源而主动与中兴煤矿协商确定的结果。[③] 以往中兴煤经由铁路运抵台儿庄，顺运河至陇海路运河站堆栈，再装车运往大浦装船，其间需要四次车船轮换，产生的装卸费用和损耗必然使得盈利有所下降。从枣庄经临枣支线上津浦路至徐州再转陇海路东行至运河堆栈的距离则要比台儿庄路线远了两倍多。此外，当时津浦铁路并不能完全满足中兴煤外运的需求，该矿 1930 年代早期平均每月可出煤 18 万吨，津浦路每月仅能运输其中的 6 万余吨。[④] 因此，如能从台儿庄修筑一条铁路连接陇海线，运煤列车就可从矿厂开出经台儿庄上陇海路径赴海州装船，每年节约下来的装卸费、减少的损耗和增大运量诸因素累加而产生的综合经济效益必然非常可观。也正是这样的乐观前景，奠定了中兴煤矿的合作意愿。因此，双方协议合作修筑台赵支线。1931 年，中兴公司与陇海路局达成初步协议：预定 1931 年 7 月支线工程开工，年

---

① 《实业部关于预防煤荒四项办法的提案》《实业部为救济长江流域煤荒致行政院呈》（1931 年 10 月，国民政府实业部档案，《民国档案史料汇编》第 5 辑第 1 编，第 467 页）载："民国十九年，外煤输入我国之数量共为 2467042 吨，其中日本煤占 1318659 吨，为数最多，日本煤销售于扬子江一带者有 1120000 吨之多，若再将抚顺煤加入，则日煤销售于扬子江区域者，年达 200 万吨以上，即每天销售 6000 吨。""国内因运输困难，通都大邑（煤炭）平时多仰给日人。"九一八事变以后，国人纷纷抵制日货，长江中下游地区日煤滞销，而国煤市场份额较小，一时难以填补煤炭需求的巨大空缺，因而出现煤荒。

② 徐德济主编《连云港港史（古、近代部分）》，第 63、64 页。

③ 《陇海年鉴》，第 354 页。

④ 《连云港将成津陇两路争运中兴煤炭》，《矿业周报》第 302 期，1934 年 9 月 14 日，第 984 页。

底竣工。工程预算 70 万银元，中兴煤矿承担 50 万银元，陇海路局承担其余 20 万银元。支线竣工并投入运营后，十年内由中兴煤矿公司专用，期满后路权完全归陇海路局。① 此后又经协商，双方最终议定：由中兴煤矿自建之路线终点台儿庄站，展筑至陇海路运河车站附近之赵墩与干线衔接。煤炭在矿厂装车可直达本路之连云车站，海陆联运直达上海及长江一带，全线计长 31 公里。合同规定由中兴借垫工款 100 万元，陇海路局负责铁路建设，并承担还本付息责任。自 1932 年 9 月起，中兴煤矿每月拨付陇海路局 5 万元工款，共分 20 期付完。② 借款本息俟通车后由煤斤运费内提成扣还。该支线于 1933 年 11 月开工，1935 年 3 月 1 日正式通车开始营业（参见图 5 - 2）。③ 1933 ～ 1935 年，中兴实际垫付工款总额 256.438 万元。④

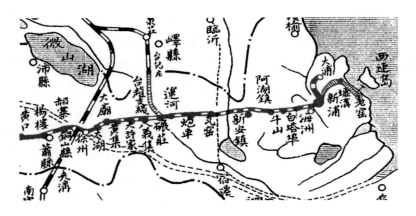

图 5 - 2　1933 年陇海铁路东段及台赵支线

资料来源：《陇海年鉴》，附图。

---

① 田中莊太郎「隴海鐵路支線新設計畫」、昭和 6 年 3 月 17 日、『222—海蘭（隴秦、予海）鐵道關係一件第一卷』、外務省外交史料館『外務省記録—交通、通信—交通—鐵道、馬車—支那、満州国』、国立公文書館亞洲歷史資料中心、F0322 - 0079。
② 《陇海年鉴》，第 354 页。
③ 陇海铁路管理局总务处编译课：《本路史略》，《陇海铁路旅行指南》第 3 期，1935 年 4 月，第 3 页。
④ 魏敦夫：《最近三年中兴煤矿公司业务概况》，《交行通信》第 8 卷第 6 期，1936 年 6 月 30 日，第 49 页。

此前，中兴煤矿陆路运输几乎完全由津浦路承担，津浦路显然不愿中兴煤运输被陇海铁路染指。因此，津浦铁路特别党部在台赵支线尚未完工时，以该支线与"津浦路运煤营业，不无妨碍"呈请铁道部将台赵支线收归津浦路管辖，铁道部为此特地召集两路代表谈话以解决问题。[①]经过协调，由铁路运出的中兴煤炭，津浦铁路和陇海铁路各承担一半。至于运输中兴煤炭的货车在两路间过轨的收益分成，铁道部在 1935 年 4 月 10 日指令中认为，陇海路车辆经过台枣支线时，因台枣支线为货运专线，"运费之分配，陇海自应多收，台枣少收，方为公允"。陇海路车辆过轨台枣支线时，陇海路有车辆机车及行车管理两项负担，而台枣支线仅提供路轨，按照通例，台枣支线段内所收运费，陇海路应得2/3，若机车由台枣支线提供，则台枣支线可得运价1/2 。[②]

除修筑台赵支线外，路矿双方在建设连云港时的合作也非常成功。1933 年连云港开工时，中兴煤矿正处于复兴期，煤炭产销量逐步回升。港口仅有一个码头、三个泊位，吐纳能力有限，一旦遇上路局货物输出旺季，则无法保证中兴煤的输出。为此，中兴煤矿多次与陇海路局协商在连云港新建一座码头，且愿意提供借款以支持码头建设。1933 年底，路矿双方协商起草了借款合同，次年 1 月 27 日签订合同。合同规定：中兴煤矿公司以年息八厘的利率借给陇海路局 100 万元，在一号码头以西 260 米深水区添筑码头一座（即连云港二号码头）。其中 85 万元用作建筑码头及填土砌石，其余作为改善码头各项附属工程费用。陇海路局允将填海所得土地，租给中兴公司 60 亩，作为堆煤之地，并同意在不影响陇海路局对码头所有权和管理权的前提下，将所筑码头的 1/3 留作中兴煤矿公司专用。[③] 二号码头建设期间，中兴煤炭公司 1934 年、1935 年两年分别垫款

---

① 《连云港将成津陇两路争运中兴煤炭》，《矿业周报》第 302 期，1934 年 9 月 14 日，第984 页。

② 顾孟余、曾仲鸣：《令陇海铁路管理局：呈一件，贵本路与中兴煤矿台枣路暂行通车办法，祈鉴察备查由》（业字第三一八四号），《铁道公报》第 1141 期，1935 年 4 月 16日，"命令"，第 17、18 页。

③ 徐德济主编《连云港港史（古、近代部分）》，第 97、98 页。

75 万元、100 万元。[1]

1936 年 5 月初，连云港二号码头竣工，同年 9 月，装船机械安装完毕。中兴公司获得了二号码头 1/3 泊位的专用权及 1/3 泊位（装煤公用）的优先停靠权，剩下 1/3 泊位属陇海路局专用。

因海上运输带来的经济效益比较明显，中兴公司从 1934 年起先后购置海轮、拖轮和铁驳 16 艘（合计 31400 余吨），用于运输中兴煤矿的煤炭。其中经常航行于连云港与上海之间的船舶有 7 艘 28814 总吨。[2] 连云港在 1935 年时，每月可出口 2 万吨中兴煤，约为该矿月产销量的 1/5（见表 5－10）。台赵支线和连云港的稳定运输，直接改变了中兴煤矿的运销格局。京杭运河一向是重要运销路线，中兴煤矿公司设立了清马厂瓜洲栈、陇海线之大浦厂运河栈。因台赵支线和连云港的修建，中兴公司将大浦厂运河栈关闭，清马厂瓜洲栈亦减少存煤，其存煤数量仅以满足当地销量为限度，而不再从该栈向外地调运。[3]

从中兴煤矿最初租用大浦码头堆栈，直到 1937 年上半年，随着运销路线的完善和新市场的开辟，中兴公司煤焦生产和销售情况逐渐好转。自 1933 年起，其煤焦销售量即超过停产前的最高水平，年销量均超过百万吨，彻底扭转了自 1927 年以来连续五年亏损的颓势，销售收入连年高达百万元以上（详见表 5－10）。

表 5－10　中兴煤矿煤焦销售统计（1920～1936）

年份	销售量（吨）		销售收入（元）	利润（元）
	煤	焦		
1920	629076	18006	6818764	2549057
1921	640509	13935	6129124	1930581
1922	834165	11646	7781615	2205900

---

① 魏敦夫：《最近三年中兴煤矿公司业务概况》，《交行通信》第 8 卷第 6 期，1936 年 6 月 30 日，第 48 页。

② 徐德济主编《连云港港史（古、近代部分）》，第 111、112 页。

③ 魏敦夫：《最近三年中兴煤矿公司业务概况》，《交行通信》第 8 卷第 6 期，1936 年 6 月 30 日，第 46 页。

续表

年份	销售量（吨）		销售收入（元）	利润（元）
	煤	焦		
1923	931908	10364	9263786	2830173
1924	755095	9982	7257827	2127758
1925	493047	18699	4341759	744238
1926	608600	21727	5609528	5180
1927	359832	13707	2611787	− 1595814
1928	209775	5153	1567072	− 1654136
1929	305608	5401	2407335	− 1035941
1930	416948	11343	3709580	− 270285
1931	724861	15553	6909899	− 21795
1932	832558	13888	8364056	1378086
1933	1244303	14106	13306387	1896564
1934	1304851	15653	12660852	1934648
1935	1388474	14868	13145440	1949836
1936	1801842	22916	17130348	1980645

资料来源：枣庄矿务局枣庄煤矿志编委会编《枣庄煤矿志》，中华书局，2000，第258、259页。

    当时中国的煤炭市场，"历年均在外煤倾销垄断之下"，尤以1933年为甚。中兴煤矿极力撙节开支，减轻成本，以"薄利多销主义推广销路，近自长江各埠远及闽粤各处"。除外煤倾销的强力竞争外，国内诸多工商企业不景气，煤炭需求量下降，煤价亦随之下跌，在这样的颓势之下，中兴公司仍能取得如此成就，"亦殊不易"。[①]

    连云港的开辟，使得中兴公司的运销路线更趋完善，从而打开了上海这一经济中心的广阔的煤炭销售市场，并成为该矿最为重要的销售市场之一。早期的中兴公司与开滦、抚顺煤矿在资本额方面基本相若，但其销量远不及以上两矿，其中一个非常重要的因素就是，开滦和抚顺的主要运销

---

    ① 魏敦夫：《最近三年中兴煤矿公司业务概况》，《交行通信》第8卷第6期，1936年6月30日，第47页。

路线是经由海运至上海，极少受到战争干扰。中兴煤矿重新崛起，再次参与到与开滦、抚顺煤的竞争中，甚至一度与开滦签订协议进行垄断，[①] 究其原因，与陇海路局的合作、海上运输起到了相当大的推动作用。

中兴煤矿与陇海路局的合作，双方均获益匪浅。中兴煤矿垫支的工款，极大缓解了路局资金匮乏的困境，除垫支工款 200 万元外，该公司还利用采装煤炭的技术优势帮助陇海路局设计安装煤炭卸车装船机械；在建筑连云港一号码头时，陇海路局和承包商荷兰治港公司因工期问题的争执导致工程停工，中兴公司积极从中调停，奔走于铁道部、陇海路局和荷兰治港公司间，竭力促进工程复工。[②] 对抗战之前的连云港而言，中兴煤矿这一大客户可谓举足轻重，其每年通过该港运销的煤炭数量，达到港口出口货物量的 70% ~ 80%、总吞吐量的一半以上。对一个刚刚诞生的港口而言，其重要性实在是不言而喻。

四　码头工人

新开辟的港口，只有充分借鉴其他港口的成熟经验，再加上使用新式港口设备，才能充分发挥后发优势并在竞争中赢得一席之地。然而，陇海路局在港口运营方面存在明显的弊端，其突出表现之一就是码头工人装卸效率太低，以致轮船在港时间偏长，损失了大量利润。

把头和帮会组织控制港口装卸业务，是近代各港口的常态。其区别不过是同一港口是由一个帮会独占或几个帮会各自划定地盘而已。码头中的帮会组织最初具有明显的码头工人团结互助以保护自身权益、抵制资方非法侵害的色彩，但发展到一定程度之后，逐渐退化为控制装卸工人、垄断码头业务的组织，黑帮化倾向越发明显。不同帮派之间时常为控制码头业务而发生争夺，因而械斗时有发生。帮会成为足以影响港口业务乃至当地社会秩序的一股力量。连云港虽是新建港口，但装卸业务依旧很难摆脱旧传统的影响。

---

① 转引自王汉筠《中兴煤矿企业史研究（1880 ~ 1937）》，硕士学位论文，苏州大学，2003，第 38、39 页。

② 徐德济主编《连云港港史（古、近代部分）》，第 84、97、98 页。

连云港建港之初，码头工人因所属搬运组织不同，经常发生纠纷，始终不能得到适当解决。港口管理方"深恐将来码头上引起争夺工作之风，且鉴于普通工人习气太坏"，不能适用于新开辟之商港，因此以"军队式之护路队"方式尝试代替码头工人之工作，每人每月薪水 6 元，其余按照每月装卸货物量再行分配工资。①

士兵运输队人数约有 360 人，分 25 班工作，每班设班长 1 人，班长专司指导监督之责。但根据观察，那些所谓班长们，实际上却成为"领导贪懒之领袖"。运输队领队长官对工作也没有指定严格的要求，只是在轮船公司追索不得已时，才会召集各班班长训话，也不过是"官样文章，聊以塞责"。1936 年 5 月，招商局职员孟初明"奉局令去连云港考察联运栈务"，通过对该码头工人"多方接谈"，对士兵运输队的工作情况有了比较明晰的了解。孟初明记载道：

> 盖彼辈初被招进时，名义上并非来港干苦工生活，彼以为当兵所谓按军队惯例，有功必升，将来前途，由三等兵而二等兵一等兵，班长……真是前途无限；今忽以改充小工，内心自属非愿，但迫于命令，又不得不惟命是从。故根本上心里不专，工作亦漫不经心，以致效率微薄。例如进口之包装洋糖，沪、青工人，以二人即可抬上肩者，在港则需五人以上，甚至上下四五次尚未上肩者，工作犹若游戏，如此情形，余思虽即五年十年其技亦未必能精也。每次卸糖时，余在旁观察，并为计时，糖包由装卸地之时间，姑置不论，每包仅须搬至远不及三丈之堆地，六人工作，共糖八包，竟化费十分钟之久，尚未完全出清。其他工作如木块等亦然；此次合众公司郑州轮装载非联运大木杆抵港，以赶船期关系，情商港务处临时由该公司招雇普通小工二十人，计不足十二小时之工作，二百二十四根大小木块，已全部出清；倘以运输队士兵工作，则三十六小时之工作，二十五根木块恐尚难出清，其工作效率之比例，几为一

---

① 《连云港港务调查》，《海事》第 10 卷第 2 期，1936 年 8 月 1 日，第 84 页。

与六之比，相差五倍有余！①

孟初明将这一情况告知了陇海路局港务处某处长，该处长认为工人们时间久了技艺熟练，工作效率自然会提高。孟初明对此回答颇不以为然，认为"工作效率微薄，耽误船期，影响联运业务问题"。②

护路士兵承担码头装卸工作，其工作效率很难与上海、青岛等其他港口相比，导致轮船在港时间延长，影响船期。该办法实行了一年多，结果处处"扞格不入"，港口只能裁汰一些不合格的士兵，另行招募编成运输队。③

在此之前，陇海路局在连云港内使用孙家山临时码头期间，"允大浦港各工人之请求，从三千数百名中，准用一半"，借以维持工人生计。孙家山码头无法靠船，只能通过驳船将货物装载驳运到海轮上，这项业务由康正记独家取得。④

除此之外，本地码头工人之强悍也是一个重要因素。数年之前，大浦码头发生的一起码头搬运工与水手船员间的械斗案，轰动一时。1930 年 12 月 22 日，招商局同华轮抵达大浦，靠岸装载货物期间，"有码头小工多名，潜入船内厨房间，不问可否，攫取食物，私行窃食。初仅一二人，继渐多。工人更进而在厨司手中抢取。厨司以力薄难拒，而食物又有限制，遂急喊水手援助，极大斗殴案，遂由此发生"。船上水手头目李阿乔喝止无效，便令船上火夫等将工人逐出厨房，当时正有大批小工在码头作业，于是数百余名工人开始"大打出手"，船上水手、船员亦组织起来与工人对打。混战结束时，水手七八名被打得"遍体鳞伤，倒卧船内"，工人方面亦有四五人受伤。此后，码头工人"报告工会，立将受伤工人抬送至县公署"，赣榆县县长鉴于事关重大，立即派员带领警察将大副、二管、生火头目、水手头

① 孟初明：《连云港的码头工人》，《航务月刊》第 1 卷第 1 期，1937 年 1 月 1 日，第 62 ~ 64 页。
② 孟初明：《连云港的码头工人》，《航务月刊》第 1 卷第 1 期，1937 年 1 月 1 日，第 62 ~ 64 页。
③ 《连云港港务调查》，《海事》第 10 卷第 2 期，1936 年 8 月 1 日，第 84 页。
④ 《招商局水陆联运决先开办三要线》，《申报》1933 年 11 月 8 日，第 11 版。

目等四人带回县署质讯。码头工人则于 23 日起全员罢工，要求严惩海员。①
至 12 月 24 日，仅有二管一人被释放，同华轮装卸工作亦完全停止，码头
工人则仍在罢工相持。招商局认为，"今次之肇事，其咎完全属于工人，
水手并无过误，而船员更不负此责任"。该局发电至镇江咨请江苏省政府
主席叶楚伧，"即速电饬赣榆县县长，迅将被捕扣押县署之各船员及生火
头目等，克日释放回船，以免妨害航运，使商家与轮公司，同蒙重大之损
失，并免阻滞沪海行旅云"。② 经过两次电催，12 月 29 日海州方面发来复
电称，赣榆县业已将此次冲突案审讯终结，"海员工人，两方均有伤害，
由县判同华轮罚洋三百元，充作被打伤之八工人之医药费"。赣榆县同时
责令工会于 12 月 30 日起照常复工。对此结果，"双方均允"。该案遂告
一段落，"被捕船员及生火、水手各头目，昨已放回到船矣"。③

　　冲突事件因码头工人而起，最终却以同华轮被罚款终结，该判决明
显带有安抚地方工会的意图。码头工人和地方工会此次无疑赢得了全面
胜利，此事经《申报》登载报道后，航运业是否从此将海州视为畏途，
不得而知。但外界对海州地方民风强悍之印象强化，似乎很难避免。

　　港口方为避免争夺工作，装卸业务基本不使用本地工人，导致地方富
余的劳动力无法被吸纳，大量工人无法获得工作机会，最终爆发了严重的
冲突。1936 年 10 月 26 日，连云港码头因争夺装卸工作，发生了大规模
的械斗。新浦车运工会与过载行双方各集中 200 余人，持械斗殴，双方均
有多人重伤，地方政府使用武力方才制止。④

　　通常情况下，铁路、港口开通以后，除了催生新的产业外，对地方传
统行业必定会形成相当的冲击，首当其冲的就是传统运输业。如果新兴的
产业能够吸纳剩余劳动力，自然是两全其美。不幸的是，港口由于以联运
业务为主，与地方关联减少，同时无法吸纳地方剩余的劳动力，这就使得
港口与地方社会从一开始就有所脱离。

---

①　《同华轮在海州发生械斗案》，《申报》1930 年 12 月 25 日，第 15 版。
②　《招商局电请速放同华船员》，《申报》1930 年 12 月 26 日，第 12 版。
③　《招商各轮纠纷案均结束》，《申报》1930 年 12 月 30 日，第 14 版。
④　《海州码头工人发生械斗》，《中央日报》1936 年 10 月 29 日，第 4 版。

第二节　日本对连云港的统制与经营①

一　日本对连云港的调查和定位

1905 年起至 1920 年代，有关日本图谋海州的消息经常见诸报端，陇海铁路最终选择海州作为出海口，抵制外人觊觎是最重要的考虑，本书第二章第一节已有论述，此不赘述。

连云港地理位置的重要，使得早在筑港消息传出之时即引起日本各界关注，其中尤以军政界的关注最为密切。1931 年 5 月 16 日，日本海军中尉岗崎善吉领队驾驶一艘汽艇由青岛出发闯入海州临洪口，并登岸摄影。② 九一八事变后，日本军舰曾到海州沿海一带游弋，并有传闻日本人在海州暗中帮助当地海匪，"窥取海属盐区，备作饷源"。其后板浦税警在匪巢中缴获"旭日旗及旭日符号各两只"，证实"外传日浪人煽动参加当非虚语"。③ 在日本暗中派人策动下，海州区域各股土匪纷纷大肆活跃，赣榆县一股土匪竟公然进攻赣榆海头湾的朱蓬口，拟将朱蓬口攻占后，"掩护日军登岸"。陇海路白塔埠站附近铁路也被土匪破坏。④

1933 年 7 月 26 日，日本"中国驻屯军"（即侵华日军华北方面军前身）司令部就将数日前天津《大公报》上的《连云港开工：陇海东段视察记》专题连载摘录之后通报日本各相关部门。⑤ 1933 年 9 月，日本驻青岛总领事坂根准三在给外务大臣内田康哉的电文中提醒日本政府注意连云港修筑一事。坂根准三认为，连云港的修筑，若按照规划全部完成，必将

① 本节部分内容曾参加 2010 年 8 月"现代中国与东亚新格局国际学术研讨会"会议交流，修改后发表，见江沛、张志国《日本在连云港的统制与经营》，《安徽史学》2011 年第 6 期。经再次增补修订后收入本书，特此说明。

② 《日海军偷摄海州地形。日人用意何在，国人应起注意》，《申报》1931 年 5 月 21 日，第 4 版。

③ 《日浪人勾结海州股匪》，《申报》1931 年 11 月 18 日，第 11 版。

④ 《海州匪患，被日人收买扰乱后方》，《益世报》1932 年 3 月 1 日，第 2 版。

⑤ 旅顺要港部司令部「第 16 號 8.8.12 海州連雲港築港」『海軍省公文備考』昭和 8 年 8 月 12 日、国立公文書館蔵、C05022759800。

对中国北方沿海港口的贸易产生重大影响，正在施工中的陇海路东段台赵支线也将对日本预定将要修筑的高徐铁路①的价值产生不利影响。日本应尽早筹划对连云港的调查，努力消除当地的反日情绪，这是将来日本"努力建港的必要条件"。②此外，日本各界还经常派人赴连云港一带实地踏勘，"持外交部护照，来此察看，并携有测量器械，及拍照器各件"，以致地方公安局只能派警员制止，并监视其行动。陇海路局与招商局合作联运为此也只开展货运，"不营客票"。③1934 年 5 月 12 日，日本驻华使馆武官新乡次郎等二人由河南到达徐州，"拟视察城乡地形，并拟赴海州，因无护照，当局劝导禁止"。④1934 年 10 月 14 日，日资企业青岛东公司职员一行五人在新浦调查时被扣留，不过最终还是完成了调查。⑤

日本工商界对连云港的开通也极为关注。1935 年 1 月 12 日，青岛日本工商会议所视察团平冈小太郎等一行十八人抵达新浦。该团领导者平冈小太郎为在华日本纺织同业会理事，其余十七人均为会社、银行等企业主或从业者，均持有青岛或济南日本领事颁发之护照。访问团出发前，青岛市长沈鸿烈分别电知灌云县政府及其他沿途地方政府，派员迎接护行。13日上午，由海州地方人员护送和港口负责人陪同，平冈小太郎等参观了连

---

① 1913 年 12 月 31 日，中国政府应德使之请，与其订立《高韩顺济两路办法大纲》，开筑有日矣，忽欧战爆发，日本乘机于 1914 年 11 月 7 日出兵占领青岛，次年 1 月，向中国政府提出"二十一条"之要求，其中关于山东问题尤为棘手，经外交部历次磋商迄无解决方法。至 1918 年 9 月，政府因财源枯竭告贷无门，乃出饮鸩止渴之计，将当年曾许德国借款建造高韩、顺济二线转向日本借款兴筑，以冀解决山东各悬案，并依日使之请求改济顺为顺济、高徐为高韩，其线路里程为：顺德至济南 320 华里，高密至徐州 720华里。其高密至徐州间路线实为联络津浦、胶济之支线。根据条约，两路主权几乎全归日本，国人恐二路告成，日本将伸张势力于黄河流域诸省，群起反对；1922 年华盛顿会议决定济顺、高徐两路需用资本，让归国际资本团承借。见曾鲲化《中国铁路史》，第865、866 页。高徐线借款此后实际与日本无关，但从坂根准三的电文以及满铁相关调查报告可知，日本对于高徐铁路的觊觎并未放弃。
② 坂根准三『海州（連雲港）築港に関する件』（機密合第三八四號）、昭和 8 年 8 月 23日、1775 頁、国立公文書館蔵、C05022776200。
③ 冯光烈：《连云港实习调查日记》，1935 年，萧铮主编《民国二十年代中国大陆土地问题资料》，第 52984 页。
④ 《日武官又到徐州视察》，《申报》1934 年 5 月 13 日，第 3 版。
⑤ 伊藤香象·森俊夫「青島、連雲港出張視察報告」昭和 11 年 4 月、支那駐屯軍司令部乙嘱託港灣班『北支港灣調査報告（第一隊）』、1937、159 頁。

云港。"视察团诸人，对于水深出高、地形、出入口货物，以及当地商业，均甚注意。棉花更引日人兴趣，以手撕棉，试其纤维长度。"他们认为："连云港似嫌略小，至两个码头完全作成时，只能停泊三千吨以下之轮船六只，不能与可停泊万吨以上二十五只轮船之青岛码头相比，但仍不失为一吐纳货物之良港。连云港距青岛甚近。正应提携，互通商轮。"①

1935 年 6 ~ 7 月，日军在华北接连制造事端，逼迫南京政府签订了《秦土协定》《何梅协定》，为此后侵占华北提供了极其有利的条件。之后，日本除在政治上推行旨在分裂华北的"华北自治"运动外，针对华北的经济侵略也逐步加强。军政及财阀各界纷纷派员来华北"调查"，制订出各种对华北经济全面侵略和掠夺的计划。满铁作为日本最早进入华北的"国策会社"，是社会经济调查的主力，早在 1933 年 11 月就制定了《华北经济工作调查要项》和《设置华北经济工作调查机关案》，满铁的经济调查会在天津、青岛等地设立分会，在北平、太原、济南、张家口、山海关、烟台等地设立事务所，组成了北方班，开始进行华北经济调查。其内容包括各地矿产资源、交通运输、棉麻皮毛等农副产品的利用与潜力，各国在华北的权利与投资，伪满与华北贸易关系等方面，历时半年完成了 37 个调查报告，② 并得到日本政府和军部的赞许和支持。于是，从1934 年 2 月起，满铁又开始了大规模的社会经济调查，其内容也扩大到华北的政治、社会、地理、文化、风俗等方面。为指导满铁调查，1934年 10 月日本中国驻屯军制定了《华北重要资源调查方针及纲要》，其参谋长在给满铁的信中，将调查方针提高到"为助长帝国对华经济的发展，使战时我国国防资源易于补充，扶植和增强帝国对华北的经济势力，促成日、满、华北经济圈做必要的准备"的战略高度，指示满铁对华北产业、经济、交通、金融、贸易进行基础性调查。③ 此时，地理位置重要的连云

---

① 《日工商视察团参观连云港》，《申报》1935 年 1 月 18 日，第 10 版。
② 日本满铁调查部：《支那立案调查书类 2 编 1 卷 2 支那经济开发方策及调查资料》（极秘，1937 年 12 月），第 361 页，转引自居之芬、张利民主编《日本在华北经济统制掠夺史》，天津古籍出版社，1997，第 25 页。
③ 日本满铁调查部：《支那立案调查书类 2 编 1 卷 2 支那经济开发方策及调查资料》（极秘，1937 年 12 月），第 361 页，转引自居之芬、张利民主编《日本在华北经济统制掠夺史》，第 26 页。

港更是成为日本各种调查重点关注的对象。

1934 年 4～5 月，"日人接踵来徐（州）海（州）视察者，已不下十数起，行踪均甚诡秘，尤注意测绘徐海地图，恐系考察我国防设备，为侵略张本"。① 从 1934 年直至 1937 年，满铁调查部、天津事务所、日本中国驻屯军司令部港湾班日本陆军运输部大连代表处、日本青岛东公司、青岛商工视察团、大连汽船株式会社青岛支店等机构先后 6 次派遣专人来连云港、新浦、海州等地进行"调查"或"视察"，② 形成了数百万字的调查报告，详尽描述了连云港的自然地理概貌、陇海铁路沿革、经营、管理机构、沿线物产、港口发展沿革、设备和运营以及腹地经济状况、水陆运输等。这一时期，日本调查重点关注的是经由连云港输出的中兴煤矿所产优质煤炭、锦屏磷矿、淮北盐等重要战略物资。

待到七七事变爆发前，日本针对连云港的调查，开始带有明显的军事意图，对港口及其附近的岸线、地势、潮汐规律、海岸守备等情况的考察，目标明确指向开展登陆作战以夺取连云港，以及占领之后通过港口掠夺战略物资。1935 年 6 月 27 日，日本陆军运输部大连派出所输送科科长奥村半二中佐及大汽青岛分店店长鹤野政三一行，对大浦、新浦、连云港"不只是对兵需地理状况进行调查，还详细调查了此处的全部情况，没有留下任何遗憾"。1936 年 2 月 18 日，满铁总务部东亚课的伊藤香象和经济调查会第三部水运班的森俊夫搭乘旅顺要港部所属第十四驱逐舰队赴连云巡航的便船，对连云港进行了调查。③ 1936 年 3 月 2 日，三艘日本军舰驶入连云港，"日军十数名曾上岸视察，三舰停靠半日"。④

伊藤香象和森俊夫调查的目的除了完成满铁要求的关于大浦港、连云港技术方面及港口附近各种情况变化的调查外，还包括选择适合陆海军进行登陆作战的地点。报告披露，海军认为，连云港一号码头以东约 1000

---

① 《日武官又到徐州视察》，《申报》1934 年 5 月 13 日，第 3 版。

② 伊藤香象・森俊夫「青島、連雲港出張視察報告」昭和 11 年 4 月、支那駐屯軍司令部乙嘱託港湾班『北支港湾調査報告（第一隊）』、159、160 頁。

③ 伊藤香象・森俊夫「青島、連雲港出張視察報告」昭和 11 年 4 月、支那駐屯軍司令部乙嘱託港湾班『北支港湾調査報告（第一隊）』、159 頁。

④ 《日舰三艘驶入连云港》，《申报》1936 年 3 月 3 日，第 7 版。

米及二号码头西方至孙家湾栈桥约 1200 米的海面都可以登陆，后者在低潮时不适合登陆；在孙家山至墟沟的海面登陆后行动比较方便，不过潮水很低时不能登陆，整体来看在连云港登陆要充分考虑潮汐因素。陆军则较早考虑到了在陇海沿线的作战，认为与其直接在连云港登陆，还不如在其北部或者南部选择一个更合适的场所。尽管不能将登陆地点局限在连云港，但它毕竟是陇海线的终端港，因此有必要将其作为登陆根据地。①

伊藤香象和森俊夫在调查报告中，还对连云港作为商港和军港的价值进行了评估。他们认为，连云港想要建设成为可容纳 60 艘 5000 吨级船舶、年吞吐量 1500 万吨的商业大港，在技术上面临的主要困难是：港口附近一带是平浅滩，疏浚工作量大；港湾腹地狭隘，需要使用大量土石填海造陆；生活和工业用水比较困难；背后的山多由坚硬的岩石构成，开凿所需工程费很高。

经济方面，连云港是陇海线的终端港，港口建成后会对陇海铁路沿线原有贸易方向产生一定的影响，郑州以西的物产原本主要经由京汉线运至汉口，郑州、徐州间贸易路线主要是经津浦铁路至浦口。连云港取消转口税的策略可以分流上述两线部分商品的运销。胶济铁路的运费较低，且青岛港口条件远较连云港优越，一旦胶济铁路连接道清铁路并在郑州、潼关间与陇海铁路相接，"会导致青岛港成为连云港发展的一大威胁"。此外由于陇海路局资金困难，短期内很难筹集到扩建所需的巨额资金。连云港土地面积狭小、工业用水匮乏，附近出产的资源主要为盐、煤炭及少量农产品，"此处又为不开放港口，很难集聚外国资本，也无法为国内资本提供安全庇护"。因此，"不能期望这里的工商业有较大发展"。另外，此处有发展为外国输入货物同国内产品一起进行商业贸易的趋势，但是由于远洋船舶出入困难，国内工业勃兴的余地较小，不能指望其在不久的将来发展为大的货物集散地。

该报告得出的最终结论是："无论从技术上还是经济上看，连云港作为地方港有很大的发展空间，但是要超越青岛成为一个大型国际贸易港口是不大可能的……至少在最近五年到十年内这是不可能的。"报告还特别

---

① 伊藤香象・森俊夫「青島、連雲港出張視察報告」昭和 11 年 4 月、支那駐屯軍司令部乙囑託港灣班『北支港灣調查報告（第一隊）』、159、160、165、166 頁。

将青岛和天津进行了比较，青岛在地理条件方面优于天津是不言而喻的，而根据种种情况来分析天津作为经济都市没有出现衰退，据此可知，"连云要一下子获得大的发展是很困难的"。① 毋庸讳言，伊藤香象、森俊夫的调查报告对连云港建设存在问题的评估还是比较客观的，连云港港口和城市的发展历程果真印证了其"预言"。

日本占据连云港之后，随着战争形势的发展，日本对连云港价值的认识也逐渐从对日物资输出的基地上升为关系到日本"大陆政策"重要支点的高度，连云港在其战略格局中的地位显著提高。陇海铁路以连云港为基点，这条干线"在经济上的作用自不必说，就是从军事上看，不论是在国内作战还是在对外防御方面都有深远影响，尤其是在压制苏联和英属印度这一点上，不得不说具有重大意义"。②

冈崎弘文认为："作为我（日）民族进出的据点，无论从地理上、历史上还是经济上看，都是控制中、北支那的最佳据点。从国策上，我们期待确立在长江一带的经济权，并且将来要越过支那进行大作战……陇海线都是中原物资运输最主要的动脉线，将来也将成为直接连接欧亚的主要线路……以此处作为日本民族前进的根据地是绝好无比的。"具体而言，由于港口优越的地理环境，"如果该港必要的筑港设施得以完善的话，明显能成为华北第一港，在支那沿岸的众多港湾中也是首屈一指的良港，对于我国的制碱工业及制铁业来说是至关重要的港口"。③ 连云港在军事上的价值更是不可小觑。港口由云台山和西连岛对峙，容易守卫，避风条件良好，陇海路沿线煤炭资源丰富，经过液化以后可提供充足的舰船燃料和军事工业燃料。"只要具备必要设施及充分条件，凡是在山东、江苏沿岸海上行动的巡洋舰级以下的舰船，都可以将此处作为泊地及补给地。"墟沟附近有高地容易警戒，广袤平原稍加平整、铺装即可作为优良的军用机场。考虑到"将来封锁线及扫匪战防空警戒等问题，再加上长期以来这里屡次接受紧急降落的任务"，据此经验推测，尽快在海州附近设置军用

---

① 伊藤香象・森俊夫「青島、連雲港出張視察報告」昭和 11 年 4 月、支那駐屯軍司令部乙嘱託港灣班『北支港灣調查報告（第一隊）』、159、160、165、166 頁。
② 滿鐵鐵道總局調查局『連雲港調查報告書』、20 頁。
③ 岡崎弘文『連雲港經營現狀ノ概要ト對策案』、9～13 頁。

航空基地是非常必要的。连云港还可以作为 "对中国内地及欧亚大陆进行兵力输送的据点"，陇海铁路延长后，远至中亚及欧洲，南与印度、波斯相接，西通罗马、柏林，"对苏战争自不必说，即便是对英战争也是物资输送极为重要的据点"。[①] 由此可见连云港此时在日本战时政策格局中的重要地位。

二　日本陆、海军争夺连云港控制权

日本发动全面侵华战争后，连云港良好的发展势头被打断。1937 年 8 月 25 日，日本发表 "遮断航行" 宣言，封锁了中国北方各港至上海的海上航路。9 月，日本又宣布封锁中国全部领海。9 月 13 日，日本海军侵占连云港东北方向 24 海里的车牛山岛。9 月 20 日起，日军飞机连续轰炸连云港码头、车站、仓库、民房。与此同时，游弋在连云港海域的日本军舰，炮击连云港码头及连云港至墟沟间的铁路。陇海铁路的机车和车辆被炸毁，连云火车站办公大楼也被炮弹击中，连云市区一片火海。"战争持续到最后，结果导致连云港附近的市镇村，包括从去年（1938 年）5 月 20 日占据的老窑（连云），一直到西边的孙家山、墟沟一带都蒙受了极其严重的损害。比如墟沟，一直到今年（1939 年）3 月 4 日被占领的这段时间内，长时期都遭受着反复的激战。"[②]

从 1938 年 1 月持续到 5 月的徐州会战，以 5 月 20 日中国军队撤出徐州而宣告结束，驻防云台山负责海岸守备的东北军一部亦因孤立无援被迫撤退，日本海军陆战队占领连云港，港口由海军港务部接管运营事务。而此时陆军的华北方面军与华中方面军一部正忙于沿陇海铁路南北两侧向西追击中国军队，无暇顾及徐州以东的东海、灌云等地，因而形成了海军独占连云港的态势，陆、海军在连云港问题上的争执随之而起。

[①]　岡崎弘文『連雲港經營現狀ノ概要ト對策案』、9 ~ 13 頁。
[②]　滿鐵鐵道總局調查局『連雲港調查報告書』、19 頁。从连云至墟沟，相距不到十公里的两个地方沦陷时间竟然相隔近一年，中间历经反复激战，除了中国军队的拼死抵抗外，地形的优势应当在其中起到非常关键的作用，也印证了日本调查中墟沟 "扼连云港咽喉"、地势易守难攻的相关描述。

从现有资料可知，至迟该年 4 月 12 日，华北方面军已向陆军省提出，关于海州（连云港）问题的处理，希望能由中央拿出妥善的方案，陆军省在回复华北方面军时亦声称中央对此问题有所谅解。但日本政府并未立即出台相关措施。华北方面军对海军于 5 月 20 日"自行己见独自占领连云港"的行为"甚感遗憾"，认为关于连云港问题海军已不容他人插手，因而"急切盼望中央能火速对此做出处理"。① 显然，华北方面军因无法抽出兵力实际占领海州地区，而只能向其上级提出控诉，其主张得到了陆军省的支持，陆军省的回电中对海军独占连云港的行为亦表示"令人非常遗憾"，指责海军无视陆海军协同作战的协定独占连云港，且将陆军方面在当地的警备几乎全部接管，只留下了最小限度的兵力，陆军方面与海军部就连云港附近的政务指导进行联络根本无从谈起。而海军除占领连云港外，更声言港口周边地区的政务管理等方面亦完全由海军负责。陆军省同时指示，陆军在此问题上的立场是，从陆军的军需补给及海湾和铁道连接的立场，与海军方面进行进一步的交涉。有关政务指导制度中央正在制定中，应等待中央进一步指示。②

5 月 23 日，华北方面军再次致电陆军省，指责海军的不守信用行为，再次因连云港问题而挑起陆、海军间的冲突，华北方面军的军需补给必须利用此港，而海军方面依然采取在青岛时的态度。这导致该军在宁口的警备兵力输送及节约铁路运力的打算只能取消。华北方面军希望大本营能有明确的制度来解决陆、海军在此类问题上的冲突，并建议将陆、海军双方的想法做一折中。③

在连云港问题上的冲突，并不是海军与陆军之间的第一次冲突，至迟在海军处理青岛问题时即已造成陆军的不满。华北方面军的作战区域主要为绥远、察哈尔、河北、山西、山东、河南以及江苏、安徽北部，面积相当广大，

---

① 笠原幸雄『連雲港政務指導に関する件』（方参三電第七四六號）、昭和 13 年 5 月 22 日、国立公文書館蔵、C04121513300。笠原幸雄时任日军华北方面军参谋长。

② 陸軍省『連雲港政務指導に関する件』（陸支密第五一四九號）、昭和 13 年 5 月 23 日、国立公文書館蔵、C04121513300。

③ 笠原幸雄『連雲港政務指導に関する件』（方戰参電第二二號）、昭和 13 年 5 月 25 日、国立公文書館蔵、C04121513300。

徐州会战之后，华北方面军沿陇海路往西追击中国军队，其兵员补充与后勤补给单纯依靠铁路运输，显然难以满足需求。况且陇海铁路沿线以及与津浦线的交叉点徐州一带，历经中日军队反复交战争夺，铁路破坏严重，因此必须以运量更大的海路运输为有效补充。谋求一个可供运输军需的海港或码头，是此时华北方面军的迫切要求。连云港地理位置最为理想，因而华北方面军在连云港获取部分使用权的意图非常明确。从军事行动的角度来看，正面防御的中国军队后撤，日本海军陆战队在实施登陆作战之后，率先占领连云港、独占连云港也是势所必然。华北方面军提出的折中建议，在当时可谓无可奈何的表现，也成为后来陆海军达成共同管理、使用连云港协议的最初蓝本。

在广阔的华北区域内，华北方面军承担的作战任务要比海军陆战队的海岸守备任务繁重且重要得多，海军独占连云港的做法显然无法持久。另外，中日两国军队在连云港的攻防战斗期间，陇海铁路局将大量港口设备拆除并运往西安，同时协助军队将码头炸毁，港池中还沉了一些船以封锁航道，再加上日军的轰炸，日本海军攻占之后的连云港基本成为一片废墟。一号码头"拴船壁好像是被安上烈性炸药爆破过的样子，整个都被残酷地破坏了，海面上到处漂流着倒下的钢材，其内侧已经塌陷，码头的前半部分严重向前面倾倒……码头的陆上设施……钢铁仓库有一条室内铁轨长 140 米、宽 22 米，但是其轨道已经被剥掉，码头仓库也已消失匿迹"。二号码头被完全破坏，木材之类的材料基本被拿走，室内轨道的铁轨也被拆卸掉，未完成的短道传送带（高 15 米、长 200 米）被折弯得像软粘糖一样，呈现出完全没有用途的凄惨情景。"发电所从左边看外观上没有遭到什么损失，但是里面的气罐设备被破坏了……铁道线路上除了为荷兰治港公司所有的数辆货车（因其作为第三国权益物而得以保留）之外，连铁轨、枕木都没有残留。"① 可见非经修复，港口根本难以发挥作用。无论是海军独占还是陆、海军共同占领，当务之急都是对港口进行紧急修复，以服务于战争需要并实现输出战略物资的既定目标。

1939 年 7 月 3 日，华北方面军与当时实际控制连云港的海军第四舰队在 5 月 11 日商定的《陆海军关于连云港及海河（临洪河）的协定》基础上，在青

---

① 　满铁铁道总局调查局『連雲港調查報告書』、18 頁。

岛达成了《陆海军关于连云港应急修筑的协定》，协议约定到9月中旬止，连云港二号码头大概筑设18个可以依靠20吨级民船的栈桥，并对码头进行修复；修复码头铁路，除作为军需补给的必要设施，还考虑在军用期间，每年输出40万吨民用煤；修复航道及港池，达到3000吨级轮船可以乘潮出入的目标，3.5米以上水深出入港航道由海军负责疏通，180米×350米大小的泊地及其6米以内的区域由陆军负责疏通，其他位置的疏通待实施时另行协商；海军负责打捞港域内沉船，以及一号码头西侧（泊位）疏通；非军用期间，二号码头东侧（泊位）民船出入、停泊由陆军负责管理。连云港二号码头修复及相关疏通工作完成后，陆军通过停泊场司令部或另设机构与海军协商后实施；设置经营机关，利用军队及军需品输送的间隙，经营对日煤炭的输出及货物的输入，实施细则由陆海军另行协商；一号码头修复期间，二号码头的二至三个泊位平常都供给海军使用。[1]

这份协议的主要目的是谋求陇海线沿线以陆军为主的部队军需品补给，以及通过船舶迅速转运兵力，并修复陇海线。其中对双方各自权责以及共同管理、使用连云港的约定，事实上也成为此后陆、海军进一步协商的基础。根据这一协定，1939年9月4日，日本陆军在连云港设立停泊场司令部，开始与海军共同管理连云港。

1939年11月6日，华北方面军致电华北交通株式会社，命令暂定由该公司受理连云港运营，从1939年12月初开始，"为保证煤炭及其他民用品的输送，由贵公司使用连云港二号码头，暂时处理码头业务"。[2] 该公司的经营活动处于华北方面军的监控之下，具体条件是：

一、二号码头的运营，根据公司的考虑进行。

二、在多田部队（华北方面军）本部认为必要时，也可下令停止甚至取消运营。在此种情况下，公司应该即时响应多田部队本部提出的条件。

---

① 山下奉文『連雲港応急修築に関する陸海軍協定寫送付の件』（方軍參三密第一六七號）、昭和14年8月11日、国立公文書館蔵、C04121301200。
② 華北交通株式会社連雲碼頭事務所『連雲碼頭事務所史』、17頁。

　　三、运营期间产生的二号码头维护修补问题，以及根据军方要求所需的水深的维持，皆由公司承担。

　　四、二号码头的增修扩建及其他工程的实施，也应该预先得到多田部队本部的认可。①

　　同时，华北方面军命令由海州宪兵队与相关部门联络后处理关于海上、陆上的警察业务。② 暂定在海州特务机关的指导下，由华北交通株式会社的当地机关代行，具体处理方案应另行指示。税率根据现行中国海关税率而定。③ 华北方面军命令青岛第三停泊场司令官铃木谦吉对"华北交通"的指导，应与当地海军及特务机关铁道队，乃至兴中公司东亚海运株式会社进行密切联络协商后执行。④ 华北方面军致电第二野战铁道部队称，该部队运营的铁道与码头业务有"十分重要的联系"，要求该部队"给予照顾"的同时负责维护连云港铁路轨道的相关设施。⑤

　　华北方面军还与当时实际控制连云港的海军第四舰队联络通报了上述暂行方案，并提出连云港的水上警察业务（监视秘密输入、监督不正当导航）、锚地的指定、信号的确认以及海港检疫等由当地宪兵队、特务机关停泊场司令部与第四舰队的当地部门合作实施，到连云港应急修复工程差不多完工时另行调整。⑥ 上述安排，表明了华北方面军谋求连云港部分控制权和尽快恢复连云港运营的意图。

　　1940 年 3 月 8 日，华北方面军与海军"第三遣支舰队"在北平签署《陆

---

① 笠原幸雄『連雲港運営に関する件』（方参四密第九三二號）、別紙第一、昭和 14 年 11 月 6 日、国立公文書館蔵、C04121631600。
② 笠原幸雄『連雲港運営に関する件』（方参四密第九三二號）、別紙第二（方軍参四密第九二六號）、昭和 14 年 11 月 6 日、国立公文書館蔵、C04121631600。
③ 笠原幸雄『連雲港運営に関する件』（方参四密第九三二號）、別紙第三（方軍参四密第九二七號）、昭和 14 年 11 月 6 日、国立公文書館蔵、C04121631600。
④ 笠原幸雄『連雲港運営に関する件』（方参四密第九三二號）、別紙第四（方軍参四密第九二八號）、昭和 14 年 11 月 6 日、国立公文書館蔵、C04121631600。
⑤ 笠原幸雄『連雲港運営に関する件』（方参四密第九三二號）、別紙第六（方軍参四密第九三〇號）、昭和 14 年 11 月 6 日、国立公文書館蔵、C04121631600。
⑥ 笠原幸雄『連雲港運営に関する件』（方参四密第九三二號）、別紙第五（方軍参四密第九二九號）、昭和 14 年 11 月 6 日、国立公文書館蔵、C04121631600。

海军关于连云港的暂行协定》，该协议包含了 1939 年 7 月 3 日签署的《陆海军关于连云港应急修筑的协定》，就连云港的码头及泊位的分配和管理、定期航班和码头经营、港务管理机构设置、苦役（搬运工）、船舶引水等问题进行了规定。协议中，两个码头的分配使用情况与 7 月 3 日的协议大致相同，增加了允许东亚海运株式会社所属定期船停靠一号码头的二、三泊位等内容（参见图 5-3）。除东亚海运株式会社的定期船业务之外，港口其他营运业务一概由华北交通株式会社负责。[①]

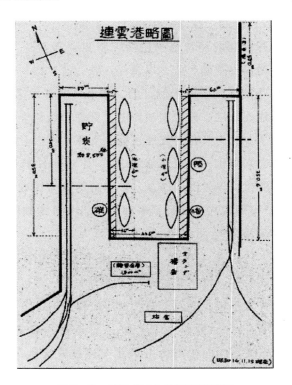

图 5-3　1939 年 11 月连云港略图

资料来源：冈崎弘文『連雲港經營現狀ノ概要卜對策案』。

---

① 笠原幸雄『連雲港に関する陸海軍暫行協定に関する件』（陸支密大日記第 14 號 2/4）、昭和 15 年 3 月 10 日、国立公文書館藏、C04121943100。

三　"路港一体化" 统制下连云港的建设与管理

1938 年 11 月，日军攻占武汉，对华战略进攻暂告中止，开始把主要精力放在加强对占领区的政治统治和经济掠夺上。该年底，日本设置了专门主管中国占领区政权事务的 "兴亚院"，由内阁总理大臣直辖，并将华北方面军特务部和关东军蒙疆特务机关分别改组为 "兴亚院华北联络部" 和 "蒙疆联络部"。① 11 月 17 日，日本酝酿已久的对华北经济进行大规模侵略性 "开发"、统制、掠夺的中枢性 "国策会社"——"华北开发公司" 正式成立，该公司的经营范围包括统制和 "开发" 与国防密切相关的交通、电力、通信等基础产业，以及煤、铁、盐、棉、化工等主要国防资源产业。在 "华北开发公司" 制订的 "华北产业开发第一次五年计划" 中，包括修复扩建连云港、修建塘沽新港、管理和经营华北公路运输业等在内的交通运输事业成为其首要发展目标。支撑其煤炭业的主要部分——大力发展大同和中兴煤矿——也在计划中。② 作为向日本和中国东北输出中兴煤矿的重要港口，连云港的修复、扩建自然成为日本经营华北交通事业的重点之一，"不用说兴亚院、军事部门，当时日本朝野的集中关注点都在华北港湾的运营"。③

在此背景下，1939 年 4 月 17 日，"华北开发公司" 以 3 亿元资本设立了华北交通株式会社，将华北铁路、公路、水运、海运及港湾建设事业统制垄断起来，并置于华北方面军的严密监控和保护之下。④

华北方面军此前将二号码头交与该公司运营，名义上是 "暂行措施"，事实上该部队更倾向于支持由华北交通株式会社采取铁路与港口

---

① 东亚同文会：《第二回新支那现势要览》，1940，第 84～90 页，转引自居之芬主编《日本对华北经济的掠夺和统制——华北沦陷区资料选编》，北京出版社，1995，第 8 页。

② 郑伯彬：《抗战期间日人在华北的产业开发计划》，国民政府资源委员会经济研究所，1947，第 24 页。

③ 華北交通株式会社連雲碼頭事務所『連雲碼頭事務所史』、17 頁。

④ 福田英雄编《华北交通史——华北交通株式会社创立小史》，TBS 株式会社，1983，第 750、751 页，转引自居之芬主编《日本对华北经济的掠夺和统制——华北沦陷区资料选编》，第 229 页；笠原幸雄『連雲港運営に関する件』（方参四密第九三二号）、昭和 14 年 11 月 6 日、国立公文書館蔵、C04121631600。

一体化的方式统制经营连云港，而不限于单纯经营码头业务。1940 年
3 月 8 日 14 时，就在华北方面军与海军 "第三遣支舰队" 签订《陆海
军关于连云港的暂行协定》当天，华北方面军在给陆军省的电文中重
申了其立场：

> 关于华北主要港湾及连云港经营主体之事……从讨论华北交通株
> 式会社分公司设立之时起，方面军对于华北交通经营主体的方针无论
> 如何也不会变化。昭和十四年（1939）12 月 20 日电文即已提到：关
> 于华北主要港的经营由铁路机关担当的不变方针，方面军曾屡次通报
> 意见……方面军在形成关于此事的方案时应慎重审议，从军事立场来
> 考虑，铁路末端港由铁路机关经营的方针是无论如何也不能变的，这
> 一点必须明示。①

华北交通株式会社对于获得码头经营权自是欢迎，称之为 "经历波
澜重重的艰难过程所获得的结果"，并将可逐步实现 "本会社关于铁路与
港湾一体化经营的主张"。② 此前，东陇海线（徐州至连云）在徐州会战
中毁坏严重，修复工作非常困难。经 "军部颇费苦心的努力"，1939 年
10 月 13 日，神谷部队对此铁路线进行了修整；10 月 28 日，青村部队通
过整修，终于使 "万人期待" 的东陇海线徐州至连云段全线通车。③ 1940
年 2 月 23 日，华北方面军将大浦码头及仓库的经营权也一并交予了华北
交通株式会社，同样处于方面军监控之下，具体条件与前述连云港的情况
基本一致。④ 3 月 21 日，华北方面军发布命令，自 3 月 31 日起向华北交
通株式会社移交开封以东陇海铁路经营权。⑤ 这样连云港开始由华北交通

---

① 笠原幸雄『北支主要港灣及連雲港経営主體に関する件』（方参電四第三五九號）、昭
　和 15 年 3 月 8 日、国立公文書館蔵、C04121977300。
② 華北交通株式会社連雲碼頭事務所『連雲碼頭事務所史』、17 頁。
③ 華北交通株式会社連雲碼頭事務所『連雲碼頭事務所史』、15 頁。
④ 笠原幸雄『海洲臨洪河沿岸大浦碼頭及倉庫経営に関する件』（方軍参電四密第二五六
　號）、昭和 15 年 2 月 23 日、国立公文書館蔵、C04121997900。
⑤ 多田駿（時任日軍華北方面軍司令官）『北支那方面軍命令の件』（方軍作命丁第七六
　二號）、昭和 15 年 3 月 21 日、国立公文書館蔵、C04122016100。

株式会社实施初步的"路港一体化"统制经营。

为了把华北资源及时运往日本，1939 年 8 月，华北交通株式会社融资 1.5 亿元，设立"华北新港临时建设事务局"，开始由兴中公司代为经营，后收回直接经营，该局的主要职责是修复连云港。1939 年 12 月 1 日，日本将连云港码头正式从军方移交给华北交通株式会社。该会社开设连云码头事务所，同时办理连云港码头业务和铁路业务。

连云码头事务所是华北交通株式会社为了"保证港湾的充分及适度运用，同时确保工程的完工，进行了全方位总动员，以建立稳固的基础，从而实现顺利运营"，在连云港开展"路港一元化"经营，"以期问题得到万全的解决"而专门设置的机构。该机构最初的筹备人员极少，11 月 1 日华北交通株式会社从北平水运部调来副参事前田金太郎，7 日又从济南铁路局兖州工务段派遣职员至事务所，以承担筹备工作。以上人员在济铁输送处处长柴田一美的指挥下，紧急筹备码头运营的各项工作，终于在 12 月 1 日如期举行了连云码头事务所的开办仪式，"踏出了港湾经营的第一步"。[1]

连云码头事务所所长以下设庶务长、营业长、作业长、技术长，其中营业长统管码头营业和船务，作业长则掌管码头及铁路装卸等业务，各长之下按照层级各设职员。其人员构成基本涵盖了码头、铁路运营所需的岗位，可供正常运转（具体情况见图 5 - 4）。

随着业务的逐步开展，连云码头事务所职员的数量也显著增加。从 1939 年 11 月 1 日开始筹备时的 8 人，一个月以后增加到 67 人，至 1942 年 4 月，码头事务所的总职员数达到了 242 人，其中中国人与日本人大致各半。[2] 此后随着连云港运输量的逐年增高，至日本投降时连云港有职员 894 人，其中日本人 389 人，其余均为中国人。[3] 与此同时，负责大浦港业务的职员人数则不断减少，这也从侧面反映了两个港口的不同营业状况。

---

[1]　華北交通株式会社連雲碼頭事務所『連雲碼頭事務所史』、18 頁。
[2]　華北交通株式会社連雲碼頭事務所『連雲碼頭事務所史』、24 頁。
[3]　《关于连云港一带工业现状密报》，台北中研院近代史研究所档案馆藏，20 - 24 - 007 - 07。

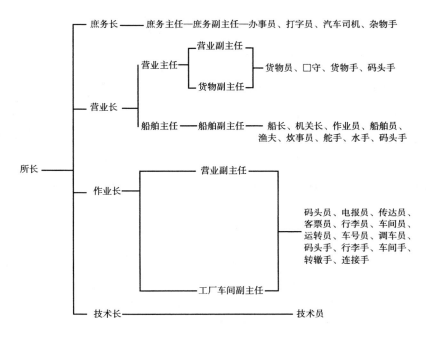

图 5 - 4　连云码头事务所组织结构

资料来源：華北交通株式会社連雲碼頭事務所『連雲碼頭事務所史』、19 頁。

但码头事务所在港务管理上屡受各方牵制。根据《陆海军关于连云港的暂行协定》，连云码头事务所只能使用码头全部 6 个泊位中的 3 个，剩下 3 个泊位分别由陆军、海军和东亚海运株式会社使用。港口的修复工程又由"华北新港临时建设事务局"承担，多头共管的管理方式显然不利于连云港功用的最大限度发挥，也不符合日本最新确立的经济政策。

1940 年，日本内阁确定：日本着重于兵器工业、机械工业和精密工业的发展；"满洲"着重于电气工业、矿业、一部分机械工业和轻工业的发展，华北地区则发展采矿业和制盐业，大量生产工业原料。[①] 根据这个基本的政策，"华北开发公司"在枣庄煤矿、利国铁矿、锦屏磷矿和淮北盐场等地分别设置机构，对中国的煤、铁、磷、盐等资源进行疯

---

① 《日满华经济建设要纲》，转引自居之芬主编《日本对华北经济的掠夺和统制——华北沦陷区资料选编》，第 27 页。

狂掠夺，连云港则成为输出这些物资的重要港口。尤其是太平洋战争爆发以后，煤炭、铁矿石、盐等基础工业原料的需求量更大了。而连云港此时的多头管理方式，当然不利于完全发挥港口能力，因此，只有减少管理层级，集中管理权，方能完成向日本输送战略物资的任务，并贯彻其内阁制定的基本经济政策。因此日本"兴亚院"认为迅速解决连云港问题的时机已经成熟。经过筹备，华北交通株式会社于 1942年 6 月撤销连云码头事务所，改设连云港湾局，7 月设立塘沽新港港湾局。为总管港口业务，于 1944 年 5 月在北平增设港湾总局，统辖上述两港湾局。①

连云港湾局设置总务、业务和技术三课。为统管铁路营业和码头营业及其附带业务，连云港湾局专门设置了连云码头（相当于现在的装卸作业区）。连云配给所和连云诊疗所，作为掌管生活用品配给及医疗、保健和防疫等事项的机关，也属连云港湾局管辖。此外，连云港湾局还兼管负责码头扩建工程的连云港建设临时事务所。②

连云港湾局的主要任务是扩建港口与码头装卸。其组织结构完全符合日本扩充港口以利输出战略物资的方针。港湾局实行"路港一元化"管理体制，统管铁路营业和码头营业，有利于海陆运输的协调开展，以强化煤炭等基础工业原料的运输。1944 年以后，随着战局的变化，日本需要加大力度从中国占领区尤其是华北地区向本国输送战略物资。在这一背景下，连云港湾局又进行了改组，取消连云码头，将其业务改属业务课，加强业务部门的目的亦是扩大港口输出业务。

四　战时连云港的煤运港特征

日本占领之后的连云港，其主要任务便是向日本输送枣庄中兴煤矿所产优质原煤。这既是早期日本各类调查报告中的建议，也是兴中公司以及后来的"华北开发公司"针对连云港及其腹地物产情况设定

---

① 国民政府交通部平津区特派员：《平津区接收各种交通事业报告》，转引自居之芬主编《日本对华北经济的掠夺和统制——华北沦陷区资料选编》，第 243 页。
② 徐德济主编《连云港港史（古、近代部分）》，第 149 页。

的"开发"计划的重要组成部分。此后日本内阁确立的经济政策也从宏观上决定了连云港的角色定位。早在1936年，日本中国驻屯军制定的《华北产业开发指导纲领》中已提出，为"努力尽量迅速增强国防的力量"，对"日满经济或国防"有重大影响的企业要进行必要的统制，而统制经营的企业范围，首先就是矿业，包括"铁、煤、石油及其他特别指定者"，其次就是运输这些掠夺物资的交通业，主要有铁路、港湾、汽车、航空等。① 此后，在华北方面军制定的《华北经济开发基本纲要草案》中，统制企业前两类就是"重要矿产资源的开发及以此为原料的加工企业和主要交通事业"。② 这两个文件可以说是日本对华北掠夺和统制的规定依据。在此前提下，日军在侵占华北的作战中，每到一处即对华北重要国防产业一律强行"军管"，再委托兴中公司及其他日本专业财团经营，使其迅速恢复生产，以便尽快向日本提供急缺的战略物资。到1938年底，包括华北井陉、阳泉、中兴、大汶口和焦作等在内的10个煤矿，在兴中公司配合军管之下，迅速恢复生产。

　　从连云港运出煤炭既是日本"国策"要求，华北交通株式会社的业务自然受到华北方面军的保护和监控。该公司自1939年12月1日开始经营码头业务以来，借助"兴亚院"及其所属公司的力量推进连云港各项设施的修复工作，12月6日东亚海运从青岛至连云的大球号轮船开航。当月，入港船只即达到84艘100165总吨，次年达到376艘561108总吨，1942年更是达到了惊人的773艘1226765总吨。③

　　在军方严密监控下，连云港的煤炭输出"颇有计划"。仅是1941年3月至1942年6月，华北方面军与陆军省每月均有电文往来以计划连云港输出煤炭的数量（详见表5-11）。

---

①　满铁调查部：《中国经济开发方案并调查资料》，1937，第104～108页，转引自居之芬主编《日本对华北经济的掠夺和统制——华北沦陷区资料选编》，第11～13页。

②　《日本陆军与中国秘密大日记》，1937年9月30日，转引自居之芬主编《日本对华北经济的掠夺和统制——华北沦陷区资料选编》，第16页。

③　華北交通株式会社連雲碼頭事務所『連雲碼頭事務所史』、26頁。

表 5 – 11　1941 年 3 月至 1942 年 6 月连云港输出煤炭计划

单位：千吨

时间		日本	朝鲜	"满洲国"	合计
1941 年	3 月	65000	—	20000	85000
	4 月	75000	—	25000	100000
	5 月	67000	20000	—	87000
	6 月	80000	20000	—	100000
	7 月	85000	15000	—	100000
	9 月	43000	20000	—	63000
	10 月	80000	20000	—	100000
	11 月	60000	20000	—	80000
	12 月	75000	—	—	75000
1942 年	2 月	95000			95000
	3 月	90000			90000
	4 月	75000	10000		85000
	6 月	70000	5000		75000

　　注：表中数字是根据煤炭生产、港口输出能力、需求情况以及可供支配船只数综合后制定的计划数，一般每月中旬编制下月输送计划，并根据计划安排船只运输。

　　资料来源：陸軍省甲集団船舶輸送司令部「陸支密大日記」1941 年第 7、11、17、19、23號『北支輸移出炭に対する配船の件』、国立公文書館蔵、C04122739200；交通課「陸支密大日記　第 40 号　2/2」昭和 16 年、陸軍省交通課「陸支密大日記　第 62 号 2/3」昭和 16 年、交通課「陸亜密大日記　第 14 号　1/2」昭和 17 年、『北支炭及鉄鋼石輸移出に対する配船の件』、国立公文書館蔵、C04123355000、C04123607000、C01000224600。本表统计根据上述各文件综合而成。

　　表 5 – 11 所示是 1941 年 3 月至 1942 年 6 月 13 个月（缺 1941 年 1 月、2 月、8 月和 1942 年 1 月、5 月的计划数）连云港煤炭输送的总体计划，每月计划的绝大部分是输往日本。从实际执行效果来看，计划总体基本完成且有所超出。

　　表 5 – 12 中煤炭输出量可供参考的计划量与实际量，共有 12 个月可供对比参考，除 1941 年 4 ~ 7 月实际完成量低于计划外，此后 8 个月的实际数量均高于计划，其中 1942 年 6 月的实际运量高出计划 50% 以上。可供对比的 12 个月实际运量为 1187330 吨，超出计划 137330 吨，超出比例为 13.08%。目前所见铁矿石的运输计划，可以与实际输出量做对比的共有 7 个月，计划数为 48500 吨，实际量为 161255 吨，超出 2 倍多。

表 5 - 12　连云港煤炭、铁矿石输出统计（1941 年 4 月至 1942 年 9 月）

单位：吨

时间	煤炭		铁矿石	
	计划输出	实际输出	计划输出	实际输出
1941 年 4 月	100000	81270	—	7390
1941 年 5 月	87000	75460	—	2423
1941 年 6 月	100000	82110	—	5850
1941 年 7 月	100000	96780	—	11950
1941 年 8 月	—	102185	—	7150
1941 年 9 月	63000	113070	10000	3540
1941 年 10 月	100000	104070	10000	3360
1941 年 11 月	80000	92380	8000	8860
1941 年 12 月	75000	87770	5000	9500
1942 年 1 月	—	115560	—	3200
1942 年 2 月	95000	120675	6000	121675
1942 年 3 月	90000	108580	2500	8570
1942 年 4 月	85000	100185	5000	—
1942 年 5 月	—	5300	—	119810
1942 年 6 月	75000	124980	7000	5750
1942 年 7 月	—	121725	—	5770
1942 年 8 月	—		—	
1942 年 9 月	—	112235	—	
共计	1050000	1644335	53500	324798

资料来源：《华北交通统计月报》，转引自徐德济主编《连云港港史（古、近代部分）》，第
151 页。

　　在日本统制经营的华北各主要港口中，连云港的重要性是不言而喻
的。日本投入 3.5 亿元巨资设立的"华北开发株式会社"下属子公司中，
华北交通即占据了 3 亿元的资本，而华北交通株式会社成立之初所从事的
港湾事业中，只有塘沽新港和连云港两处。[①]"兴亚院"在 1939 年 5 月制
定的《华北新港计划案》中，将各港口输出能力做了统计（详见表 5 -
13）。

──────────

①　居之芬主编《日本对华北经济的掠夺和统制——华北沦陷区资料选编》，第 155 页。

表 5 – 13   华北各港输出能力统计

单位：吨

港别	1938 年	1939 年	1940 年	1941 年	1942 年	1943 年
天津	4000000	5000000	6000000	8000000	8000000	8000000
青岛	4000000	4500000	5000000	6000000	6000000	9600000
连云港	900000	900000	1900000	3600000	3600000	3600000
秦皇岛	3500000	3500000	4000000	4250000	4250000	4250000
拟建港					7500000	26700000
合计	12400000	13900000	16900000	21850000	29350000	52150000

资料来源：日本"兴亚院"《华北新港计划案》，转引自李华彬主编《天津港史（古、近代部分）》，人民交通出版社，1986，第 222 页。

表 5 – 13 中的数字，是日本"兴亚院"根据各港口不同生产条件、腹地、货源以及港湾布局等综合因素预估之后得出的。其中连云港在 1939 年至 1941 年的三年中，预计输出能力翻两番，并在此后的两年中保持不变。如此之高的增长预期，足以显示日本对战时连云港输出功能的重视。事实上，连云港输出能力的增长也的确达到了惊人的程度。1940 年 4 月至 1941 年 3 月连云港的吞吐量为 622464 吨，其中输出为 579494 吨，占年度吞吐量的 93.1%，而 1941 年 4 月至 1942 年 3 月吞吐量剧增为 1400430 吨，是上年度同期的 2.25 倍。日本在完全依靠人力搬运的情况下，仅用两年时间竟使连云港的吞吐量达到前所未有的水平。需要指出的是，连云港吞吐量的惊人增长，完全是输出量剧增的结果。1941 年 4 月至 1942 年 3 月吞吐量中输出量为 1391157 吨，竟为年度吞吐量的 99.3%，1942 年 4 月至 9 月依旧维持了这一比例。如此之高的输出比例，即使在日本统制、以掠夺物资为目的的其他众多港口中，也是极为罕见的。当时北方诸港中吞吐量较大的青岛港，1939 年、1940 年的输出量分别为 1358498 吨和 1760261 吨，分别占当年吞吐量的 53.8% 和 55.2%。[①]

① 《华北交通统计月报》，《帝国主义与青岛港》，转引自徐德济主编《连云港港史（古、近代部分）》，第 148 页。

自 1941 年 4 月到 1942 年 9 月的 17 个月（缺 1942 年 8 月）中，从连云港输出的四种重要工业原料总数为 2177588 吨，其中煤炭 1644335 吨，占 75.5%；铁矿石 324798 吨，占 14.9%；磷矿石 97666 吨，占 4.5%；盐 110789 吨，占 5.1%。平均每月输出 128093 吨。1937 年上半年，连云港的平均月吞吐量为 69700.5 吨，为战前的最高水平。前者比后者高出 83.8%，而这只是四种重要工业原料的输出量，其他物资的输出量以及港口物资输入量并未计算入内。

太平洋战争爆发以后，日本更是加紧了从中国占领区掠夺物资的步伐，连云港货物输出的数量变化则反映了这一进程。1942 年 1～9 月的四种主要货物输出量竟大幅度超越上年全年，即使直接以 9 个月的数字与 1941 年全年比较，增幅也是非常夸张的，煤炭增幅 64.4%，磷矿石为 61.9%，铁矿石甚至翻两番以上，增幅达到了惊人的 365.5%，盐的增幅为 122.1%（见表 5 - 14）。

表 5 - 14　连云港主要货物输出量（1939～1942）

单位：吨

年份	煤炭	磷矿石	铁矿石	盐
1939	47048	—	—	—
1940	488363	35423	23819	24016
1941	1209910	69050	73683	65024
1942	1989150	111796	342968	144432

注：1942 年数据为 1～9 月数据。

资料来源：華北交通株式会社連雲碼頭事務所『連雲碼頭事務所史』、27 頁；徐德济主编《连云港港史（古、近代部分）》，第 150～151 页。

1939～1942 年，连云港其他物资进出口的总量分别为 10425 吨、32405.269 吨、5951.468 吨和 9471.181 吨，与以煤炭为代表的四种战略物资输出情况相比几乎不值一提。1941 年之后非主要物资运输量的下降恰好对应了以煤炭为代表的主要物资运输量的疯狂增长，这也是值得注意的一点（见表 5 - 15）。

表 5 – 15　1940~1942 年连云港输出输入货物统计

单位：千克

分类	1940 年		1941 年		1942 年	
	输出	输入	输出	输入	输出	输入
谷物类	6673722	1000	3961555	371614	5116180	724013
其他农产物类	—	38	99000	84049	89550	39875
砂糖类	—	99	—	—	—	2000
矿油类	—	1198	—	7482	—	53950
生兽及畜产品类	4430	40	—	—	—	—
燃料类	2464800	958	—	6665	—	—
木材类	—	78767	—	482385	—	148766
纤维原料类	—	—	—	—	—	—
纤维制品类	—	24	—	11250	—	—
纸张及纸制品类	—	69	—	11780	—	8336
食品类	—	3846	—	375400	2520020	481906
金属及金属制品类	—	955	2210	24726	—	2470
海产物类	—	4	—	2376	4430	1085
土建材料类	—	24715	—	45200	—	77000
化学制品类	—	198	—	2375	—	13943
其他	962827	4379	600	462801	39356	148301
合计	32288979	116290	4063365	1888103	7769536	1701645
总计	32405269		5951468		9471181	

资料来源：根据海州商工公会编《统计年报》（1943 年版，第 70~72 页，连云港市档案馆藏，LO－2－57）第 10~14 页统计表数据转制而成。有些物资数量实在太少，若换算成吨几乎可以直接忽略，因此依原统计以千克为单位。1940 年输出燃料全部是煤炭（民用小批量煤）。

　　据《陇海铁路连海段、港务处民国三十五年路务概要报告》记载：从 1939 年 12 月到 1945 年 8 月，日本从连云港输出的物资共有 4992397 吨，其中，煤 4406835 吨，占 88.3%，盐 56167 吨，铁矿石 201675 吨，磷矿石 327720 吨。[1] 全面抗战期间，日本从华北开采和掠走煤炭 12000 万吨以上，其中运往日本和"满洲"的至少 1/3。[2] 若仅以连云港煤炭输出量与之对比，似乎比例极低，仅为其 3.6%。考虑到连云港的恢复输出是

① 徐德济主编《连云港港史（古、近代部分）》，第 151 页。
② 居之芬主编《日本对华北经济的掠夺和统制——华北沦陷区资料选编》，第 25 页。

从 1939 年 12 月开始的，且连云港主要输出目的地也是日本和"满洲"，那么在运往日本和"满洲"的所有煤炭中，自连云港转运而来的中兴煤所占比例应当不低于 10%。通过以上数据分析和比对，连云港作为煤炭输出港口的特征是毋庸置疑的。

无论是早期海军对连云港的独占，还是陆、海军共同使用和管理，以及后来的交由华北交通株式会社"路港一元化"经营，连云港均为日本对华北统制和"开发"的重点之一，始终处于日本的严密控制之下，并与日本在侵略中国各个阶段的政策和战局变化同步。[①] 其管理和运营完全服从于日本对华北交通运输统制经营的战略目标。

在这一前提之下，掠夺性的煤炭输出占据了吞吐量的绝大部分，连云港作为煤炭输出港的特征较战前更为明显。起步较晚且腹地商品经济和工业化水平原本薄弱，又以输出基础性工业原料为主要任务，战时的连云港仅是一个货物运输的中转地而已，港口的集聚效应、拉动区域经济增长和促进区域社会发展的功能根本不能发挥。

不仅如此，受战争的影响，海州区域工商业凋敝，已经消亡殆尽。抗战前的海州地区，属于新兴的国内工商业活跃区域，呈现出欣欣向荣的前景。但受战争以及日本在连云港实行的煤炭输出政策的影响，地方经济受到严重打击。当时调查表明，海州市面繁荣已经沦落到"全恃粮业之活跃"的地步了。而粮食运销又因战争影响而陷于停滞。海州各粮栈所存杂粮，"凡持有许可尚未运出者"，均因车辆大多损坏、缺乏而无法运出，各粮栈普遍生意萧条，尤其外地商人来海州采买粮食，"所受影响亦非浅显"，致使"本埠粮业不振"。作为主要商业的粮食运销既受影响，"市面经济呆滞"也就不可避免了。[②]

尽管日本曾基于长期占领的目的而考虑推行海州、连云港等区域

---

① 见《日本政府从内部指导中国政权大纲》（1938 年 7 月 19 日）、《日满华经济建设要纲》（1940 年 11 月 5 日）、《日本内阁对华经济紧急对策》（1940 年 11 月 8 日）、《日满华及南方地域综合建设计划》（1942 年 2 月 14 日），居之芬主编《日本对华北经济的掠夺和统制——华北沦陷区资料选编》，第 26～37 页。

② 海州办事处：《经济动态：（六）海州》，《中央经济月刊》第 4 卷第 11 期，1944 年 11 月 20 日，第 74 页。

的都市规划，有实地调查也有初步的规划（参见本书第三章第二节），但在战时根本不可能实现。这些因素决定了连云港及其周边地区如同战时中国大部分沦陷地区一样，被战争强行中断了刚刚起步的现代化进程。

第三节　1949～1977 年的港口生产

从 1949 年到 1977 年，连云港作为中部沿海的重要港口，吞吐量较开港之初有了较为明显的提升。其间除三年困难时期和"文革"初港口吞吐量明显下降外，其余时间基本呈现稳步增长或恢复，甚至有时猛增的态势。本节拟以 1966 年为大致分界，重点介绍 1949～1966 年、1970～1977 年两个时期的港口运营情况。

一　新中国成立后十七年间的运营

1949 年 6 月，港口开始恢复运转，至年底，货物吞吐量仅为 5.6 万吨，以煤炭输出为大宗，占吞吐量总数的 59% 以上；1950 年全年吞吐量总计 11.3 万吨，以附近各港转入的食盐为大宗，超过总吞吐量的 95%；1951 年全年吞吐量计 14.16 万吨，[①] 1949 年以后的最初几年内，港口吞吐量均低于抗战前每年 80 万吨的水平，与日占期间最高每年超过 140 万吨的吞吐量更是相去甚远，这也反映了战争对于港口发展的巨大影响。从 1952 年起，连云港港口吞吐量回升到 243322 吨以上，1953～1955 年，港口吞吐量分别为 205521 吨、306867 吨、249692 吨。处于修复和调整时期的港口吞吐量，甚至低于同期的灌河口，后者同期吞吐量分别为 239235 吨、353509 吨和 293068 吨。[②]

从 1952 年到 1958 年，连云港货物吞吐量逐年上升（详见表5－16）：

---

① 连云港港务局：《连云港港湾规划（1959～1967）》（1959 年 6 月 6 日），第 5 页，连云港市档案馆藏，2－2－41－1。

② 灌河口出口盐大部分运往上海，进口杂货均系沿海小口岸流入。见上海区港务管理局连云港分局《连云港港口资料》（1956 年 7 月 18 日），连云港市档案馆藏，3－2－17－4。

表 5 – 16　连云港国内外进出口货物分类统计（1952 ~ 1958）

单位：吨

年份		项目	总计	煤	原油及其制品	金属矿石	钢铁及其制品	矿建	木材	棉花	粮食	盐	植物油	棉纱布	其他	其中 化肥	其中 百什货
1952	国内	出口	171026	5306			1068	101486	1112		55525		2648		3881		
	国内	进口	72296								20615	43368	1117	2356	4840		
	国外	出口															
	国外	进口															
	小计		243322	5306			1068	101486	1112		76140	43368	3765	2356	8721		
1953	国内	出口	103970	30318	204	13646		22413	1756		25652		2297	222	7462		
	国内	进口	101551	27	1474	52		539	217	41	31688	56957	743	2316	7497		
	国外	出口															
	国外	进口															
	小计		205521	30345	1678	13698		22952	1973	41	57340	56957	3040	2538	14959		
1954	国内	出口	120246	35217	496		60	2685	389		68866	152	374	54	11953		
	国内	进口	177484	22	2683		323	280	146		18250	137785	106	4109	13510		
	国外	出口	9139			9139											
	国外	进口															
	小计		306869	35239	3179	9139	383	2965	535		87116	137937	480	4163	25463		
1955	国内	出口	147749		36		1796	732	386		94531	17	1660	5	14704		
	国内	进口	98943		3695		323	6219	11907		12836	44870	462	1116	17515		

续表

年份	项目		总计	煤	原油及其制品	金属矿石	钢铁及其制品	矿建	木材	棉花	粮食	盐	植物油	棉纱布	其他	其中	
																化肥	百什货
1955	国外	出口	3000			3000											
		进口															
		小计	249692	33882	3731	3000	2119	6951	12293		107367	44887	2122	1121	32219		
1956	国内	出口	386170	38125	126630	1304	447	24301	94	829	72790	112818	3770	1	5061		
		进口	136238	3023	3925	55	863	6151	12356		12512	50090	334	510	46419		
	国外	出口	4725			4725											
		进口	1014												1014		
		小计	528147	41148	130555	6084	1310	30452	12450	829	85302	162908	4104	511	51480		
1957	国内	出口	423139	21746	237276						38679	101052	3428		20958		
		进口	239050		3833			3002	43284		14213	88715			86003	65003	350
	国外	出口	4350	4350													
		进口	55402												55402	55402	
		小计	721941	26096	241109			3002	43284		52892	189767	3428		162363	120405	350
1958	国内	出口	872282	379120	297622		18059	18556			51741	93827			13357	70	
		进口	302948		6307		430	4100	33218		35491	88683			134719	93601	
	国外	出口	5307	5307													
		进口	93094												93094	92453	
		小计	1273631	384427	303929		18489	22656	33218		87232	182510			241170	186124	

资料来源：连云港港务局：《连云港港湾规划（1959～1967）》，(1959 年 6 月 6 日)，第 7、8 页，连云港市档案馆藏，2-2-41-1。原表中 1952 年进口数量仅有总计和分类数量，缺出口和进口数量小计，经逐项相加并与其他资料核对，该年吞吐总量为 243322 吨，出口、进口量应分别为 171026 吨、72296 吨。

　　这一时期可以看作连云港港口的调整恢复期，港口吞吐量从 1952 年的 243322 吨攀升到 1958 年的 1273631 吨，增长了 4 倍多，基本达到民国时期的最高水平。进出口货物种类方面，以下方面值得关注。

　　一是煤炭在吞吐量中的比重较 1945 年以前明显下降。1934 ~ 1936 年上半年，煤炭在港口出口物资中的比重常年达到 60% 以上，日占时期，尤其是 1940 ~ 1942 年，煤炭在输出总量中所占比例一度高达 90% 以上。1952 ~ 1958 年煤炭占港口吞吐量的比例分别为 2.2% 、14.8% 、11.5% 、13.6% 、7.8% 、3.6% 、30.2% 。该时期煤炭在港口吞吐量中的比重降低，并不能说明港口货源结构得到有效改善，而是因为在国民经济的调整恢复初期，并没有产生大量的工业用煤需求，煤矿生产本身也处于恢复中。

　　二是进出口货物中开始出现原油及其制品，且数量明显增加。民国时期，国内原油缺乏，陇海铁路沿线更没有石油炼化企业，因而仅有机油和煤油等成品油经连云港进口。1949 年以后，甘肃玉门油田、青海柴达木油田和新疆克拉玛依油田陆续投产开采，至 1959 年，上述三油田年产原油总量为 262 万吨，其中仅有玉门油田能自炼 35 万 ~ 40 万吨，兰州炼油厂一期工程投产后可炼化 100 万吨。因此，在此期间及随后的数年间，根据炼油设备能力及原油生产量，均有部分原油经铁路东运连云港中转上海、大连炼化。[①] 这一情况在连云港的反映就是，从 1956 年经由连云港进出口原油及其制品的数量比 1955 年猛增了近 34 倍，这主要是出口量激增的结果。1960 年代初，随着松辽平原大型油田的开采，原本由玉门油田提供原料的上海炼油厂原油来源改为由大连港输出的东北原油，国家经委因此指示交通部拆除了连云港 3 个 5000 吨级的原油储罐，连同部分相关码头设施均被拆运大连港。[②]

　　1958 年港口吞吐量比上年增长了 76% ，煤炭在其中的作用相当明显——比上年猛增了近 14 倍，这应当与该年全国普遍开展的大炼钢铁和

　　① 连云港港务局：《连云港经济规划报告 1962 ~ 1967》（1959 年 6 月 6 日），第 4 页，连云港市档案馆藏，2 - 2 - 41 - 1 。
　　② 徐德济主编《连云港港史（现代部分）》，第 94 页。

"大跃进"有关，煤炭作为主要工业燃料在其中显然是不可或缺的。煤炭进出口量从 1958 年的 405869 吨，占当年吞吐量的 24.3%，到 1962 年增长为 1330760 吨，为当年港口吞吐量的 63.5%，[①] 数量和比重方面均有大幅度增长。从 1958 年到 1965 年，连云港的煤炭吞吐量为 444 万吨，占同期港口总吞吐量的 34.7%，[②] 其中 1961 ~ 1966 年的比例为 60.6%。[③] 这再次印证了一个事实：在连云港港口早期发展历程中，吞吐量的每一次爆发性增长，都是煤炭、原油等基础性工业原料输出激增的结果，连云港腹地产出和吸纳的其他任何货物均不可能支撑起港口吞吐量的飞速提升。

1952 ~ 1958 年各年出口数量在总吞吐量中的比重分别是 70.3%、49.4%、42.2%、60.4%、74%、59.2%、68.9%。其中仅有 1953 年和 1954 年出口比重低于 50%，而到了国民经济逐渐恢复后，出口量均高于进口量，而这正是连云港运营以来港口进出口结构的常态——港口主要业务始终是输出基础性工业原料。这同时说明，其腹地经济结构的变化并不明显。

受"大跃进"的影响，连云港总吞吐量（含灌河口各港）从 1957 年的 105.31 万吨猛增至 1958 年的 166.81 万吨，1959 年又达到了 237.61 万吨，两年增长幅度分别为 58.4% 和 42.44%。此后又于 1961 年降至 200.04 万吨，1965 年增至 265.31 万吨。

从主要贸易方向来看，出口煤炭运往上海，粮食运往青岛、上海、大连。进口粮食则有来自大连的杂粮、上海的大米、山东半岛的杂粮。百货、杂货均是由上海、大连、青岛流入的。1952 ~ 1958 年，连云港与上海、大连、青岛等港口的贸易往来最多，其中首推上海方向，累计 1190326 吨，次之为大连方向的 864080 吨，再次为青岛方向的 199386 吨（详见表 5 - 17、表 5 - 18）。

---

① 徐德济主编《连云港港史（现代部分）》，第 108、109、112 页。
② 《连云港港志》，第 152 页。
③ 徐德济主编《连云港港史（现代部分）》，第 120 页。

表5－17　连云港进口货物流向统计

单位：吨

年份	1952	1953	1954	1955	1956	1957	1958	历年进口合计
大连	864	15298	32905	50066	34215	78004	121095	332447
上海	27	1542	11961	12845	23983	58472	25633	134463
青岛	6008	17691	7478	10063	20735	12925	10780	85680
烟台		2077						2077
龙口		3641	302	1517	1481	3539		10480
石臼所	1137	887						2024
福建					3571		30168	33739
灌河	45017							45017
秦皇岛					2700			2700
温州						3303	2410	5713
其他港	19247	60415	124938	24452	49554	89320	112862	480788
日本					1014	55402	75295	131711
澳大利亚							641	641
新加坡							4572	4572
威尼斯							12586	12586
总计	72300	101551	177584	98943	137253	300965	396042	1284638

资料来源：连云港港务局《连云港港湾规划（1959～1967）》（1959年6月6日），第18～21页，连云港市档案馆藏，2－2－41－1。

表5－18　连云港出口货物流向统计

单位：吨

年份	1952	1953	1954	1955	1956	1957	1958	历年出口合计
大连	10422	1989	16290	10126	135696	194914	162196	531633
天津				2023	3790		1480	7293
青岛	7466		23027	40442	22066	12914	7791	113706
烟台		3054	1318	3711	507			8590
威海		772		100				872
宁波				2023		183		2206
龙口		1026	10018					11044

年份	1952	1953	1954	1955	1956	1957	1958	历年出口合计
石岛		132						132
石臼所	27131	1035					18057	46223
汕头			2000					2000
福建					1730		27461	29191
温州							28260	28260
上海	16369	24022	37331	69352	165360	170112	573317	1055863
其他	109640	71940	30262	19972	57021	45016	53551	387402
日本			9139		4725	4350	5307	23521
西德				3000				3000
总计	171028	103970	129385	150749	390895	427489	877420	2250936

资料来源：连云港港务局《连云港港湾规划（1959～1967）》（1959 年 6 月 6 日），第18～21页，连云港市档案馆藏，2－2－41－1。

这一时期，上海再次成为连云港的主要贸易方向，其中最为重要的原因就是，上海作为中国最大的工业城市，轻重工业在国内均占有重要地位，其所需能源如煤炭主要来自山西，原盐主要来自淮北盐场，农副产品则来自华中。连云港作为苏北距离上海最近的港口，自然是上述货物运往上海的主要通道。而青岛方向的数量较少，原因则是当时两港腹地经济社会发展状况基本相同，而腹地间物资往来较为方便，海运受到影响也是很自然的事情。[①]

二　1966～1976 年的港口生产

总体来看，受"文化大革命"的冲击，连云港港口吞吐量的变化还是很明显的，尤以 1967～1970 年下降最为明显（1966 年为 295.4 万吨，至 1968 年猛跌为 87.3 万吨）。1971 年的吞吐量为 335 万吨，超过"文革"前最高的 1966 年，此后的 1972 年至 1974 年又呈下降趋势，1975 年以后，吞吐量才稳定在 300 万吨以上。[②]

---

① 徐德济主编《连云港港史（现代部分）》，第 66 页。
② 徐德济主编《连云港港史（现代部分）》，第 120 页。

　　货物种类的结构变化也比较明显，突出表现就是煤炭的比重浮动显著。1968～1970 年三年间，盐的吞吐量均超过煤炭。各类货物吞吐量详见表 5－19。

表 5－19　1966～1976 年连云港货物吞吐量分类统计

单位：万吨

年份	1966	1967	1968	1969	1970	1971	1972	1973	1974	1975	1976
煤	191	151	11.8	29.8	91.7	145	107	90	113	121	116
石油								1	2	1	1
金属矿石											
钢铁	0.32	0.86		0.28	0.6	1	2	5	3	3	2
矿建材料	11.9	1.54	0.5	1.35	6.0	24	22	33	13	79	46
水泥	0.3	0.07		0.06					1		
木材	2.5	1.99		0.1	0.54	8	1		1	2	1
非金属矿石	2.4				1		1	1	2	1	2
化肥及农药	11.7	32.9	8.49	10.8	45.13	41	51	63	37	42	43
盐	41.3	34.5	57	64.1	96.09	106	81	39	58	70	81
粮食	26.4	7.76	5.49	3.76	10.85	2	3	5	3		1
其他	7.7	7.16	3.97	6.46	10.59	8	7	7	9	3	10
总计	295	238	87.3	117	262	335	275	244	242	322	303

　　资料来源：《连云港港志》，第 153 页。

　　从 1966 年到 1976 年的十年间，连云港煤炭吞吐量为 1167.3 万吨，约占同期港口吞吐量的 42.9%，这与"文革"前 1961～1966 年平均水平 60.6% 相比，下降还是比较明显的。但若与 1958～1966 年的 34.7% 相比，又有所上升。货物种类的变化主要是由于国家调拨物资计划的调整。比如 1972 年 4 月，全国煤炭调拨会议确定，徐州生产的经由连云港中转供应上海、浙江的煤炭，改为主要供应江苏省，大部分由津浦铁路和京杭运河南下。①

　　进出口比重方面，总体来看依然是出口量大于进口量，出口量为进口

――――――――――

　　①　徐德济主编《连云港港史（现代部分）》，第 120 页。

量的 2~4 倍。1967 年、1971~1973 年四个年份中的吞吐量统计，出口量占吞吐量的比重是 65.10%~80.19%，而进口量仅有 19.81%~34.90%，远远小于出口量（见表 5-20）。

表 5-20　连云港 1967 年、1971~1973 年进出口对比统计

单位：吨，%

年份	吞吐量	出口量		进口量	
	数量	数量	占比	数量	占比
1967	2378121	1906755	80.19	471366	19.81
1971	3353821	2436414	72.65	917407	27.35
1972	2744962	1930319	70.32	814643	29.68
1973	2439813	1588215	65.1	851598	34.9

资料来源：江苏省连云港建港指挥部《连云港"五·五"规划及远景设想（草案）》（1974 年 6 月），连云港市档案馆藏，2-2-42-1。

进口量大于出口量的例外年份是 1968~1970 年。1970 年出口货物为 95 万吨，而进口量为 167 万吨，以灌河口各港转口而来的盐为大宗，约有 96 万吨，其次是化肥和农药（45 万吨），多从日本进口。[1] 显然，此三年中进口量大于出口量的情况，在连云港港口的发展历史中的确比较罕见，仔细考察其原因，显然不是进口量的大幅度增长，而均是煤炭输出量的下降，港口总吞吐量随之降低，才使得进口量超过出口量。这也再次印证了连云港港口在此期间对煤炭出口的依赖程度。

贸易方向上，总体而言仍是以国内为主，且以国内出口量占绝大部分。1967 年的国内出口量约为国外出口量的 3 倍；1971~1973 年的国内出口量均占当年出口量的 90% 以上。[2] 煤炭主要运往上海、宁波、海门、温州等港口，而以运往上海的数量为最多（详见表 5-21）。

---

① 《连云港港志》，第 152 页。

② 江苏省连云港建港指挥部：《连云港"五·五"规划及远景设想（草案）》（1974 年 6 月），第 24 页，连云港市档案馆藏，2-2-42-1。

表 5 - 21　连云港 1967 年、1971 年、1973 年国内出口煤炭流向统计

单位：吨，%

港口	1967 年		1971 年		1973 年	
	煤炭国内出口量	占比	煤炭国内出口量	占比	煤炭国内出口量	占比
上海	785905	78.7	1202093	93.43	661941	83.46
宁波	47953	4.81				
海门	51881	5.2				
温州	56742	5.69				
青岛	270	0.03	4974	0.38		
烟台			2060	0.16	5535	0.7
石臼所					13163	1.66
南通	3594	0.36				
其他	52009	5.21	77504	6.03	112520	14.18
总计	998354	100	1286631	100	793159	100

资料来源：江苏省连云港建港指挥部《连云港"五·五"规划及远景设想（草案）》（1974 年 6 月），第 25 页，连云港市档案馆藏，2 - 2 - 42 - 1。

　　该时期，连云港国内出口物资数量仅次于煤炭的是盐和矿建材料，其方向也是以上海为主，南通、张家港次之。1967 年，连云港出口国内的盐总计 319819 吨，其中 58.4% 输往上海；1971 年出口国内的 769937 吨盐中，上海方向为 58.31%；1973 年同项目数字及比例则为 315041 吨中的 43.18%。[①]

第四节　改革开放以来的港口运营

　　1978 年以来，随着国内经济的发展，特别是外贸进出口业务的飞速发展，沿海港口货物吞吐量基本呈现连年增长的态势。1987 年 3 月 7 日，连云港由交通部下放地方管理，交通部连云港港务管理局与江苏省连云港建港指挥部合并为连云港港务局。地方政府获得部分事权，

---

　　① 　江苏省连云港建港指挥部：《连云港"五·五"规划及远景设想（草案）》（1974 年 6 月），第 27 页，连云港市档案馆藏，2 - 2 - 42 - 1。

但财权与事权并未统一，[①] 其他方面的改革也没有同步配套，港口运营的基本状况较此前并未发生明显的变化，仍以国家计划为主。随着市场经济体制的推行，连云港港口于 1994 年开始真正由地方政府管理。就港口吞吐量而言，连云港作为计划经济时代的全国重点港口之一，其在全国港口版图中的地位明显要高于下放地方经营后的市场经济时代。

一　1978～2000 年港口总体运营情况

"文革"末期开展的"三年大建港"和之后港口基础设施的提升，加上改革开放以后，连云港港口发展获得了较好的外部空间，继 1977 年港口货物吞吐量 431.8 万吨达到开港以来最高水平后逐年上升，1988 年吞吐量突破千万吨，至 1990 年港口吞吐量达 1137 万吨。港口利润从 1979 年突破 1000 万元后连续增长，1991 年港口利润达 7107 万元（见表 5 – 22）。

表 5 – 22　1978～1991 年连云港港口吞吐量及利润统计

年份	港口吞吐量（万吨）	其中外贸（万吨）	利润（万元）
1978	593.6	199	809.5
1979	681.4	283	1163.7
1980	739	293	1271.8
1981	756.4	332	1588.4
1982	805.9	345	2153.8
1983	857.8	408	3243.9
1984	900.2	449	4128.6
1985	929	523	5142.8
1986	948.5	536	5349
1987	894.2	541	4511
1988	1114	690	5306

---

① 王公卿、李安庆：《论连云港港口发展与城市依托关系》，王家典、陆仰渊、徐梁伯主编《港口发展与中国现代化》，第 277 页。

续表

年份	港口吞吐量(万吨)	其中外贸(万吨)	利润(万元)
1989	1126	642	5146
1990	1137	623	5635.8
1991	1213	699	7107

资料来源：《连云港港志》，第 592 页，附录四统计表；连云港港务局：《连云港港年鉴(1992)》，中国矿业大学出版社，1993，第 193 页。

从 1992 年起，随着改革力度逐渐加大，原本部分管理权下放地方的港口管理体制开始逐步完全下放地方，连云港港口于 1994 年完全下放连云港市。但下放之后的港口，在面对市场经济的竞争时，初期并不适应，加之港口基础设施比较落后，港口吞吐量增长速度并不快，有些年份甚至出现明显下降（见表 5 - 23）。

表 5 - 23　1992~2000 年连云港港口货物吞吐量统计

单位：万吨，TEU

年份	总计	外贸	内贸	集装箱吞吐量
1992	1358.8	728.4	630.4	15530
1993	1416.6	669.8	746.9	23269
1994	1588.8	844.5	744.3	50334
1995	1715.9	1064.7	651.1	65492
1996	1583.4	997.8	585.6	89558
1997	1652	1015	637	113081
1998	1775.8	1006.8	769	91646
1999	2016.7	997.4	1019.3	110528
2000	2708.2	1453.6	1254.6	120116

资料来源：连云港港务局《连云港港年鉴》（1993~2001），中国矿业大学出版社，1994~2002。

二　货种结构与流向

1980 年代，经连云港港口中转的各类货物仍以煤炭为大宗，1980 年连云港港口吞吐量总计 739 万吨，其中煤炭出口 401.5 万吨，占同期港口出口量的 78%。这些煤炭来自腹地内山西、陕西、河南、河北、安徽、江苏、山东、甘肃、宁夏等 10 余个省区市的 147 个铁路发站，其中山西最多，有 50 多个发站。① 1985 年连云港的货物进出口比例发生明显变化，该年进口比例由五年前的 30.4% 上升为 39.52%。进口货物以外贸进口为主，钢铁最多，为 164 万吨，其中来自日本和联邦德国的钢铁分别为 98 万吨和 12 万吨。进口木材量为 66 万吨，其中来自美国的为 62 万吨。进口化肥及农药 39 万吨，主要来自日本和欧洲。出口物资仍以煤炭为最多，总共 416 万吨，以国内的上海和温州为最多。② 1990 年代以后，煤炭在港口总吞吐量中的比例始终超过 50%，具有举足轻重的地位，一旦煤炭市场不景气，港口煤炭的堆存量和堆存时间上升，则会严重影响港口总吞吐量。1996 年港口吞吐量比上年减少了 132.5 万吨，出现了改革开放以来仅有的下降情况，其主要原因就是，该年煤炭需求不旺，全年通过铁路到港煤炭为 8194297 吨，基本与上年持平，而疏运量为 7554441 吨，③ 其差额为 639856 吨，是历年煤炭集运与疏运最大差额。

但进口量比例上升的趋势并未维持多久，1991 年进口量的比例下降至 21.5%。出口物资以煤炭、饲料、非金属矿石、盐、水泥、石油（含沥青）等为大宗。煤炭仍旧是吞吐量最多的货物，全部 640 万吨均为出口，其中内贸出口 429 万吨，外贸出口 210.6 万吨。饲料吞吐量为 73.6 万吨，几乎全部为外贸出口。进口物资则以粮食为最多，其次为化肥及农药、钢铁和轻工医药产品。粮食全年进出口 157.99 万吨，其中外贸比例高达 99.5%，外贸进口量为 98.4 万吨，高于外贸出口量，其主要原因为该年中国部分地区发生涝灾，国家决定从国外进口散粮 54 万吨经连云港接卸。化肥及农药则次之，全年总吞吐量为 68.99 万吨，其中外贸进口比例为 96.4%。④

---

① 《连云港港志》，第 153、154 页。
② 《连云港港志》，第 154 页。
③ 连云港港务局：《连云港港年鉴（1997）》，中国矿业大学出版社，1998，第 233、234 页。
④ 《连云港港年鉴（1992）》，第 25、199 页。百分比为笔者根据统计分别计算。

其中外贸进出口在港口总吞吐量中比例不断上升的趋势值得关注，从
1978 年的 33.5%，至 1991 年增长为 57.6%。外贸吞吐量中出口比例为
65%。其主要原因是国家调整了外贸进出口政策，大力发展外贸煤炭出口
以换取外汇。

　　货物流向方面，内贸出口方向为上海、宁波、温州、福州、厦门、黄
埔等港口，内贸进口来自青岛、宁波、陈家港和大连。外贸进出口则以亚
洲为主，其中日本和东南亚地区占绝对比例。① 1991 年 11 月，向法国出
口煤炭 5.4 万吨，外贸煤炭开始跳出传统的东南亚市场。② 通过铁路发送
货物的流向，以郑州以远集散的车流为大宗，其次是郑州以东以及济南铁
路局管内的车流，其中又以徐州分局管内为多数，极少数车流通往北京和
上海及其以远。③ 据统计，历年从连云港港口装卸的 80% 以上的货物为苏
北以外的 10 省区市及其他地区的进出口物资。④

三　港口集疏运体系

　　所谓集疏运体系，就是港口货物集纳与疏散的综合交通网。对港口而
言，腹地范围大小，实际上取决于能够将腹地与港口联系起来的运输路径
之多寡。运输路径越多，运输费用则越便宜，港口与腹地的联络也就越充
分便捷。⑤ 简而言之，集疏运体系应多样化且运输量大。

　　长期以来，连云港港口货物疏运以海运占绝对比例，而集运的主要途
径始终为铁路，疏运渠道不多。由于铁路与港口分属不同系统，港口疏运
主要依靠铁路、港口和贸易三方驻港联合协调，但各方工作互相扯皮、业
务上互不交底的现象时有发生，致使港口货物疏散不畅，库场压货、码头
压船情况有时非常严重。1981 年 4 月，因全国港口普遍存在压港压船现
象，国务院以行政手段临时组织突击疏港，情况大有好转，⑥ 但这种手段

---

① 《连云港港志》，第 155 页。
② 《连云港港鉴（1992）》，第 26 页。
③ 《连云港港志》，第 144 页。
④ 连云港港务局：《连云港港年鉴（1999）》，中国矿业大学出版社，2000，第 13 页。
⑤ 谭书奎：《港口发达之经济原理与青岛市之前途》，《交通杂志》第 2 卷第 6 期，1934 年
　4 月，第 79 页。
⑥ 徐德济主编《连云港港史（现代部分）》，第 217、218 页。

仅能应急，不可长期持续。

1998 年，随着陇海铁路东段邳州至连云港段复线通车，港口的集疏运条件大为改观。此外，自 1960 年拆除油码头设施后，直至 1992 年管道运输才重新出现于连云港的集疏运体系中，但运量很小（1993 年管道集运石油 996 吨），几乎可以忽略。

从 1980 年代起，公路运输的比例逐渐上升，以短途运输和出口集港为主。改革开放后，靠近港口的苏北、鲁南、皖北以及河南东部地区的农副产品大多经由公路向连云港集中。铁路集运的比例由 90% 降低为 80% 左右，公路运输承担的集疏港货物至 1990 年上升为 14%。但 1990 年前后，港口集疏运公路仅有一条 307 公路（现名为 310 国道），该路从墟沟至港口一段建设标准仅为二级混凝土公路，路面宽 15.5 米，通过能力为 5000 辆/天。而该路墟沟至新浦段，建设标准要高得多，路面宽度为 30～35 米，通过能力则三倍于前者。除此之外，该路从新浦往西的路面仅宽 7～9 米。境内另有新浦至南京及新浦至青岛的公路，路宽均为 9 米，通行能力仅为 2000～5000 辆/天，至 1990 年时实际通行量分别达到 8700 辆/天和 7000 辆/天。[1] 由于当时境内所有公路最后都只能通过 307 公路到达港口，港口一段的通行能力最终决定了整个公路集运输运体系的通行能力，即日通行能力为 5000 辆。

1993 年 12 月，历时 9 年建成通车的云台山隧道成为连云港港口的第二条疏运公路，该隧道北起港口，南接宿城，全长 3838 米，使得从宿城至港口的距离从 25 公里缩短为 4 公里。隧道净高 8.3 米，路面净宽 8 米，自然通风条件下汽车每小时通过能力为 50 辆。[2] 该隧道主要作为人防工程而修建，通行能力并不高。至 2000 年前后，连云港的公路状况为：连云港至南京的公路升级为一级标准公路，徐州至连云港高速公路、洛阳至连云港汽车专用道在建，原 310 国道延伸至新疆霍尔果斯口岸，从黑龙江同江至海南三亚的沿海国道亦经过连云港市境内。

---

①　《连云港港志》，第 147、148 页。

②　张学智、程吉春：《云台山隧道昨天正式通车》，《连云港日报》1993 年 12 月 29 日。

公路在连云港集疏运体系中的地位显然远远低于海运和铁路。1991
年经由公路集港、疏港货运量分别为 167.7 万吨和 39.2 万吨，分别占总
转运量的 14% 和 3.3%。① 2000 年之前，连云港港口公路集疏运数量及比
例最高的年份为 1993 年，该年港口通过公路集运量为 2260367 吨，占集
运量的 16%。② 从公路运输的总体来看，基本呈现集运量 3 倍于疏运量的
态势。

与海运、铁路、公路相比，内河航运的状况最差。连云港区域的内河
航运状况一直处于较低水平，一方面由于地处淮河以北，降雨量及河道较
少，少数能够通航的河流则又由于建造水闸和其他水利设施时基本不考虑
内河通航的问题，内河航运的发展始终不理想，其在港口集疏运体系中始
终处于最末端。而东南沿海沿江的上海、宁波、南京、南通等大型港口货
物集疏运体系中，内河航运的运量和重要性均远超公路甚至铁路。实际
上，早在连云港开港前，杨哲明即认为如能整修盐河，并沟通中运河，则
水运发展之前途亦不在陇海铁路之下。③ 长期以来，连云港港口内河航运
方面主要是通过盐河转运淮北盐入京杭运河，但内河航运并未在港口的集
疏运系统中发挥显著作用。因而，诸如整修河道、船闸，大力发展内河航
运之类的提法也就屡次出现在从民国连云市至 1990 年代连云港市的城市
发展规划中。

1991 年，港口通过内河航运集港、疏港货物量分别为 33.95 万吨和
22.6 万吨，分别占当年到港、离港总转运量的 2.85% 和 1.91%，④ 1992
年所占比例分别为 3.64%、3.2%。⑤ 此后内河集疏运量基本呈现缓步增
长的趋势，但由于港口吞吐量增长较快，以及陇海东段复线通车后，铁
路运量大增，内河航运在集疏运体系中所占份额反倒呈现下降趋势。
1998 年内河集运在当年总集运量中的比例仅为 0.88%，疏运则为 3%。⑥

---

①　《连云港港年鉴（1992）》，第 203、204 页。
②　连云港港务局：《连云港港年鉴（1994）》，中国矿业大学出版社，1995，第 240、241 页。
③　杨哲明：《连云市的建设计划》，《东方杂志》第 32 卷第 7 期，1935 年 4 月，第 111～118
页。
④　《连云港港年鉴（1992）》，第 203、204 页。
⑤　连云港港务局：《连云港港年鉴（1993）》，中国矿业大学出版社，1994，第 213、214 页。
⑥　《连云港港年鉴（1999）》，第 243、244 页。

　　一般而言，铁路和海运具有运量较大、长途运输费率低的特点，而公路运输和内河航运虽运量较小，但运输方便、快捷，尤其适用于短途转运。连云港港口集疏运货物中，公路和内河航运仅占微不足道的比例，而其中集运量又远高于疏运量，这充分说明港口的主要腹地为通过铁路连接的河南、山西、陕西、甘肃、四川等中西部地区。而靠近港口的苏北、鲁南、皖北和豫东地区主要产出商品为煤炭、水泥、盐和粮食等，轻工业产品出产量较少，消费进口物资的能力也不足，该区域尚处于工业化的起步阶段。

四　集装箱运输业务

　　这一时期，连云港港口的集装箱运输开始起步。集装箱运输是1960 年代开始兴起的新型运输方式，装卸速度快，货运质量高，尤其适合于原本装卸效率和运输质量较低的件杂货运输。集装箱运输充分发展以后，逐渐成为各大港口尤其是世界级港口优先发展的业务，并取代港口吞吐量而成为衡量港口现代化水平和国际航运中心地位的首要条件。中国香港、新加坡以及纽约等港口的总吞吐量与同一地区其他港口相比优势并不明显，但集装箱吞吐量远高于其他港口，因而发展成为国际航运中心。

　　1987 年才开通此项业务的连云港港，明显晚于上述大型港口，与1985 年开始集装箱业务的青岛港相比则并不太迟。但因集装箱装卸对码头的要求，除泊位水深较深外，还需要面积巨大的码头集装箱货场，其标准远高于大宗散货码头（如煤炭、铁矿石、石油、水泥等）。而连云港港口码头泊位基础设施水平低，1991 年 8 月，连云港港集装箱专用码头投入使用，初期仅一个泊位，可靠泊 25000 吨级集装箱船一艘。受泊位限制，集装箱运输量虽初期增长速度较快，但至 2000 年前后数年基本处于十多万标箱的水平。1990 年仅有 8590 TEU[①]，折合 63005 吨。从 1991 年

---

① TEU，Twenty-feet Equivalent Unit 的缩写，集装箱是以长度 20 英尺为国际计量单位，又称为国际标准箱单位。TEU 广泛应用于标称船舶的集装箱装载能力，也是港口集装箱以及总吞吐量的统计、换算主要单位。

起，连云港港集装箱吞吐量开始过万，当年为 1.4 万 TEU，1997 年达到
11.3 万 TEU，2000 年为 12 万 TEU。而集装箱业务开始仅比连云港港早两
年的青岛港，1985 年起步之年即达到 3.5 万 TEU，从 1989 年起每年增长
量均超过 10 万 TEU，至 1997 年 12 月 22 日，该年集装箱吞吐量已突破
100 万 TEU。[1] 2000 年青岛港集装箱吞吐量为 212 万 TEU。

　　连云港港集装箱业务开通之初，并没有集装箱定期班轮出入，只能由
杂货船代为运送。从 1988 年起试办定期到日本的集装箱班轮。至 1990
年，连云港港的集装箱定期班轮航线共有五条，分别通往日本、中国香港
（东南亚）和韩国。[2] 2000 年连云港与中国海运集团合资成立连云港中海
集装箱码头有限责任公司，中海集团将新开辟的第二条远东至美国西海岸
集装箱班轮航线的始发港安排在连云港，国内挂靠青岛、上海港经博多
港、横滨港后驶往洛杉矶、奥克兰等。这条航线也是连云港港第一条集装
箱远洋干线航线。[3]

　　连云港港集装箱业务至 2000 年前后增长缓慢除受制于水平相对较低
的码头基础设施外，费率问题也是一个比较大的影响因素。由于连云港港
集装箱海运航线处于中国远洋运输（集团）总公司垄断之下，连云港港
各航线的运费都高于上海、青岛、天津及本省各长江口岸，明显缺乏竞争
力。[4] 1997 年前后，同样作为中远集团集装箱运输基本港，连云港口岸的
海运价格明显高于青岛，以到日本、韩国和中国香港 20 英尺普通箱为例，
连云港港每箱运价分别比青岛高 50、40 和 75 美元，到欧洲及其他港口运
价差距更大。[5] 由于相对较高的运价，连云港口岸的货源分流到周边其他
口岸，制约和影响了连云港港集装箱运输量的增长。为此连云港市政府曾

---

①　方未：《壮哉，青岛港人！——贺青岛港集装箱吞吐量突破百万 TEU 大关》，《集装箱
　　化》1998 年第 1 期。

②　《连云港港志》，第148 页。

③　程长春、任汉诗：《港口首条集装箱远洋班轮昨首航美国西海岸》，《连云港日报》2000
　　年 6 月 22 日。

④　中共连云港市委办公室：《关于新亚欧大陆桥国际集装箱过境运输有关情况的报告》（连
　　委办发〔1997〕53 号，1997 年 4 月 28 日），连云港市档案馆藏，3-2-1-811。

⑤　连云港市人民政府：《关于请求按青岛港运价水平确定连云港近洋航线运价的函》（连政
　　函〔1997〕7 号，1997 年 4 月 10 日），连云港市档案馆藏，3-2-1-811。

要求中远集团将连云港集装箱运价调整为与青岛港一致，但遭到中远集团拒绝。[①]

连云港开港之后，陇海路局通过与招商局合作开展海陆联运，确保了港口营业的稳定发展。与中兴煤矿公司的合作，除获得大量建设资金的支持外，更是为港口招徕了稳定而优质的货源。这些措施，均使港口营业在 1937 年之前快速增长。日占时期，连云港作为统制企业而成为对日输出物资的主要港口之一。在华北方面军的监控之下，华北交通株式会社对连云港实行"路港一体化"的管理，对日煤炭输出成为连云港承担的主要职能。在此背景之下，港口拉动地方经济社会发展的功能基本无法实现。

1949 年以后，特别是计划经济时代，国家出于对全国经济建设的通盘考虑，将各种产业的发展纳入全国统一规划，优先发展重工业，其中能源、冶金、交通、机械制造等行业更是重中之重。陇海铁路沿线地区矿产资源储量丰富，是发展重工业的有力支撑，连云港作为其最便捷的出海口，自然占有相当重要的地位。连云港从港口规划、码头岸线建设到转运何种物资、物资流向等具体业务，都必须严格遵守国家计划，并服从于整个国家宏观经济建设的大局，与地方政府联系较少。在历次全国交通建设规划中，连云港均能从整块蛋糕中分得不小的一块，是全国少数几个重点港口之一。需要指出的是，基于"全国一盘棋"的考虑，国家对地方经济的发展缺乏重视，也不考虑通过港口发展地方经济，因此，在这样的大环境之下，连云港所承担的只是海陆运输的中转职能，也就是第一代、第二代港口的作用。

作为沿海重要的物资中转港口，港口的基本建设被纳入国家计划，建设资金的大部分直接来自国家财政预算，极大缓解了港口建设资金匮乏的困难，是港口基础设施发展的最主要推动力量，也为此后连云港港口下放地方、由市政府直接经营和港口在 20 世纪末的再次腾飞奠定了不可或缺的基础。然而，港口长期由国家直接经营，主要承担中西部地区煤炭、铁

---

① 中国远洋运输（集团）总公司：《关于连云港出口运价的复函》（中远运〔1997〕393号，1997 年 5 月 4 日），连云港市档案馆藏，3－2－1－811。

矿石、铝矾土以及棉花等基础性工业原料向制造业中心转运的任务，在此种经营模式下，连云港港口对经由铁路运来的大宗散货高度依赖，对港口的主要通道陇海铁路高度依赖，集疏运体系存在较大缺陷。港口下放地方后，由于连云港市自身经济发展水平有限，本地无法更多地产生出口物资和消费进口货物，对港口的利用并不充分。1990 年代以后，港口的吞吐量虽连年快速增长，但货源结构与进出口比例并未发生较大变化，其自身也没有能够充分承担现代化港口的主要职能——促成临海工业带、成为城市发展的中心。

第六章　腹地整合与延伸：竞争与合作格局下的连云港

早期人们认为腹地（hinterland）即港口背后之地带，[1] 也就是位于港口城市背后，提供出口物资和销售进口商品的内陆地区，[2] 这一概念从经济地理学的角度解释了腹地最为实质性的特征，但对地域范围和联系方式的界定并不清晰，因此有学者将其进一步精确化，认为港口的腹地是港口部分腹地有陆地相连，直接销售港口进口物资和直接提供出口物资的区域。[3] 腹地对港口的作用也是至关重要的，"港口之能否发达，当视其腹地之是否丰富，及范围之是否深广为衡"。[4] 腹地的自然形制及经济活动的状况，比如地域大小、人口多寡、物产丰饶或贫瘠都对港口运营有直接影响，决定了港口进出口物资的数量、种类和结构，甚至港口在整个沿海交通格局中的地位。

第一节　腹地情况

连云港，最初是作为陇海铁路的出海口而建设，因此其腹地范围自然基本等同于陇海铁路的影响所及。陇海铁路最初是由汴洛铁路分别往两端

---

① 谭书奎：《港口发达之经济原理与青岛市之前途》，《交通杂志》第 2 卷第 6 期，1934 年 4 月，第 78 页。

② 《中国大百科全书（简明版）》，第 1452 页。

③ 《港口—腹地和中国现代化进程》，第 11 页。

④ 谭书奎：《港口发达之经济原理与青岛市之前途》，《交通杂志》第 2 卷第 6 期，1934 年 4 月，第 78 页。

延伸，但进展很是缓慢。东段由于地处要冲，成为该区域历次军事冲突中
首先争夺或破坏的对象，在连云港最初发展的时期，腹地的范围很小，其
基本吸引范围仅为鲁南、苏北徐海地区以及郑州以东的铁路沿线地区。及
至日占时期，更因其主要业务为对日输出煤炭，腹地主要集中于鲁南和徐
海一带。1949 年以后，随着陇海铁路逐渐往西延伸，特别是新亚欧大陆
桥的开通，连云港的腹地范围触及新疆乃至中亚。

　　而"多灾多难"的陇海铁路，[①] 从清末时期的汴洛路往东西延展，到
1929 年时，历时近二十年铁路竟尚未进入潼关，通车里程仅为全线一半
左右，即使 1949 年以后，陇海铁路建设尤其是东段的复线建设和技术升
级与其他铁路相比也并不迅速。与陇海铁路休戚相关的连云港，其腹地范
围也随着铁路的延伸而渐次扩展。

一　民国时期的腹地情况

　　陇海路局最初在大浦设立了一个临时码头以衔接海陆运输，这一时
期，港口的腹地主要是苏北徐海地区、山东鲁南、河南、山西南部、陕
西、甘肃等地。运输的主要物资为沿线地区出产的农产品和矿产。各地情
况如下。

（一）徐海地区

　　徐海一带的农作物基本以麦、豆、高粱、玉米为主。灌云、东海两县
农产物自给时虞不足，很少往外运销，如遇灾荒尚需从外地运入粮食，[②]
有所外运者为杂粮及花生米等。[③] 云台山一带主要粮食为稻谷，何首乌和
葛根也有出产，品质都很优良，不过产量不大，一般仅供本地消费。沿海
渔业资源丰富，墟沟一带每年春季黄花鱼及虾蟹等出产总额"不下十余
万磅"。[④] 东海县每年有约 1500 头猪销往上海，43000 余只家禽销往镇

---

①　凌鸿勋：《十六年筑路生涯》，《传记文学》第 2 卷第 4 期，1963 年 4 月，第 8、19 ~ 21
　　页。凌氏在民国时期长期从事铁路建设工作，曾担任陇海铁路工程局局长，负责西段工
　　程。

②　《1932 年度陇海铁路全路调查报告》，第 5、13 页。

③　《中国实业志·江苏省》，第 4 编第 6 章，第 76 页。

④　《连云港之面面观》，《中行月刊》第 9 卷第 2 期，1934 年 8 月，第 176、177 页。

江、上海，灌云县则有 10 万只家禽输往江南各地，东海、灌云所产猪鬃品质优良，每年合计有 8600 余斤销往山东。[1] 清末民初，新浦有 1 个榨油厂、1 个面粉厂，有数十万元资本。在海州以南沿海一带，曾有新兴的盐垦公司。[2] 1920 年代末，东海县有 7 家新式油坊，均采用汽油机榨油，2 家功率为 100 马力，其余为 40 马力。乡村中另有旧法榨油的油坊 10 余家。所用大豆大多为本地出产，本地大豆出产较多，若不外运，足够本地油坊使用。所产豆油，除满足本地消费外，多用帆船装载贩运于附近各县。豆饼则由新浦北岸之大帆船运往沿海各口岸。发电厂资本为 10 万元。[3] 面粉厂所用小麦，因外埠购进运输不便，而多来自海属、徐属各县，面粉主要销往东海境内及河南、陕西等处。1933 年前后东海县年产高粱酒 7930 担，值洋 102820 元，销路以上海、青岛两处为大宗。东海县输入物品以棉纱、布匹、红糖、白糖、火柴、纸类为大宗。每年输入棉纱 1 万余件、布匹 5000～6000 件、红糖 4000～5000 件、白糖 1 万余件、火柴 5000～6000 箱、纸 1 万余块。[4]

不过地方经费非常困难，收支相抵不敷在 4 万元左右。[5]

灌云县制盐业发达，1920 年代有七大盐业公司，财政部以此每年收取盐税达 1000 万元以上，商灶苦力等以此为业者达数十万人。[6] 农产品以二麦（即小麦和大麦）为大宗，常年产量约 75 万石，价值 300 万元。其余杂粮黄豆约 83300 石，价值 229000 余元；绿豆约 44500 石，价值 111000 余元；玉米约 86400 石，价值 333000 余元；高粱 75300 余石，价值 173000 余元。上述农产品除行销本地外，兼销江阴、苏州、

① 《中国实业志·江苏省》，第 5 编第 14 章，第 354、374、381 页。
② 《逗留于农村经济时代的徐海各属》，《东方杂志》第 27 卷第 6 号，1930 年 3 月 25 日，第 76 页。
③ 《东海县之经济近况》，《中外经济周刊》第 197 期，1927 年 1 月 22 日，第 26、27 页。
④ 《中国实业志·江苏省》，第 4 编第 6 章，第 71、72、78 页。
⑤ 《视察报告：东海县》，《江苏财政公报》第 7 期，1929 年 7 月，第 32 页。
⑥ 《灌云县实业视察报告（未完）》，《江苏省公报》第 3876 期，1924 年 11 月 2 日，"附记"，第 6 页。

常州等地，亦有运至青岛、烟台等地。[①] 该县交通非常方便，东沿灌河可直入大海，北接陇海路，南界盐河，西达沭、泗，因而商业一向繁兴，颇有蒸蒸日上之势。至 1930 年时，工业除极少量手工业者外，没有机器工厂。金融窘迫，现金缺乏，各商号滥发纸币，充斥市面。幸赖民办钱庄和中国银行，尚可借以周转。[②]

沭阳县内，沿沭河两岸尽属肥沃上田，占全县面积 3/10，中田占全县面积 1/2。因此农产物丰裕，以小米、麦、豆、玉米、高粱、山芋等为大宗。1935 年前后，每年出产小麦 60 余万石，价值 300 万元；穬麦等大麦每年出产 30 余万石，总价值 110 余万元；高粱出产 20 余万石，价值 90 余万元；玉米年出产 40 余万石，价值约 160 万元；各种豆类每年约产 50 万石，价值约 150 万元；稻类每年出产 3 万余石，价值 18 万余元；芝麻每年约产 3 万石，共约值洋 24 万元；花生每年产 8 万~9 万石，价值约 33 万元；山芋每年约产 15 万石，价值 15 万元。全县农产品每年总计出产 241 万石，共价值 900 余万元。[③] 除供本地食用外，尚有部分可供外销。外销的大部分由人力车、小车或骡马车陆运至清江浦分销泗阳、涟水、淮阴、阜宁、宝应等县，其次则由新安镇车站分运徐州、新浦。[④] 沭阳出产的油草，用于榨油坊包裹大豆，品质为苏北地区最佳，广泛行销于江苏省北部各县。该油草因耐水涝，被当地农民用于救济水灾。因油草产销量颇大，当地出现了专门代客商买油草的草行。草行将农户零星的油草集中起来，用双运大船运送到新浦，到新浦后换大船装运出海。每年由新浦输出的沭阳县高家沟以及宿迁县之高作、耿车的油草共价值三四百万元。[⑤] 销往新浦临洪口的油草还有部分被运送至青岛、大连，销售给日本人，价值

① 俞训渊：《徐海道区灌云县实业视察报告书》，《江苏实业月志》第 10 期，1920 年 1 月，第 21~23 页。

② 窦瑞生：《灌云县县政概况》，《江苏》第 52 期，1930 年 2 月 21 日，第 38 页。

③ 端木霞贞：《沭阳县农业概况》，《申报月刊》第 4 卷第 12 期，1935 年 12 月 15 日，第 72~73 页。

④ 《1932 年度陇海铁路全路调查报告》，第 24 页。

⑤ 《东海县之经济近况》，《中外经济周刊》第 197 期，1927 年 1 月 22 日，第 30、31 页。

约 45 万元。但因日本占领东北后在辽宁等地试种油草，沭阳油草出口大减。[1] 沭阳县风气闭塞，"几无工业之可言"，唯有酿酒和榨油行业较为繁盛，酿酒业有 30 余家，每年出品 4000 余石。花生油、豆油等从业者亦有数十户，花生油每年出产 200 余石，豆油岁制 4000 余石，豆饼岁制 18000 余石。豆油每年运出约有 500 石，价值 4500 余元，多由新浦运销上海等处。[2] 该县出产的大曲酒行销颇广，[3] 除供本地外，每年运出酒 2000 余石，价值 24000 余元，多运往清江浦、泰州、南通一带销售。每年约有 50000 头猪销往南京、苏州及上海，15 万余只鸡、鸭、鹅等家禽销往靖江、上海。[4]

宿迁物产以豆、麦为大宗，胡麻、花生次之，半夏、金针也有外销。各类农产品每年有 4000 吨左右从县境北部的较大市镇新安镇运出，行销上海、青岛、新浦、徐州及长江一带。瓦窑镇则有山东郯城码头等地运来的花生、豆饼等，旺年时可出杂粮 2000 吨、豆饼 1000 吨、花生 500 吨。[5] 每年销往上海、镇江约 15000 头猪、20 万只家禽。[6] 宿迁县北境出产大量石英砂，绵延数十里，品质优良。光绪三十二年（1906），张謇等出资 200 万元于此创办耀徐玻璃公司，[7] 为当时江北企业之翘楚。但由于此时国人并不熟谙玻璃制造工艺，所聘请的比利时技师安装的炉窑装置极坏，出品低劣，不能与外国产品竞争。而该地区土匪亦甚多，工厂须自备保卫武力，又增加了工厂的经营成本。此外该地区地处战争要冲，连年处于战争中，厂房经常要变作行营，船舶则被征用以运兵，生产与运销只能陷于停顿。至 1930 年代，机器已被损毁或锈烂成为废铁，再加上运河淤浅，运销路线断绝，连重建的价值都没有了，只好依靠往外贩卖零星矿砂以支

①　端木霞贞：《沭阳县农业概况》，《申报月刊》第 4 卷第 12 期，1935 年 12 月 15 日，第 72～73 页。

②　俞训渊：《徐海道区沭阳县实业视察报告书》，《江苏实业月志》第 10 期，1920 年 1 月，第 33、34 页。

③　《1932 年度陇海铁路全路调查报告》，第 5、13 页。

④　《中国实业志·江苏省》，第 5 编第 14 章，第 354、374 页。

⑤　《1932 年度陇海铁路全路调查报告》，第 28、30、33 页。

⑥　《中国实业志·江苏省》，第 5 编第 14 章，第 354、374 页。

⑦　《1932 年度陇海铁路全路调查报告》，第 28 页。

付看护佣工费用。① 此外，还有一家面粉公司，被毁后无力重建。至 1930 年前后，宿迁境内仅有县立惠民工厂、贫民教养所等专门生产布匹，但资本与规模均极小，不易发展。②

邳县农产物除小麦外，还有黄豆、高粱、花生、玉米、芝麻等。小麦年产 110 万石，价值银 340 万元；黄豆约产 61 万石，价值银 160 万元；高粱年产 100 万石，价值银 190 万元；花生岁产约 75000 石，价值银 144000 元；玉米岁产约 52000 石，价值银 14 万元；芝麻岁产约 5500 石，价值银 33000 元。这些农产品除在本地销售外，还销往本省和山东各地。③ 该县境内的陇海路炮车站，有小麦、黄豆、高粱、花生、烟叶、兽皮等经此站往外运销，小麦、高粱等为本地出产，黄豆、花生、烟叶等则来自邻近的山东郯城、临沂一带，多用四轮双牛车长途运送到陇海路炮车站，手推小车较少，夏秋水涨时则用船运。每年有 4000 吨小麦、2000 余吨黄豆、1000 余吨烟叶经炮车行销开封、郑州、徐州、新浦、上海、青岛等地，其中由陇海路装运者为三至四成，其余由水路装运。④ 运往上海则主要由民船及轮船装运。⑤ 陇海铁路在邳县境内还有碾庄站，该地物产也是以小麦、黄豆、高粱为主，出产高粱酒，但由铁路运销者寥寥无几。碾庄、新安镇一带农村妇女多从事织布，所织布匹行销附近城镇，所以该地输入棉纱较多。⑥ 1924 年时，全县共有白大布造户 187 家，全年出货约 14 万匹，价值 22 万元；蒲包造户 600 余家，全年出货 120 万匹，价值洋 42000 元。这些大多为手工作业，很少使用机器，即便用机器，也是"旧式多而新样少"。⑦

铜山县，为徐海一带首屈一指的大县，境内有津浦铁路 140 余里、陇

① 《逗留于农村经济时代的徐海各属》，《东方杂志》第 27 卷第 6 号，1930 年 3 月 25 日，第 78 页。
② 《1932 年度陇海铁路全路调查报告》，第 28 页。
③ 《邳县实业视察报告》，《江苏省公报》第 3872 期，1924 年 10 月 29 日，"附记"，第 8、9 页。
④ 《1932 年度陇海铁路全路调查报告》，第 43、44、46、47 页。
⑤ 《中国实业志·江苏省》，第 5 编第 2 章，第 70 页。
⑥ 《1932 年度陇海铁路全路调查报告》，第 50、51 页。
⑦ 《邳县实业视察报告》，《江苏省公报》第 3872 期，1924 年 10 月 29 日，第 10 页。

海路 120 里，两路相交于徐州。铜山农产品以高粱、豆、麦为出产大宗，高粱年产约 140744 石，小麦约 30668 石，杂粮亦不少。此外还有瓜子约 4000 吨，花生 1 万余吨。[1] 芝麻年产 6 万石左右，价值银 354000 元。棉花每年出产 160 万斤，价值银 16 万元。[2] 铜山农产品每年运出"不下七八百万吨"，麦以输往河南、上海最多，高粱多输往山东济宁，河南之郑、洛，[3] 大麦、小麦、黄豆、瓜子、棉花销往江南。芝麻、花生由上海销往海外。[4] 境内有贾汪煤矿，津浦特设柳泉支线专门装运贾汪煤炭，销往津浦铁路沿线、陇海东段、京沪路、浦口、上海等。[5] 工业方面则有宝兴面粉公司等，该公司成立于 1921 年，资本额为 30 万元，所用机器为美国新式制面机，动力 80 匹马力，每日出产面粉 1500 袋，雇用工人八九十人。[6] 到 1930 年代初，工厂资本扩充到 50 万元，每日能出面粉 3000～5000 袋。[7] 商办耀华电灯厂创建于 1920 年，厂址位于徐州东关外，在城内鼓楼街设办事处。该厂共有蒸汽动力发电机 3 组，均为高压三相三线交流机，总发电能力为 530 千瓦，但因需求不足，实际开工只有 280 千瓦，需用中兴煤炭公司所产煤 6 吨，每吨价格为 13.6 元。开工不足使得该厂"营业情形不能不月有亏也"，[8] 直至 1930 年代依旧"办理不良、成绩乏善可陈"。[9] 此外还有造胰（肥皂）厂及火柴厂各一家。其他手工业则有织巾、织线球、织袜、织布、藤竹器编制等。[10]

　　铜山县境内还有制蛋工厂 2 家，分别为宏裕昌制蛋厂和新法制蛋厂。

---

[1]　《1932 年度陇海铁路全路调查报告》，第 59 页。

[2]　唐绍垚：《徐海道区铜山县实业视察报告书》，《江苏实业月志》第 9 期，1919 年 12 月，第 3 页。

[3]　《中国实业志·江苏省》，第 4 编第 6 章，第 89 页。

[4]　唐绍垚：《徐海道区铜山县实业视察报告书》，《江苏实业月志》第 9 期，1919 年 12 月，第 3 页。

[5]　《中国实业志·江苏省》，第 7 编第 1 章，第 12 页。

[6]　《江苏铜山县实业情形之调查》，《中外经济周刊》第 174 期，1926 年 8 月 7 日，第 3、4 页。

[7]　《1932 年度陇海铁路全路调查报告》，第 60 页。

[8]　《江苏铜山县实业情形之调查》，《中外经济周刊》第 174 期，1926 年 8 月 7 日，第 11、12 页。

[9]　《1932 年度陇海铁路全路调查报告》，第 60 页。

[10]　《1932 年度陇海铁路全路调查报告》，第 59、60 页。

宏裕昌制蛋厂为上海宏裕昌制蛋股份有限公司制造厂之一，除铜山外，该公司在江苏青河县，安徽宿县，山东济宁、历城各有制造厂一家。资本总额约200万元。徐州（铜山）工厂雇用男女工人200多人，产品有水黄、干黄、蛋清三种。每日可以消耗鸡蛋50万枚，该厂每日产品制成后需运至上海总公司，总公司转售于上海的收蛋公司，再由后者出口至欧美。新法制蛋厂厂址也在徐州东关外，与宏裕昌相距不远。该厂成立于1919年，徐州为总厂，另设分厂于山东滕县，资本总额30多万元，雇用男女工人170～180人。每日生产所需鸡蛋也达到50万枚，产品也是运送至上海由驻沪代表代售。[1] 各类工厂有织巾业20家，毛巾业5家，织袜、织毯业各5家，制帽业10家，火柴厂1家，总资本额为30000元，有工人200名。还有玻璃、制革、肥皂、发电、印刷等企业，除发电厂资本额有30万元外，均规模较小。铜山输入物品以工业品居多，1933年前后，输入物品有布匹约20万匹、棉纱2万件、糖约85000包、食品约30万石、卷烟6000件、煤油20万听、烟草18000件、大米5万石、广货6000箱。[2]

萧县（今属安徽省）农产品以小麦、黄豆、瓜子、花生、黄菜（金针菜）、高粱、蔬菜、棉花等为大宗，全年农产品总值600余万元。运销外地的有小麦、黄豆、棉花、山芋以及粗布，外地产品输入较少。陇海路黄口站输出产品有花生、小麦、瓜子、黄菜、芝麻、棉花、梨等。1932年经由陇海路输出瓜子300吨、花生约1500吨、小麦约3000吨、豆子约500吨、芝麻及芝麻油200吨。[3] 萧县每年约有15000头牛外销徐州及济南，2000头猪销往徐州，22.5万只家禽销往南京。[4] 境内有白土寨煤矿和帽山煤矿，但直至1932年均未开办。运入萧县的工矿产品有煤、杂货、布匹、糖等，但总量远少于输出的农产品。[5]

砀山县（今属安徽省）主要农作物为小麦、高粱、黄豆、芝麻、瓜子、花生及县境李庄一带所产梨（即砀山梨），1932年共运出小麦

---

① 《江苏铜山县实业情形之调查》，《中外经济周刊》第174期，1926年8月7日，第5、6页。

② 《中国实业志·江苏省》，第4编第6章，第85、86、89页。

③ 《1932年度陇海铁路全路调查报告》，第73、75、76页。

④ 《中国实业志·江苏省》，第5编第14章，第345、353、376页。

⑤ 《1932年度陇海铁路全路调查报告》，第73、75页。

3000 余吨、黄豆 400 吨、花生 200 余吨、芝麻及瓜子等 600 余吨。砀山梨每年销往外埠三四千担，多从砀山车站运出。砀山站此前运出产品还有鸡蛋，最多时每年约有 1500 吨，后因国外低价鸡蛋冲击而无形消减。[1]

苏北铜山、砀山、睢宁、萧县、丰县、沛县、邳县等地因地质含盐极多，产硝[2]尤富，东海、灌云、赣榆也有盐硝出产，1932 年上述各县产毛硝共计 60 万担，价值 660 万元，这些毛硝全部售给军政部设在铜山的硝矿局，提纯成净硝后，用于生产火药、焰火。[3]

从整体来看，苏北区域的物资流向以南北方向为主，东西方向次之。陇海铁路开通，货物流向一定程度上有所改变，但铁路运力有限，且贸易路线往往具有相对稳定的特征，并未发生根本变化，因此，苏北区域大量物资沿津浦铁路和京杭运河运往南北各地的总体趋势依然存在。

（二）河南及陕西、甘肃

西北地区对外交通运输高度依赖陇海铁路，连云港更是与西北紧密相关，一般调查在论及连云港时，总会以"如政局稳定，西北发达，该地商业，自然日趋繁盛"等为结论。[4]

陇海路自杨集站往西即进入河南夏邑、虞城两县。夏邑县丰收时有农产品经马牧集站输出，虞城县则输出量甚微。[5]

商丘县时为一等县，农产品产量在全省居领先地位，尤其以麦之出产最盛，此外花生、黄豆、杂粮、芝麻等亦均有巨额产量，鲜蛋、牛羊皮、兽骨、药材、草帽辫、油类等多来自亳县或鹿邑。1932 年，经由陇海路商丘站运出小麦 13000 余吨、杂粮 1600 余吨、芝麻 600 吨、黄豆 400 余吨、花生 200 余吨、牛羊皮及草帽辫等 1500~1600 吨、油类 600 吨。[6] 经

① 《1932 年度陇海铁路全路调查报告》，第 83、86、87 页。
② 硝一般有硝酸钾和硝酸钠两种。
③ 《中国实业志·江苏省》，第 7 编第 3 章，第 37~39 页。
④ 陈调甫：《海州左近调查记》，《海光》第 6 卷第 20 期，1934 年 3 月 30 日，第 310 页。
⑤ 《1932 年度陇海铁路全路调查报告》，第 93、94、95 页。
⑥ 《1932 年度陇海铁路全路调查报告》，第 98、99 页。

由马牧集站，最多时每年可运出粮食 13000 吨。但因各地金融呆滞，1932
年秋季粮食丰收时，仅有 2600 余吨小麦、杂粮、花生等运出。① 商丘本
地有少量棉花种植，产额不多，且均为本地消费，不敷之数由邻县输
入。② 工业则全为旧式手工业，有县立工厂一处，专织毛巾、布匹，因经
费困难陷于停顿；有 1921 年时成立的私立平民工厂一座，产品亦为棉布、
毛巾之类，资本经陆续扩充后有 2 万元，产品质量尚好，定价低廉，行销
开封、洛阳等处；有蛋厂一家，因蛋业不振仅能勉强维持。此外还有特产
万寿绸。③ 商丘及附近的柘城、虞城、夏邑、永城、鹿邑等县，每年共可
产硝 60 万斤，均集中于开封炼硝厂提纯，毛硝官价为距离官硝局百里以
内每斤 8 分、百里之外每斤 9 分。提纯后的净硝主要由本省使用，有富余
时则销往江苏、安徽、江西、湖北诸省。④

　　宁陵县 1932 年经由陇海路柳河站输出粮食 5000 余吨，有少量织布和
木器、铁器制造之类的手工业，而工厂则仅有一座私立织布厂。睢县丰收
时稍有输出。睢县仅有一所平民工厂，工厂规模甚小，所织布匹仅在本地
销售。⑤ 民权县农作物以花生、黄豆、小麦为大宗，棉花、芝麻次之，柳
木、生猪亦时有输出。⑥ 该县的野鸡岗和内黄两站有少量木板输出，每年
仅有 200 吨，行销徐州、开封。⑦ 宁陵、睢县、民权、考城四县每年约产
硝 48 万斤。⑧

　　兰封县物产有小麦、高粱、豆、芝麻、花生等，其中对外输出以芝
麻、花生为大宗，1932 年经由陇海路运出花生 800 吨、小麦 700 吨、杂
粮 400 吨、豆 200 吨、芝麻油 1400 吨。⑨ 仅有如同手工业一般的平民工
厂，专制木器、席子、线袜等家用物品，规模甚小。黄河两岸如兰封、考

---

① 《1932 年度陇海铁路全路调查报告》，第 101 页。
② 河南省实业厅编印《河南省棉业调查报告书》，1925，第 35 页。
③ 《1932 年度陇海铁路全路调查报告》，第 99、100 页。
④ 河南省地质调查所编印《河南矿业报告》，1934，第 138、140 页。
⑤ 《1932 年度陇海铁路全路调查报告》，第 110 页。
⑥ 《1932 年度陇海铁路全路调查报告》，第 109、111、112 页。
⑦ 《1932 年度陇海铁路全路调查报告》，第 116 页。
⑧ 《河南矿业报告》，第 138、140 页。
⑨ 《1932 年度陇海铁路全路调查报告》，第 119、120、122 页。

城、开封等地势低洼地区产硝和硝盐，该区域黄河以南七八县每年共计产额约 3000 万斤。兰封县的咸菜行销开封较多。① 陈留县有花生经兰封外销，每年约 5000 吨。② 县内曲集镇为山西所产铁器集散地，经由黄河运来，行销范围东至徐州、南至豫省南部，以及郑州、洛阳等地，但均是由黄河岸道运输。③

开封农产品以花生、小麦、高粱等为大宗。1923 年前后每年约有 2 万斤净棉外运至郑州。④ 1932 年经陇海路输出花生约 1500 吨、面粉约 2000 吨、鲜果 800 吨、其他货物 2000 余吨。总体来看，开封所输出农产品仅为总产量的不到两成。⑤ 开封县附近各处每年产硝 19 万斤。⑥ 开封因是省政府所在地，相对而言，在工业总体落后的河南全省还是比较突出的。1932 年时私营工厂有电厂 1 家，面粉公司 3 家，蛋厂 2 家，火柴公司 2 家，机器厂 2 家，纺织厂 1 家，肥皂、蜡烛厂 2 家，制革和化妆品工厂各 1 家，总资本额 164 万余元。其中规模最大的是天丰面粉公司，资本额 50 万元，雇用工人 230 人，日产面粉 5000 袋。省立工厂则有农具制造厂和工业总厂 2 处，分别以修理、制造农具和纺织品制造为主要业务，但规模均不大，两厂工人总共才七八十名。⑦

中牟县每年出产花生 1000 余吨。1932 年前后，经由陇海路中牟站运出花生 600 余吨、木板 500 吨。⑧

郑县输出的本地农产品仅有为数不多的米、麦、瓜子、红枣等。因京汉、陇海两路交会于此，郑县成为中西部地区陕、甘、豫东、晋南等地商品运销的集散地。大宗输出货物均为他处运到此地转口之货物。1932 年，陇海路郑州站运出的农产品有棉花 6000 吨，小麦约 600 吨，大米约 600

---

① 《1932 年度陇海铁路全路调查报告》，第 121、122 页。
② 《1932 年度陇海铁路全路调查报告》，第 124、125 页。
③ 《1932 年度陇海铁路全路调查报告》，第 125、126 页。
④ 《河南省棉业调查报告书》，第 35 页。
⑤ 《1932 年度陇海铁路全路调查报告》，第 131、132 页。
⑥ 《河南矿业报告》，第 138、140 页。
⑦ 《1932 年度陇海铁路全路调查报告》，第 133～138 页。
⑧ 《1932 年度陇海铁路全路调查报告》，第 150、151 页。

吨，瓜子、红枣等 400 余吨，其他货物 3000 吨。① 郑州为中原交通要道，工商业中最为突出的是棉业，陕州、灵宝以及关中、泾阳、渭南、朝邑等地所产棉花均运到郑州集中，成交后打包再行运出。每年有数百万斤棉花运往上海、汉口、天津等地。② 堆栈转运、药材、北货、旅馆等各业营业均极为可观。比较突出的有豫丰纺织厂，资本额 300 万元，工人 4500 名，每日可出纱 100 包。豫中打包厂资本 30 万元，每日能打成机器棉包 800 余包，每包 400 斤。此外大东机器制造厂、华兴厚铁工厂、光华铁工厂、中华成料器厂等规模也较大。③

荥阳县输出品有柿饼、瓜子、煤炭等，工厂有豫纶制丝厂一所，资本额 5000 元，工人约 50 名。煤炭为唯一矿产，规模较小，全部用人工土法采掘，每日可出煤 490 余吨，行销郑州、白沙、中牟、开封、兰封等地。④ 汜水县输出物以柿饼、棉花、皮毛（来自河北温县、沁阳等）、药材（本县及河北怀庆等处）、煤等为主。1932 年汜水站输出柿饼等干鲜果 350 吨、药材 1900 吨、皮毛 20 吨、棉 200 余吨、煤 2000 吨。⑤

巩县柿饼远销江淮，煤、石器、石灰均为输出大宗物品，输入物品有绸布、油、糖、杂货、洋油、面粉等。巩县出产煤炭行销甚广，但资本较小，交通困难。全境煤窑计有 11 处，年产煤仅 4 万余吨。⑥ 偃师县输出的大宗物品为棉花，小麦、柿、梨等则较少。

河南西部的新渑煤田，地跨济源、新安、渑池、陕县等县，其新渑、陕渑两煤区有陇海铁路横贯而过，至煤区均有轻便铁路，运输比较便利。宜洛煤田所产煤炭亦主要由陇海铁路运出，该省煤炭有少量销至海州大浦。民生煤矿运至大浦后每吨成本为 10 元。⑦

总体而言，连云港腹地农产品主要是华北特有的棉花、小麦、豆类、花生等。1933 年河南、陕西、甘肃三省的农产品出产有棉花 202.6 万担，

① 《1932 年度陇海铁路全路调查报告》，第 159 页。
② 《河南省棉业调查报告书》，第 99 页。
③ 《1932 年度陇海铁路全路调查报告》，第 160 页。
④ 《1932 年度陇海铁路全路调查报告》，第 176 页。
⑤ 《1932 年度陇海铁路全路调查报告》，第 184 页。
⑥ 《1932 年度陇海铁路全路调查报告》，第 191、192 页。
⑦ 《河南矿业报告》，第 51、107 页。

占华北八省的近 30%；小麦 9361 万担，占华北的近 42%；大豆 1861.7 万担，占华北的 27% 强；杂谷 8020 万担，占华北的 27% 强；花生 453.1 万担，占华北的 19% 强。① 据调查，经由连云港运出的农产品大致可推算为 100 万吨，具体见表 6 – 1。

表 6 – 1　1930 年代连云港农产品预计输出情况

省份	数量（万吨）	品种
陕西	20	小麦、棉花
河南	40	以小麦为主
山西	4	棉花、石膏等
江苏	16	杂谷
山东	18	花生
总计	98	

资料来源：滿鐵鐵道總局調查局『連雲港調查報告書』，25 頁。

此外，河南省中西部及南部均盛产牛羊皮。郑州附近的新郑、密县、广武、荥阳、汜水、中牟及尉氏之部分，牛羊皮生产总额年约 70 万斤。洛阳一带，灵宝、陕县、渑池、新安、卢氏、洛宁、嵩县、伊阳、临汝、偃师、孟津等县，牛羊皮年产量 60 万 ~ 70 万斤。附近各县所产牛羊皮在郑州、洛阳集中后运往天津、上海、汉口出口，其中以汉口方向最多，占全省产额一半左右，天津、上海两地各为 1/4。其运输方式为，附近各县以大车、手推车、架子车等将牛羊皮运至铁路车站，装车后运至天津或经汉口装船运至上海。抗战军兴后，因交通及政府统制转销西安。②

工矿业方面，河南开封除了有织布、皮革、火柴等工厂外，还有兵器制造厂；其他如郑州的机器厂、纺织厂，彰德及江苏徐州的纺织工厂等都非常有名，山东的中兴煤矿、徐州的贾汪煤矿，以及河南中西部、

---

① 滿鐵鐵道總局調查局『連雲港調查報告書』、25 頁。
② 河南农工银行经济调查室编印《河南之牛羊皮》，1943，第 3、5、14、16、17 页。

山西南部的煤矿，以海州盐田为中心的制碱工业都有很大的发展前景。据调查，1935 年 5 月，连云港腹地中的工厂数和职工数在整个华北地区所占比例分别为 7%、10%。因此，"总的来说应该还不算贫弱"，发展前景还是比较可观的。当时相关调查预计，将来连云港所输入的生产及消费资源的总量约为 150 万吨，输出量（包括农产、矿产、水产、畜产、工业品）至少有 750 万吨，港口的物资吞吐量能达到 900 万乃至1000 万吨。[①]

连云港建设之前，由于航行不便，轮船在大浦港需要消耗更长的在港时间，直接推高了大浦至上海间货物的运费。其结果就是内地经陇海运出货物大部分转向浦口。[②] 正式海港投入运营后，由于陇海铁路和港口自身吐纳能力有限，连云港更远端的西北地区，也面临其他港口的竞争。大量农矿产品从西部运至郑州后，转京汉铁路运至汉口装船，沿长江运至南京、上海等地，或继续沿粤汉铁路抵达广州一带。

二　1949 年以后的连云港腹地

1957 年，连云港务分局首次对腹地展开经济调查，按照货物的合理分流和物资运输路线的比较，港口经济腹地经批准划定为苏北、鲁南、河南东北和西北、陕西关中、甘肃东南部。1962 年兰新铁路通车后，连云港的腹地往西进一步扩展开始具备条件。根据 1972 年 3 月的调查，连云港的腹地主要有江苏、山东、安徽、河南、山西、陕西、四川、甘肃、青海等 9 省。1977～1978 年，国家计委为解决中国港口之间腹地交叉矛盾，制定了"外贸进口物资按需要地区就近靠港卸货原则"，1981 年交通部颁布试行《水路货运组织工作规程（草案）》，进一步提出了各海港的港口腹地，以各港口出口货物为主划分。据此，连云港的腹地范围是山东南部、江苏北部、安徽北部、山西东南部、河南、陕西等。进口物资的流向范围也明确规定为江苏、安徽两省北部和河南、陕西、青海、甘肃、宁

---

①　滿鐵鐵道總局調查局『連雲港調查報告書』、26～28 頁。

②　刘峻峰：《陇海铁路终点海港》，《工程》第 12 卷第 2 期，1937 年 4 月 1 日，第 113 页。

夏、新疆及四川北部。[①]

与民国时期相比，1949 年以后的腹地范围扩展了许多，也基本达到了建港之初预想的腹地范围。变化更大的则是腹地经济发展状况。主要表现为农产品的数量、种类均有大幅度增加，外运输出量有显著增长；随着诸多大型工业企业的投产，中西部地区尤其是河南、陕、甘等地的工业发展取得长足进步。这些都成为连云港发展的有力基础。具体情况如下。

1. 山东南部主要是临沂和济宁两地区。

津浦铁路是济宁的主干线。大运河经本省过济宁市西部，直通南方。该地盛产粮食作物。除了民国时期已闻名全国的枣庄煤矿外，周边的陶县、临沂等地也发现了煤炭。1970 年代枣庄地区保有地质储量为 4.57 亿吨，设计开采能力 618 万吨/年，1972 年实际产量已达 678 万吨。生产的煤炭主要供应上海、大连、山东、湖北等省市以及对外出口。中科院地理研究所工业地理调查组于 1973 年 11 月调查鲁南兖州、滕南、济宁、枣陶、官桥、曲阜等几个主要煤田的地质储量近 100 亿吨，至 1972 年底，已探明的保有工业储量为 54 亿吨。其中兖州煤田储量大而集中，在 357 平方公里内有地质储量 33.7 亿吨，精查工业储量为 26 亿吨。[②]

2. 江苏北部的徐海地区，盛产蔬菜及油料作物。

由于淮河的有效治理以及苏北灌溉总渠的开凿，徐海地区煤炭、石油等产量逐年增加。徐州的煤炭储量占据江苏全省的大部分，贾汪煤矿 1960 年前后年产量达 700 万吨。1970 年开始建矿的沛县大屯煤矿储藏量为 4.61 亿吨，设计生产能力达 520 万吨/年，生产的煤炭大部分运往上海。[③] 1958 年江苏省地质局初步勘探认为苏北地区阜宁、涟水、盐城等地

---

① 《连云港港志》，第 40、41 页。

② 江苏省连云港建港指挥部：《连云港"五·五"规划及远景设想（草案）》（1974 年 6 月），第 22 页，连云港市档案馆藏，2 - 2 - 42 - 1。本书所引用《连云港"五·五"规划及远景设想》《1962～1967 年连云港经济规划报告》中数据均为当时腹地经济情况，特此说明。

③ 江苏省连云港建港指挥部：《连云港"五·五"规划及远景设想（草案）》（1974 年 6 月），第 21、22 页，连云港市档案馆藏，2 - 2 - 42 - 1。

的石油储量丰富。苏北油田若能开发，经由连云港运出或在连云港就地加工出口，均极有前途。1962 年苏北、淮北产煤约计 5500 万吨，坑木的需求量为 1358500 立方米，合计 1155000 吨。淮北盐田 1958 年的产量为 1021974 吨，此项出产与连云港密切相关。[①] 徐海地区的水泥工业比较发达，1970 年代有水泥厂 6 座，生产能力为 40 万吨左右。[②]

3. 安徽北部地区也是连云港的腹地之一。

淮北一带（包括 1949 年以后从江苏徐州划入的萧县、砀山两县）盛产小麦、芝麻、棉花及杂粮。1949 年以后，由于淮河的治理，原本农业生产条件较差的淮北地区，取得了大踏步发展，历年内有小豆等技术作物经陇海路东运连云港中转青岛、龙口各地。1970 年代，皖北地区每年有 10 多万吨山芋干要对外出口。[③] 1959 年统计表明，安徽全省煤炭储藏量有 188 亿吨，其中淮北 168 亿吨。[④] 1970 年前后，淮北、皖北一带年产煤炭 800 万吨左右。1973 年曾计划从连云港对外出口 10 万吨，因受港口吞吐能力限制未实现。[⑤] 皖北地区经济的日益发展和交通事业的不断完善，对连云港的影响是多方面的，为连云港的发展创造了有利条件。

4. 河南商丘、开封、郑州、新乡、焦作、洛阳等地，粮食作物以麦、豆为主，在全国占有重要地位。

经济作物以棉花、花生为主，其次为桐木。矿产以煤为主，有焦作、鹤壁、密县、平顶山等处，其中焦作、鹤壁 1970 年代探明储量有 12.6 亿吨，年产煤炭 1000 万吨以上。1973 年供应上海 60 万吨，供应浙江 40 万

---

① 上海区海运管理局连云港港务局：《1962～1967 年连云港经济规划报告》（1959 年 6 月 6 日），第 3 页，连云港市档案馆藏，2-2-41-1。
② 江苏省连云港建港指挥部：《连云港"五·五"规划及远景设想（草案）》（1974 年 6 月），第 21 页，连云港市档案馆藏，2-2-42-1。该数字系综合而成。
③ 江苏省连云港建港指挥部：《连云港"五·五"规划及远景设想（草案）》（1974 年 6 月），第 20 页，连云港市档案馆藏，2-2-42-1。
④ 上海区海运管理局连云港港务局：《1962～1967 年连云港经济规划报告》（1959 年 6 月 6 日），第 2 页，连云港市档案馆藏，2-2-41-1。
⑤ 江苏省连云港建港指挥部：《连云港"五·五"规划及远景设想（草案）》（1974 年 6 月），第 22 页，连云港市档案馆藏，2-2-42-1。

吨，供应江苏 70 万吨。1973 年对外出口密县王庄中块煤 15 万吨。[①] 郑州的纺织和机械制造工业以及洛阳的拖拉机厂等均较为可观。1979 年 12 月，河南省在连云港设立"河南省对外经济贸易局驻连云港办事处"，后改称"河南省对外经济贸易委员会驻连云港办事处"，承办河南在连云港口岸出口商品的中转业务。该省经由连云港出口业务发展迅速，从 1977 年出口商品 2 万多吨，到 1991 年出口货物量增长为 49.6 万吨，货物种类有土产、粮油食品、五矿等几十种。1983～1988 年共装运活羊 10.42 万只出口至科威特。此外，河南省还在连云港设立经济实体，成立了河南省对外贸易连云港代理公司，参股成立连云港东方储运公司。1990 年亚欧大陆桥开通后，河南省各专业进出口公司纷纷将大宗商品出口转向连云港口岸。[②]

5. 连云港在陕西的腹地，主要是西安、咸阳和宝鸡等地，即关中地区，地势平坦，气候温和，为全省小麦、棉花主要产区，玉米、谷类次之。

牲畜多牛、驴、骡、马，羊少而零散。农作物旱地多为二年三熟。关中地区的工业分布以西安、宝鸡、咸阳等地较为集中。"一五"期间，陕西省共兴建 30 多个重点工业项目，至 1960 年前后基本全面建成投产。陕西黑腰一带，以及渭北煤田上的铜川地区，是西北工业的三大煤炭基地之一。纺织、机械、面粉、制革造纸等工业均有很大发展。公路四通八达，陇海路横贯其境，宝成铁路在省境内共长 339 公里。

6. 甘肃省的主要农产品是小麦、小米，次为大麦、玉米、高粱和稻。

甘肃省的经济作物以大麻、亚麻、棉花为主。位于祁连山北麓的玉门油田，是国内最早开发的大型油田，1959 年产量为 180 万吨。此外，西北地区还有新疆克拉玛依、青海柴达木油田等，上述油田所产原油大部分在兰州和玉门炼化，其余由铁路东运连云港中转上海、大连。[③]

---

①　江苏省连云港建港指挥部：《连云港"五·五"规划及远景设想（草案）》（1974 年 6 月），第 22 页，连云港市档案馆藏，2 - 2 - 42 - 1。

②　孙加夫主编《河南对外经济贸易概况》，河南人民出版社，1993，第 235、236 页。

③　上海区海运管理局连云港港务局：《1962～1967 年连云港经济规划报告》（1959 年 6 月 6 日），第 4 页，连云港市档案馆藏，2 - 2 - 41 - 1。

7. 山西省南部因同蒲铁路连接陇海西段，也有物资经由连云港出入。

1959 年以汾西矿为主，霍县、晋城、潞安煤炭经陇海路东运连云港中转上海约有 40 万吨，并逐年增长。[1] 1970 年代晋东南地区的煤炭探明储量为 256 亿吨。1973 年晋东南地区煤炭总产量 940 万吨，分配给上海 75 万吨（包括自拉煤 45 万吨）、浙江 44 万吨、福建 7 万吨、江苏 87 万吨（包括自拉煤 4 万吨），并对日本出口 3 万吨。[2] 1978 年以前，连云港是山西外贸运输的集中港区铁路运输[3]目标站之一，主要出口货物为煤炭和化工品，其主要出口港为天津港和秦皇岛港，进出口货物经由连云港者相对较少。

综上可见，煤炭工业遍布陇海铁路沿线。这里矿藏资源丰富、产量大，是华东沿海及中南地区的煤炭供应基地，也是连云港历年大宗出口物资的来源地。

除了上述各地区的煤炭之外，连云港腹地中还有苏北的利国铁矿，锦屏磷矿，新沂、东海、赣榆的黄沙、石英石，豫北洛阳的蛇纹石、碎云母、锑砂、重晶石、滑石，开封的天然油石，洛阳、开封和晋东南地区的铝矾土，晋南运城的池盐、无水芒硝，以及甘、青、新地区的原油与青海省的湖盐、池盐等金属和非金属矿产。总之，矿藏品种多、储量大，采掘工业发达，是 1949 年以后连云港腹地的主要经济特点。但是由于长期缺少能够将腹地丰富矿产进行深加工的高附加值产业，腹地工业化水平的进一步提高颇受限制。[4]

需要指出的是，尽管连云港的腹地范围比较大，但从一开始，其腹地也是沿海其他大港的竞争区域，计划经济时代，尤其是 1960～1980 年代，

① 上海区海运管理局连云港港务局：《1962～1967 年连云港经济规划报告》（1959 年 6 月 6 日），第 4、5 页，连云港市档案馆藏，2－2－41－1。
② 江苏省连云港建港指挥部：《连云港"五·五"规划及远景设想（草案）》（1974 年 6 月），第 23 页，连云港市档案馆藏，2－2－42－1。
③ 集中港区铁路运输，指外贸货物装船前由发出站装车，直接运进港口的港务局管区以内的运输，它是出口货物铁路运输的重要组成部分，是海运出口的基础性保证。见山西省史志研究院编《山西通志·对外贸易志》，中华书局，1999，第 400 页。
④ 江苏省连云港建港指挥部：《连云港"五·五"规划及远景设想（草案）》（1974 年 6 月），连云港市档案馆藏，2－2－42－1。

国家通过行政计划在某种程度上确保了连云港的腹地范围。但是，1990
年代前后港口下放地方经营开始，各沿海港口对腹地的竞争逐渐激烈，连
云港的腹地范围重又成为各大港口的争夺区域。关于港口腹地的竞争，将
在本章第三节单独论述。

第二节　新亚欧大陆桥及淮海经济区

一　新亚欧大陆桥

新亚欧大陆桥（以下简称"陆桥"）是相对于俄罗斯境内东起太平
洋、穿越俄罗斯国境并连接北欧港口的第一条横跨欧亚大陆的铁路线而言
的。但这一概念的雏形则是在准备修筑陇海铁路的民国初年提出的。1913
年，陇海铁路东段尚在争执时，冯弼仁等在以"江北公民"名义发表的
《对于海兰铁路建筑意见书》一文中，提及了这一设想。他们认为："此
路既为中国横贯之铁道，引而长之，由中亚直达欧陆，可与西伯利亚路抗
衡，为欧亚交通最便捷之路也。"当时德国人着力经营胶州湾并"拟由欧
洲筑一极大铁道横贯欧亚直接胶济"，[1] 也是设想从陆地上连通欧亚两大
洲。这是笔者目前所见关于新亚欧大陆桥设想的最早记载。此后，随着陇
海铁路的延伸和连云港的开辟，关于打通亚欧大陆陆上交通线的设想屡屡
出现，早期连云市筹备之时也曾提及。[2]

然而之后的许多年中，由于种种因素，陇海铁路不仅向西延伸进展缓
慢，即便已成线路也时常停运（见前文港口、铁路建设部分），自然也就
谈不上连通亚欧大陆的问题。直到陇海铁路全线贯通，并修筑了兰（州）
新（疆）铁路，1990 年 9 月，随着中国与苏联两国铁路在阿拉山口接轨，
这一设想终于成为现实。新亚欧大陆桥东起中国连云港，西至荷兰鹿特
丹，全程 10900 公里，沿途历经中国、哈萨克斯坦、俄罗斯、白俄罗斯、

---

① 江北公民：《对于海兰铁路建筑意见书》，《地学杂志》第 4 卷第 9 期，1913 年 9 月，
　　"杂俎"，第 1 页。
② 张树庄：《创立和建设连云市的几个人物》，《连云港市文史资料》第 17 辑《连云港近
　　现代人物》，第 109 页。

波兰、德国、荷兰等 7 国。其中中国境内总长 4131 公里，联结 11 个省区市。东亚、东南亚国家货物经连云港上大陆桥运至中东、近东及西欧国家，距离比海运缩短 8000～15000 公里，[①] 时间可以节省一半，运费可节省 20% 以上，与经俄罗斯西伯利亚亚欧大陆桥（出海港为纳霍德卡、东方港）相比，距离可缩短 2000 公里，而且连云港为不冻港。大西洋沿岸货物由陆桥往东运至连云港，情况亦然。[②]

位于陇海铁路出海口的连云港市认为，新欧亚大陆桥的贯通是"陇海、兰新地带的开发腾飞"，该市"开放向更深更广层次发展……千载难逢的良机"。基于此种认识，连云港市政府开始不遗余力地运作和努力，以确立连云港作为"陆桥"东桥头堡的地位和争取"陆桥"过境集装箱运输在连云港港试运行。1990 年 4 月，连云港市成立了市长为组长、分管副市长为副组长、十四个单位负责人为成员的"亚欧大陆桥东桥头堡争取工作领导小组"，又于同年 6 月 8 日成立了"亚欧大陆桥东桥头堡争取工作领导小组办公室"，从各单位抽调专人进入办公室开展工作。由连云港市主要领导带队多次"赴京跑部"争取，同国家"中欧大陆桥集装箱运输研究和试运工作小组"建立密切的联系，1990 年 6 月，该小组决定大陆桥开通后的试运、营运任务交给连云港市承办。1991 年 4 月 4 日，国务院生产委员会副主任赵维臣主持召开会议，研究了中国亚欧大陆桥过境集装箱运输工作的有关问题。会议明确了第一批开办陆桥过境运输的五港四站，连云港港被列为首位。其排列顺序是：连云港港、天津港、大连港、上海港、广州港、阿拉山口站、深圳北站、满洲里站、二连站。[③]

连云港被确立为新亚欧大陆桥的东桥头堡之后，过境集装箱运输量增长较快，且成为全国各口岸大陆桥过境运输的最主要口岸。1992 年 12 月 1 日，装载 50 个集装箱和 30 节车钢管的 783 次列车从连云港发出，12 月 9 日到达阿拉山口后，经换装出境运往西欧。最初计划连云港的陆桥运输

---

① 周长岭、南开成：《新亚欧大陆桥正式通车营运》，《中国交通报》1992 年 12 月 8 日。
② 《连云港港年鉴（2001）》，第 11 页。
③ 连云港市人民政府办公室：《连云港市大陆桥工作情况报告》（连政发〔1991〕77 号，1991 年 5 月 31 日），连云港市档案馆藏，3－2－1－515。

每天一列，装载近 80 个集装箱。① 但首列陆桥列车开出后，受各种国际因素影响，此后的 4 个多月都处于空白状态。②

至 1996 年大陆桥过境箱运量完成 12118 箱，占全国各口岸通过新陆桥运输过境箱总量的 99% 以上（天津、青岛口岸 1996 年全年及次年一季度该项指标总量只有 100 箱左右）。次年 1～4 月运量即超过上年全年。③

不过，大陆桥运输是国家多个部门协调开展的，④ 有时会因某个部门政策的调整而影响陆桥运输业务。1997 年 3 月，铁道部对集装箱运输营运线路进行调整，从原来国内外的 17 条大小集装箱专列增加至 50 多条，实行五定（定时间、定地点、定线路、定车次、定运价）直达运输，其中原定的连云港至阿拉山口的 782/1 专列改为 8102/1 专列，由连云港与青岛隔日开行，连云港双日开，青岛单日开。而此时连云港的陆桥运输平均每天为 97 标箱（一个专列满载为 76 标箱），除原定每天一列外，每月中近 10 天为双列开行。但青岛此时尚无过境运输。⑤ 显然一旦如此实施，必将对连云港的陆桥运输产生严重影响。为挽回局面，江苏省政府与连云港市政府于 1997 年 3 月 11 日分别行文铁道部和济南铁路局，请求保留连云港大陆桥过境运输专列并适当增加运力。⑥ 经过争取，加上连云港此时

---

① 《新亚欧大陆桥首次列车开出》，《人民日报》1992 年 12 月 1 日；《大陆桥首趟集装箱专列驶离新疆阿拉山口口岸》，《人民日报》1992 年 12 月 14 日；《连云港汽笛长鸣·新亚欧大陆桥投入运营》，《欧洲时报》1992 年 12 月 3 日。

② 刘斯路：《在新亚欧大陆桥的起点——江苏纪行之三》，原载 1993 年香港《经济日报》，转引自《连云港港年鉴（1994）》，第 5 页。

③ 中共连云港市委办公室：《关于新亚欧大陆桥国际集装箱过境运输有关情况的报告》（连委办发〔1997〕53 号，1997 年 4 月 28 日），连云港市档案馆藏，3 - 2 - 1 - 811。

④ 国家计划委员会、铁道部、交通部等七部委：《印发〈关于亚欧大陆桥国际集装箱过境运输管理试行办法〉的通知》（计调度〔1991〕1017 号，1991 年 7 月 9 日），连云港市档案馆藏，3 - 2 - 1 - 515。

⑤ 中共连云港市委办公室：《关于新亚欧大陆桥国际集装箱过境运输有关情况的报告》（连委办发〔1997〕53 号，1997 年 4 月 28 日），连云港市档案馆藏，3 - 2 - 1 - 811。

⑥ 江苏省人民政府：《江苏省政府关于请求保留连云港新亚欧大陆桥过境运输专列并适当增加运力的函》（苏政函〔1997〕16 号，1997 年 3 月 11 日），连云港市档案馆藏，3 - 2 - 1 - 811；连云港市人民政府：《关于请求保留新亚欧大陆桥过境运输专列并适当增加运力的函》（连政函〔1997〕3 号，1997 年 3 月 11 日），连云港市档案馆藏，3 - 2 - 1 - 811。

过境运输的状况以及当时青岛尚无过境货物运输，铁道部于 3 月 29 日公布的班列计划表上将原计划由连云港、青岛隔日开行的 8102/1 次专列改为暂时全部由连云港开行（每日一列）、青岛至阿拉山口暂不开行的方案。[①] 1997 年 4 月 1 日，连云港至阿拉山口的国际集装箱运输"五定"班列正式开通运行，运行时间为 5.14 天，并建成了陆桥国际集装箱追踪系统。[②]

从总体来看，连云港港口开展的新大陆桥集装箱过境运输业务虽增长迅速，但由于新亚欧大陆桥处于起步阶段，成长壮大尚需时日。此外，新陆桥运输业务虽有运距缩短和节省运费的优点，但海运因相对铁路具有无可比拟的运量优势，所以在相当长的时间内，仍旧为洲际大宗货物运输的首选，在这一背景下，连云港的新陆桥运输虽与其他港口相比有绝对优势，但至少目前尚未成为连云港港口和城市发展的决定性力量。

此外，作为桥头堡的连云港并没有享受到相应的政策优惠或倾斜。陇海铁路东段长期以来的通过能力在该区域干路中处于最低水平，就是比较明显的例证。而政策优惠和相应的倾斜在地方经济发展中的重要作用，也早已为早期东南诸省的经济特区以及随后的上海浦东新区、天津滨海新区的发展所证明。

二　连云港与淮海经济区

1985 年 1 月 28 日，徐州市市长何赋硕、连云港建港指挥部指挥吴学志联合撰文，呼吁"打破省界，以徐州为中心，以连云港为对外开放的窗口，在共同的奋斗目标、不变更各自的行政隶属关系的前提下"，由中央派员和四省轮流主持，吸收苏北、鲁南、皖北、豫东各地市参加，组成淮海经济区联合开发公司，共同开发淮海经济区。[③] 次年 1 月，淮海经济

---

①　中共连云港市委办公室：《关于新亚欧大陆桥国际集装箱过境运输有关情况的报告》（连委办发〔1997〕53 号，1997 年 4 月 28 日），连云港市档案馆藏，3 - 2 - 1 - 811。

②　国家科委办公厅：《关于转发"新亚欧大陆桥研究与开发协商会会议纪要"的函》（国科办证字〔1997〕259 号，附件"会议纪要"，1997 年 12 月 9 日），连云港市档案馆藏，3 - 2 - 1 - 811。

③　何赋硕、吴学志：《发起新的"淮海战役"》，《经济参考》1985 年 1 月 28 日，第 6 版。

区发展战略研讨会在北京召开，经著名经济学家于光远倡导，决定成立"淮海经济区"，并设立一个组织联络的常设机构，每年的市长（专员）联席会议由经济区成员地市轮流举办。① 3 月 15 日，苏、鲁、豫、皖四省接壤地区 16 个地市首届市长专员会议召开，正式成立淮海经济区。此后由于区域内行政区划调整，目前由 20 个市组成，分别是江苏的徐州、连云港、淮安、盐城、宿迁，山东省的枣庄、济宁、泰安、莱芜、日照、临沂、菏泽，安徽省的蚌埠、淮北、宿州、阜阳、亳州，河南省的开封、商丘、周口。

淮海经济区位于黄淮海平原南部，区域内平原广阔，集中连片，面积约占全区土地总面积的 80%。自然资源蕴藏丰富，种类多样。矿产资源以能源及非金属矿为主。含煤面积约 1.2 万平方公里，煤炭探明储量为 586.2 亿吨，占全国煤炭探明储量的 5.9% 和华东地区的 93.4%。② 区内土地总面积 17.8 万平方公里，人口约 1.22 亿人，分别占全国土地面积的 1.86% 和全国人口的 9.4%。

不过从经济总体发展水平来看，淮海经济区不仅远远落后于经济发达的环渤海地区、长三角和珠三角（淮海经济区 1993 年地区生产总值仅分别相当于上述三地区的 32.3%、17.1% 和 39.2%），而且低于全国平均水平。1994 年淮海经济区人口占全国的 9.42%，但地区生产总值仅占全国的 6.23%。至于人均地区生产总值指标（1994 年为 2485.4 元/人）差距就更大，仅相当于全国平均水平（3679 元/人）的 67.6%、江苏省的 43% 和山东省的 55.7%，大体与安徽、河南两省的平均水平相当。③ 2004 年以来，该区域经济发展水平有所提高，地区生产总值提高到全国的 7.4%，但人均地区生产总值与其他地区的差距似乎有拉大的趋势，仅为东部发达地区的 30%，仍低于全国平均水平，④ 成为全国经济相对发达的东部地区中的谷底。

---

① 张道刚：《尴尬的淮海》，《决策》2006 年第 Z1 期。
② 中国科学院国家计划委员会地理研究所编印《淮海经济区经济和社会发展规划（1996～2010 年）》，1996，第 2、3 页。
③ 《淮海经济区经济和社会发展规划（1996～2010 年）》，第 2、3 页。
④ 张道刚：《尴尬的淮海》，《决策》2006 年第 Z1 期。

　　除了整个区域经济落后外，淮海经济区中经济发展水平相对较高的苏北地区，在江苏省内与江南地区的差距也有拉大的趋势。管卫华等通过对改革开放以来苏南、苏中、苏北三大地区包括地级市市区和各县 19 项指标进行综合分析，并以综合实力排序，得出如下结论：从 1980 年到 2000 年，苏北地区的徐州、连云港、盐城、淮阴等中心城市的综合实力普遍下降，与苏南地区的中心城市南京、苏州、无锡、常州等的差距有所拉大，甚至被苏南地区的一些县级区域如昆山等超越，"导致东陇海线原本实力就比较弱的轴线聚集和辐射作用下降"。[①]

　　一般而言，经济社会发展水平较高的区域，其内部各地区之间人员与经济往来的联系相当紧密。唐娟等通过对淮海经济区各城市间经济联系的研究表明，该区域中徐州与临沂、枣庄、淮北、宿州、淮安、宿迁之间的联系强度远远高于徐州与区域内其他城市间的联系强度，与徐州同属苏北的连云港之间的联系强度反倒不如连云港与鲁南的临沂和日照间的经济联系紧密。其结论是位于区域几何中心的徐州并没有能够辐射区域内所有的地级市。徐州与商丘、临沂、济宁等城市的经济发展水平没有形成明显的落差。因此，淮海经济区还没有形成真正意义上的中心城市。[②] 连云港、日照两个大港与区域内其他城市，以及区域内城市之间经济联系不够紧密，中心城市辐射力不足，是淮海经济区的一个重要特征。甚至有说法认为，距离济南、南京、合肥、郑州等地均为 300 多公里的徐州，虽位于淮海经济区的几何中心，但其辐射半径仅为 100 公里左右。[③]

　　除经济发展水平远低于沿海发达地区外，淮海经济区在全国经济开发政策格局中处境也相当不妙，从 1980 年代的珠三角经济特区开放，到 1990 年的上海浦东新区开发，再到 2000 年以后环渤海地区特别是滨海新区开发，国家区域发展的重点从南到北依次推进，上述三地区也因国家政策的倾斜而迅速发展。国家西部大开发规划中虽屡次提到陇海—兰新经济

①　管卫华、赵媛、林振山：《改革开放以来江苏省区域空间结构变化》，《地理研究》2004 年第 4 期。

②　唐娟、马晓冬、朱传耿、钱程：《淮海经济区的城市经济联系格局分析》，《城市发展研究》2009 年第 5 期。

③　张道刚：《尴尬的淮海》，《决策》2006 年第 Z1 期。

带，但其重点往往是西部地区，淮海经济区依然享受不到政策倾斜。除了
整个区域处于国家经济政策的边缘外，区域内各成员市在本省范围内也长
期处于尴尬境地。江苏省的发展重心历来是长江下游的沿江地区；山东省
的发展重心则是济南至青岛的胶济铁路沿线以及半岛地区；河南省则以郑
州为中心规划中原城市群，区内的开封虽列入其中，但地位远不如郑州重
要；安徽省的重心则是皖江及长江沿岸地区。因此，有学者认为淮海经济
区处于全国和所在各省经济政策的"双重边缘"叠加之下。[①]

　　打破行政疆界的限制，是淮海经济区成立之前何赋硕、吴学志撰文呼
吁时最早提出的，也是区内各市长期共同探索的课题。2006 年 3 月的全
国人大会议上，来自淮海经济区成员市的所有全国人大代表联名提交了一
份议案——《关于"将淮海经济区作为全国区域综合试点区、促进淮海
经济区快速崛起"的议案》。议案中代表们呼吁："鉴于淮海经济区各市
地域相连、文化相通、经济基础相近，建议国家把淮海经济区作为全国综
合改革及区域经济整体开发试点区，列入国家发展规划，予以优先扶持，
确保重点推进；建立跨省区域经济联络协调机制，进一步指导全国区域经
济的协调发展，对淮海经济区的各类资源进行集中整合，使其发挥出更好
的效益，促进区域经济快速、健康、可持续发展。"[②] 事实上，这已是淮
海经济区第二次发出同样呼声。十年前，"原全国人大常委会副委员长费
孝通四次亲临淮海，两次在京主持专题会议，提出了加快区域经济发展的
思路，并以书面形式向时任中央总书记江泽民提交了五点建议，第一条就
是'设立区域经济协作综合试点区'，这与 2006 年 3 月提交给全国人大
的议案完全一致"。[③]

　　淮海经济区希望将区域合作上升为国家意志，显然是看到了此前珠三
角的经济特区、长三角的浦东新区以及环渤海的滨海新区由国家主导并给予
相当多的政策倾斜和优惠从而蓬勃发展的先例。迄今为止，提案没有下文。

　　连云港是淮海经济区最便捷的出海口，而淮海经济区中大部分地区亦

---

①　张道刚：《尴尬的淮海》，《决策》2006 年第 Z1 期。

②　淮海经济区联络处：《百名代表联名提案呼吁淮海经济区作为全国区域综合试点区》，
　　《大陆桥视野》2006 年第 4 期。

③　王运宝：《决战"新淮海"》，《决策》2006 年第 Z1 期。

为连云港之核心腹地。淮海经济区是苏、鲁、豫、皖四省的 20 个地区、市的"自由组合"，并不是国家层面发展规划的产物，其相互之间只是由一个联络办公室和每年举行的合作联席会议从中协调。最为致命的弱点就是经济区中各组织均为所属省份经济社会发展的洼地，在本省中也是处于边缘的地位，区内也没有一个辐射能力足够强的中心城市将周边地区紧密联结在一起。松散、边缘化是淮海经济区的重大缺陷。新亚欧大陆桥在境内主要以陇海、兰新铁路将东部和中西部地区连接起来。连云港作为新亚欧大陆桥的东桥头堡，与沿线各省区市以及中亚、欧洲的经贸往来，在新亚欧大陆桥处于刚刚起步的短期内很难有较大作为，所谓"大陆桥经济带"能否成为经济活动的热点地带暂时很难断定。

第三节　竞争与合作：沿海港口格局中的连云港

连云港处于青岛和上海两大港口地理中点的位置，并且分别接受过上海港务局、青岛港务局的管辖，在港口业务上也长期处于两港的喂给港地位，因而连云港的腹地事实上也成为两大港口的争夺区域。除此之外，分属苏鲁两省而又比邻而居的连云港港与日照港，相距仅有 40 公里。最初为输出兖州煤而建设的日照港，其建港与连云港深水大港建设的挫折紧密相关，港口建设标准一开始就高于连云港港，经过二三十年的发展，其港口吞吐量已经超过连云港港。近年来，两港年吞吐量均超过亿吨，日照港则接近两亿吨，相距如此之近的海州湾中，形成了两大港口并驾齐驱的格局。由于兖石铁路向西延伸至西安与陇海铁路连接，两港腹地在中西部重叠，货种结构相近，形成了强力竞争的关系。对连云港港与日照、青岛、上海等港口的竞争与合作关系的考察，有助于理清连云港在沿海港口格局中的地位——在这种竞争大过合作的格局下，连云港港口与城市从中脱颖而出的可能性并不大。

一　连云港与上海、青岛等传统大港

连云港地处青岛、上海之间，海路距离分别为 107 海里和 383 海里。其最初选址于此的原因之一，也是基于该地没有像上述两地那样为外国势

力所染指（见本书第二章第一节）。港口建成后至抗战前，该港为不开放港口，不允许外来船进入。陇海路局经营下的连云港港口，其海上主要贸易路线为上海、日本和青岛。日占时期，连云港由华北交通株式会社统制经营，其主要航线是日本、大连和青岛。1949 年以后，上海再次成为连云港的主要贸易航线。事实上，从连云港建港之初，其设想腹地即有大量物资运销上海、青岛、汉口、浦口，连云港的建成从某种意义上说就是从中分一杯羹。因此，从一开始连云港的腹地就面临其他港口的争夺，这种竞争在 1990 年代之后愈演愈烈。

（一）民国时期

与陇海铁路在徐州交会的津浦铁路是连接南北的重要通道，其南北两端分别连接浦口、长江和胶济铁路、天津，在东部地区交通体系中的重要地位自不待言。连云港紧靠的徐海地区，京杭运河作为南北物资交流的传统通道，即使在与其平行的津浦铁路建成以后，仍然发挥着不可替代的作用。运河自徐州以下可以通航，直下长江抵达上海。以上两条路线的存在，决定了连云港从建港之初，其核心腹地即已被"瓜分殆尽"。

民国时期新安镇（今江苏省新沂市）出口以花生米、豆、豆饼、麦、栗子、核桃、白果（银杏）、金银花、金针菜等为主，每年有 4000 吨左右。花生米、小麦多销往上海、青岛，豆饼以新浦为集中市场，豆子则销往徐州及长江一带。运销山东者多由陆路用骡马车装载，沭河水位高时，则水运较为便利。运往长江一带则由运河顺流而下，至扬州霍家桥再往上下游分运。自新安镇由内河运转上海较由陇海路大浦出口，运费约便宜 40% 而时间相差无几，故"商人均舍车运而群趋水道"。[①] 邳县炮车镇每年预计有 4000 吨小麦、2000 余吨黄豆、烟叶 1000 余吨经炮车行销开封、郑州、徐州、新浦、上海、青岛等地，其中由陇海路装运者为三至四成，其余由水路装运。[②] 运河站（今江苏省邳州市）由于陇海铁路开通，中兴煤矿设立了存煤场一处，可存煤 4000 余吨。台赵支线开通前，由中兴煤矿河运到运河站再装车运至大浦，全部费用为每吨银元二元五角，若由津

---

① 《1932 年度陇海铁路全路调查报告》，第 30、31 页。
② 《1932 年度陇海铁路全路调查报告》，第 43、44、46、47 页。

浦路经徐州过轨运到大浦则每吨仅为一元六角，因水运需多一项装车挂车手续费。山东所产之栗子、棉饼、枣、白果、花生及江苏北部之货物，一向由运河南运而入长江各埠，每年约有 10 万吨，其中仅有不到两成由铁路运输。泗阳、宿迁、睢宁等地每年产牛甚多，每年约有 3000 头牛经牛贩沿运河驱赶贩运至山东，过运河站后进入山东境内由胶济铁路运销青岛。① 从运河站出发，货物经运河水运直驱扬州霍家桥入长江而达上海，每吨运费要比经陇海路经大浦出口运至上海便宜约 40%，原因是运河沿线的厘金所取消后，河运基本畅通，而且船只下行速度较快，并不比当时的火车速度慢多少，因此货物多选择经运河运输。② 铜山因交通便利，本地以及附近的山东滕县、河南归德（即商丘）等地所产的棉花每年由徐州运往上海者，"实非少数"。③

豫东一带，商丘县农产丰收时，经由亳县水运赴蚌埠者不在少数。④ 商丘距离皖北商业发达的亳县不远，货物可由涡河水道至蚌埠装火车或者由蚌埠折入淮河顺流东行，再转运河直达扬州分运。由亳县运往上海的货物以药材、芝麻、黄豆、牛羊皮、草帽辫为大宗。1932 年时，商丘货物运至上海不同路线的运费分别为：经由蚌埠转上海每担共三元二角，大浦转沪为三元四角，徐州转上海则为每担三元六角。从时间上来看，蚌埠路线用时最长，徐州路线次之，大浦最快。但若遇战事则另当别论。因此，如能修通亳县至商丘的 60 多公里支线，以上货物按四、五等货运费仅为每担一角五分和一角一分，但转运时间上则大大减少。实行海陆联运后由亳县至上海约计 5 日可达。⑤

1930 年代的河南考城县，农产品输出有黄河水运、陇海路两条线路，因水运费用更低，所以通过水运者要多于铁路输出者。⑥ 位于宁陵县的陇海路柳河站，与山东曹县毗邻，距离仅有 70 里。曹县距离津浦路上的济

---

① 《1932 年度陇海铁路全路调查报告》，第 47、48 页。

② 《1932 年度陇海铁路全路调查报告》，第 49 页。

③ 唐绍垚：《徐海道区铜山县实业视察报告书》，《江苏实业月志》第 9 期，1919 年 12 月，第 6 页。

④ 《1932 年度陇海铁路全路调查报告》，第 99 页。

⑤ 《1932 年度陇海铁路全路调查报告》，第 103～105 页。

⑥ 《1932 年度陇海铁路全路调查报告》，第 112 页。

宁站 160 里，但曹县货物约有 70% 经由济宁站往外运销，运往陇海路柳
河站的仅有不到 30%，原因是济宁的商业范围远胜柳河，资本殷实的粮
栈多设于济宁，运输方面也更为便捷。① 兰封县 1932 年经由陇海路运出
花生 800 吨，由黄河运赴济南者反较火车运输多出 60%，原因也是济南
的销售市场更大而且通过河运费用更为低廉。② 陇海路开封车站货物输出
以花生为大宗，瓜子、牛羊皮、面粉、火柴、汴绸等亦有输出，输入物品
则有米、煤、石灰、绸缎、布匹、煤油、洋杂货等。但开封站的货运面临
黄河水运的竞争，并不理想。本地出产仅有花生一项为大宗，时间则限于
秋冬两季，尚须视收成之丰歉、销地市价之涨落，因此并不可靠。③ 中牟
县也有部分花生经由京汉铁路谢庄站运往汉口。④

郑州因京汉铁路和陇海铁路交会而逐渐成为中原的物资集散地。1920
年前后，陇海铁路豫东沿线地区的花生、硝、火柴等即运至郑州再转销外
埠。陕、甘、豫西、晋南等地所产药材大量集散于郑州。药材运销目的地
根据数量从多到少依次为汉口、河南禹县、定州以及开封、徐州。经由郑
州集散的陕西棉花、河南及山西所产棉花，其主要运销地是汉口和上海及
天津，仅此一项每年贸易额就有 13840000 元。⑤ "全路主要货运大部集于
中部"，连云港建成以前，"平汉中部货运，皆南下汉口，转轮以出上
海"，⑥ 陇海连云港开通后，"平汉货物皆直接郑州，经陇海东出徐海矣"，
郑州贸易路线有所改变。1937 年时，陇海、京汉两路 "为谋沿线剩余煤
斤，由连云港车站出口运销至沿江沿海各埠起见"，双方订定联运办法，
由陇海路供给车辆，每年至 30 万吨，道清支线常口李河、李封、焦作、
丰乐镇以及码头镇站煤炭等可一并起运至连云站。⑦ 显然这些分流至陇海

---

① 《1932 年度陇海铁路全路调查报告》，第 114、115 页。
② 《1932 年度陇海铁路全路调查报告》，第 119、120 页。
③ 《1932 年度陇海铁路全路调查报告》，第 141 页。
④ 《1932 年度陇海铁路全路调查报告》，第 150、151 页。
⑤ 青岛守备军民政部铁道部『河南省郑州事情』1922、58～61 页。转引自刘晖《铁路与
　近代郑州城市化进程研究》，博士学位论文，南开大学，2010，第 67 页。
⑥ 刘堦平：《最近我国中部货运动向观》，《交通杂志》第 4 卷第 12 期，1936 年 12 月，第
　119～120 页。
⑦ 《陇海平汉两路减价运销平汉线剩煤》，《交通杂志》第 5 卷第 6 期，1937 年 6 月，第
　106 页。

路连云港的物资其实是京汉铁路运力不足的剩余物资，并未对郑州以西的货运格局造成颠覆性影响。

1936 年，陇海路局和同蒲路局商办联运办法，"尤其对于木机棉包之运输，特别予以便利"，商定今后无论在同蒲或陇海铁路任何车站，均可购海陆联运票，直达上海、青岛、广州各口岸，经过黄河及连云港之转载，均由铁路分别负责办理。商人只要在起运车站办妥托运手续，其余货物运输及保险等方面均由铁路负责，且享受递远递减的运费优惠。[1]

连云开港前，陇海线的货物一部分是通过京汉线运往汉口，一部分是通过津浦线运往浦口输出，大体趋势为郑州以西及其附近的货物多选取经由汉口运出。连云港筑成后，因"平汉线的运费以及汉口的过境税、货物滞纳金在提高"，货物也开始从连云港运出。郑州以东的货物多经浦口运出，连云港为提高竞争力，经申请免除了转口税，因此"也有选择在连云港输出的货物"。当时浦口港的条件比连云港港要优越得多，港湾设施等经济实力也很强，虽然铁路的运输距离稍长了些，但离消费市场很近，货物运输船只也很多，"对于连云港来说是很大的威胁"。[2] 而免交转口税的政策一旦推及全国各港，则浦口对连云港的威胁会更大。事实上，在当时的其他各铁路港口竞争下，连云港时常处于不利境地。如 1936 年 8 月，招商局之联运出口货较上年 8 月减少一半，而同年内陆小麦产区"收成甚佳，出口甚多，但因铁路联运之竞争，以致小麦由该港口出口，反形减少"。[3]

1936 年夏，国民政府决定将胶济线延长到聊城，随后将其与道清铁路相连，并计划在郑州和潼关与陇海铁路相接。胶济线的运费比陇海铁路便宜，如果上述延长计划实现的话，山西、陕西、河南的货物都会经由青岛运出。而此时连云港港尚且无力容纳 5000 吨级以上的海轮进出，因此该地附近的地方特产要输出到国外的话，直接通过青岛港的外国船舶装运是最有利的。"从大多数的观点来看，胶济线的延长是符合经济发展原则

① 《陇海与同蒲两路负责货运　十月十日实行》，《铁道半月刊》第 11 期，1936 年，第 48 页。

② 伊藤香象·森俊夫「青島、連雲港出張視察報告」支那駐屯軍司令部乙嘱託港灣班『北支港灣調査報告（第一隊）』、162～163 頁。

③ 《连云港八月份货运概况》，《航业月刊》第 4 卷第 3 期，1936 年 10 月 15 日，第 7 页。

的，但会导致青岛港成为连云港港发展的一大威胁。"①

连云港腹地货物大部分流向上海和青岛，除了上海是全国经济中心、青岛取代烟台成为山东全省的贸易中心乃至北方重要港口外，还有一个相当重要的因素，就是上海港和青岛港在港口设施以及费率上与连云港港相比还是颇有优势的。上海港拥有长江这一黄金水道，且附近内河航运发达，连云港港与其差距巨大，二者之间几乎不具备可比性。德国人强租胶澳后，即投入巨资建设港口，且将港口建设置于城市建设之前。1899 ~ 1914 年，德国在青岛总投资为 210169015 马克，用于青岛港的投资（包括工资、营业费等）达 53833643 马克，为总投资的 25.6%。其间临时费为 80578990 马克，用于港口建设的各项费用则占 44.8%。巨额资金的投入，使得青岛港在 1912 年时即已在全国 45 个港口中位居第六。②

再就是作为港口主要货运通道的胶济铁路与陇海铁路存在重大差异。胶济铁路的建筑方向是从青岛港往济南方向延伸，从 1899 年春青岛筑港工程开工，9 月胶济铁路开工，从青岛，经胶县、高密、潍县、益都、张店，顺次往济南方向铺设轨道，竣工一段，通车一段，到 1904 年 6 月，从青岛至济南 395 公里的铁路全线通车。港口建设则几乎同步推进，从 1901 年春季青岛小港开通，随即开建青岛大港，1904 年 3 月第一码头建成。这种方式的好处是，随着邻近港口区域的铁路竣工，铁路沿线的物资转口随即获得优越的出海口，港口对铁路沿线及邻近区域的吸纳作用从一开始就很强，而随着铁路的渐次往西延伸，其港口因较好的设施和较为优惠的费率，在与烟台的竞争中具有明显的优势，因而其腹地尽为青岛所夺。而连云港的建设方向则是从内陆向海边延伸，此种方式，在 1934 年已引起质疑："倒霉得很，这条铁路虽有陇海之名，西尚未达陇，即达西安亦尚有待，东更未抵海口，所以这无头无尾铁路"，"除去徐州至洛阳一段尚形重要外，始终不曾……引人注意"，"当日主持路政者不先测定海港，俾轮船与火车得衔接之便，总是太高明了。一直到近两年，办理路

---

① 伊藤香象・森俊夫「青島、連雲港出張視察報告」支那駐屯軍司令部乙嘱託港灣班『北支港灣調査報告（第一隊）』、163 頁。

② 寿杨宾编著《青岛海港史（近代部分）》，人民交通出版社，1986，第 51、278 页。

工者还不能决定路线重点应在何处"。① 除此之外，陇海铁路从 1913 年开
封至徐州段动工到 1936 年方延伸至连云港，其所耗时间实在太多，而其
腹地早已形成上海、浦口、青岛、汉口等港口的"势力范围"。由此可
见，连云港虽是后来建成，但港口、铁路与青岛相比均落后甚远，加上青
岛实行的自由港和自由地区制，连云港实行的则是鼓励国轮禁止外轮出入
的封闭政策，两相比较，连云港开港时，青岛即具有压倒性优势。即便如
此，青岛依然对连云港的开港高度重视。1934 年，就职于青岛市的青岛
人谭书奎认为，连云港一旦开通，青岛港济南以西和远端的西北地区腹地
"必大受其影响矣"。② 时任青岛特别市市长沈鸿烈认为连云港建筑码头完
成，"关系青岛市货运前途极巨"，遂于 1934 年 12 月 23 日偕社会局局长、
工务局局长及技正两名前往连云市政筹备处考察。③

　　结合上述内容以及本书第五章可知，在整个民国时期，连云港港相对
于青岛和上海两港，事实上处于从属地位，发生的变化仅是从属的主要对
象由原来的上海转变为日占时期的青岛。除此之外，连云港的腹地中还有
物资直赴上海、青岛。而汉口、浦口等内河港口的竞争也使得连云港的腹
地空间面临挤压和争夺。④

（二）1949 年以后的腹地竞争

　　1949 年以后，随着国内政局逐渐稳定以及大规模工业建设的展开，
连云港腹地的工农业开始有了突飞猛进的发展，港口吞吐量逐年攀升。如
本章第一节所述，国家通过计划和行政命令的方式划分了各沿海主要港口
的腹地范围，这的确具有指导性意义，从某种意义上来说，也是对连云港
的"保护"。然而由于陇海铁路东段货物运输能力在全路中始终处于较低

---

① 克超：《关于连云港》，《政治评论》第 133 期，1934 年，第 86 页。

② 谭书奎：《港口发达之经济原理与青岛市之前途》，《交通杂志》第 2 卷第 6 期，1934 年
　 4 月，第 79 页。

③ 《沈鸿烈考察连云港，青岛社会局长等同往》，《中央日报》1934 年 12 月 23 日，第 2
　 版。

④ 实行海陆联运后，由于进出口货物不停留，客商减少，市面渐呈萧条之象，这种认识在
　 当时并不鲜见。时人认为，杭州钱塘江大桥建成，货物将不再经过杭州这一浙江全省通
　 衢，杭州恐怕将因此受到影响。同样，粤汉、广九两路接轨，有赞成亦有反对。见《连
　 云港衰落的研究》，《星华》第 1 卷第 25 期，1936 年，"演讲台"，第 10 页。

的水平，更是远远低于从徐州交会南下的津浦铁路，连云港港口的吞吐能力不能得到有效发挥，腹地物品舍近求远分流其他港口的情况始终存在，有时其直接腹地分流他港的物资甚至远超经由连云港的输出量。1990 年代以后，随着国家开始逐步推行市场经济体制和沿海港口下放地方经营，面对青岛、上海这类吞吐能力强、消费市场庞大的港口对连云港腹地的争夺，连云港的处境更为尴尬。其腹地货物分流情况大致如下。

1960 年代，山东枣、陶及临沂的煤炭年生产量计 1415 万吨左右，大部分由津浦线南运，少部分由陇海路东运连云港出口，供上海、浙江、福州等地的需要。贾汪煤矿年产量 700 万吨，除供本地需要外，大部分经津浦路和京杭运河南运华南与上海，少部分经连云港中转上海及浙江。到了 1990 年代，京杭运河的徐州港和邳州港纷纷扩建以扩大徐州煤炭对南京、上海等地的输出量。河南省 1955～1957 年有 2 万余吨桐木经青岛转运日本。河南焦作、宜洛、观音堂、平顶山等地所产煤矿，除自给自足外，经京汉铁路运往南方，少量焦作煤中转连云港出口。[①] 陇海铁路徐州以西段实施技术改造，提升货运能力后，大量河南以及晋东南煤炭经陇海铁路到达徐州后转至津浦铁路南下。

从东部地区以及中西部地区的物资转运路线来看，连云港的地理位置虽非常优越，但传统以及现代的贸易路线对连云港多少有些不利。东部地区尤其是徐海一带，因京杭运河与津浦铁路这两条南北交通大动脉的存在，中西部地区物资的大部分经由这两条路线分别北上青岛、天津，南下长江沿岸的南京、上海等。即使是距离港口最近的徐海地区物资出口，也有相当比例沿上述路线分流。

造成这一局面的原因除了传统物流方向外，还有陇海铁路东段运输能力低和港口设施不足。1949 年以后，因矿产资源丰富而且"大三线建设"时期布局于中西部的大量工业项目，陇海铁路实施技术改造和升级的顺序是自西向东逐步推进。郑州至宝鸡段的复线建设和电气化改造实施最早。郑州至徐州段也较早建成复线并实施电气化改造。在徐州与陇海线相交的

---

①　上海区海运管理局连云港港务局：《1962～1967 年连云港经济规划报告》（1959 年 6 月 6 日），第 2 页，连云港市档案馆藏，2－2－41－1。

津浦铁路，复线建设和电气化改造与陇海西段时间则大致相同。经复线建设和电气化改造的陇海西段和津浦路，运输能力显著增强，中西部货物沿京汉铁路和津浦路分流的传统贸易路线得到进一步增强。而陇海路东段，复线的铺设 1990 年通车至邳州，而邳州至连云港 150 余公里的复线通车则是 1998 年。连云港港由于日照港的建设和快速崛起（详见本书第七章第三节第一部分），建设深水大港的努力受阻而致使港口设施滞后，压船、压港现象严重，这也促使相当大的一部分货物只能绕道而分流其他港口。

面对这种局面，连云港港口当局调整经营思路，通过与青岛、上海港的合作取得了一定成效。其办法是先将货物通过铁路运到连云港，再下海装运到航行于上海港或青岛港的远洋运输干线船舶上，向国外的目的港航行，充分发挥连云港至中西部地区铁路运距短、节省综合运输费用的优势，"真正达到了双方互补、双方受益的双赢合作效应"，集装箱运量 2001 年一举打破了十几年来连续徘徊在 10 万标箱的局面，实现了 15 万标箱。① 当然，运营的合作最早可以追溯到建港之初。

二　日照港的强势崛起

东部沿海港口中距离连云港最近、腹地交叉重合最多的要数日照港。日照港位于山东省日照市老城区以东 11 公里的黄海之滨，紧邻江苏赣榆，海上距离青岛和连云港分别为 65 海里、40 海里。毋庸讳言，日照港的建设导致连云港深水大港项目推迟。国家最终的决策是日照港建设 10 万吨级深水泊位，作为煤炭出口码头，连云港港则建设 5 万吨级泊位的杂货码头。② 两港之间"高度相关"，本书第七章第三节将会专门论述。

日照港于 1980 年经由国家计委批准建设，1982 年 2 月正式开工（当时称为石臼港，为统一名称，本书通称为日照港）。据《日照港志》记载，该港直接腹地是"日照港经济腹地主要是新石铁路沿线的鲁南七地市（日照、临沂、枣庄、济宁、菏泽、泰安、莱芜）、豫北五市（新乡、

---

① 任汉诗：《变竞争对手为合作伙伴——连云港港务局局长孙立家接受德国记者专访》，《中国远洋航务公告》2002 年第 6 期。
② 《连云港港志》，第 87、88 页。

焦作、鹤壁、安阳、淮阳）、晋南四地市（长治、晋城、临汾、运城）以及陕西关中两地市，共 18 个地市"，间接腹地则为"日照—兖州—新乡铁路的延伸，可经焦作、侯马直达西安，日照港的腹地范围将辐射到甘肃、宁夏、青海和新疆等省区。随着新亚欧大陆桥的开通、延伸和发育成型，日照港的间接腹地也将成为直接腹地"。[①] 显然，该港的腹地范围与连云港的腹地范围存在较大程度的重合与交叉。

值得注意的是，日照港的直接腹地中，煤炭的储藏量相当可观。该港建设初期以输出兖州至新乡铁路沿线的煤炭为主要目的，而港口最先建设的两个 10 万吨级深水泊位则是煤炭专用码头。如前文所述，鲁南兖州一带 1972 年底探明煤炭储藏量为 54 亿吨。至日照港建成后，其直接腹地中煤炭可开采量为 500 亿吨。1988 年鲁南、豫北、晋南煤炭产量为 1.14 亿吨。[②]

日照港的建设起点可谓相当高，第一期工程建设两个 10 万吨级泊位，设计年吞吐能力 1500 万吨，投资 7 亿元人民币，列入"六五"计划国家重点建设项目，部分利用第一批日元贷款。[③] 该港建设标准起点之高还体现在从兖州这一大型煤炭基地修筑的直达港口的兖石铁路大致上也是同期修筑，而且其建设规格和货运通过能力高于同期的陇海铁路东段。

1985 年底试运营、1986 年正式开港运营的日照港，其货运吞吐量逐年快速增长。从 1986 年的 262.80 万吨，到 1993 年增长为 1316.66 万吨（详见表 6-2）。

表 6-2　1985～1993 年日照港内外贸货运

单位：万吨

年份	外贸 吞吐量	其中 煤炭	内贸 吞吐量	其中 煤炭	总吞 吐量	其中 煤炭
1985	2.36	2.36	21.46	21.46	23.80	23.80
1986	23.76	22.61	238.46	236.03	262.80	259.70
1987	96.35	90.43	327.67	321.03	424.55	418.82
1988	12.13	10.69	726.87	719.17	739.66	726.12

① 《日照港志》编纂委员会编《日照港志》，齐鲁书社，1996，第 18 页。

② 《日照港志》，第 18、19 页。

③ 《日照港志》，第 5 页。

续表

年份	外贸吞吐量	其中煤炭	内贸吞吐量	其中煤炭	总吞吐量	其中煤炭
1989	109.05	87.98	730.82	724.72	840.48	818.56
1990	158.97	110.19	764.99	758.88	924.99	899.84
1991	302.70	211.56	776.90	767.59	1079.59	1058.60
1992	324.20	195.25	877.76	846.11	1201.95	1158.24
1993	349.91	233.83	966.79	878.86	1316.66	1245.70

资料来源：《日照港志》，第 120—122 页。

表 6 - 2 显示，最初运行的数年间，煤炭吞吐量占日照港港口总吞吐量的比例极高，1988 年甚至高达 98.68%。其中最高年份为 1988 年的 98.7%。除煤炭外，这一时期，日照港进出口的货物还有石油、天然气、化肥、农药、粮食等，其总量与煤炭及煤炭制品的输出量相比，实在是微乎其微。作为一个专为煤炭输出而建设的深水大港，煤炭占据绝对比例是可以理解的，同时，正是煤炭输出量的飞速增长，该港于 1989 年即开港三年后，即跃居全国沿海港口第十位，并成为全国第二大煤炭输出专业港。[①] 1993 年其吞吐量比 1986 年增长了 4 倍多，而连云港港的吞吐量 1966 年即达 295.4 万吨，到 1986 年时不过 948.5 万吨，1993 年 1416.6 万吨。

该港煤炭输出占绝对比例、进口量极少，说明这一时期该港背后的城市临海工业发展水平低，腹地工业也是以资源输出为主，但无法消费更多的进口物资。应当说，此时的日照港还无法对连云港港构成较大威胁。

需要指出的是，装卸煤炭、粮食、化肥等大宗散货的专业化港口，是当时港口各类装卸业务中经济效益最高的，原因是该类大宗散货的装卸自动化和机械化的比例极高，人均劳动效率也最高。作为一个专业化港口，其最初几年发展打下的良好局面，为港口此后扩建综合性杂货码头以及集装箱码头奠定了雄厚的财力基础。这种情况从港口下放地方经营，特别是 21 世纪以后日照港年吞吐量迅速超越连云港港时，日照港的后发优势表现得更为明显。进入 1990 年代之后，日照港与连云港港展开有力的货源

①　《日照港志》，第 119 页。

竞争，突出表现在水泥运输和煤炭运输上。日照港从 1996 年 4 月 1 日起取消临管线收费，在货物进出口方面占较大优势。京九铁路全线开通对连云港货物流向产生较大影响。①

目前两港年吞吐量均过亿吨，其经营货物种类和腹地范围有较大的交叉和重合，因此不可避免地存在竞争关系。早期的日照港因主要泊位为大宗散货尤其是煤炭专用泊位，虽输出量增长较快，但构成的威胁并不大。而此后，随着日照港经营的迅速发展，并利用煤码头建设结余的资金以及港口经营利润，接连修筑了数个万吨和二三万吨大型杂货码头，并特别注意努力使港口进出口数量平衡，日照港对连云港港的运营构成了直接威胁。

1990 年代以来，连云港港口吞吐量虽逐年攀升，但面对周边其他港口的激烈竞争，其地位开始逐渐下降（见表 6 - 3）。从 1980 年以前全国重点建设的五大港口，总吞吐量 1991 年位居全国沿海港口第九名，到目前排名已跌出前十，只能算是沿海主要港口。

表 6 - 3   1990 ~ 2002 年连云港港口与邻近海港吞吐量统计

年份	指标	青岛港	日照港	连云港港	上海港
1990	总吞吐量（万吨）	3034	925.0	1137	13959
	与连云港相比（%）	267	81	100	1228
1991	总吞吐量（万吨）	3055.1	1079.6	1213	14678.8
	与连云港相比（%）	252	89	100	1210
1995	总吞吐量（万吨）	5130	1542	1715.9	16567
	与连云港相比（%）	299	89.9	100	965
1996	总吞吐量（万吨）	6002.8	1575.0	1583.4	16401.8
	与连云港相比（%）	379	99	100	1036
1997	总吞吐量（万吨）	6916	1650	1652	16397
	与连云港相比（%）	419	99.88	100	993
1998	总吞吐量（万吨）	7018.3	1726.4	1775.8	16389.3
	与连云港相比（%）	395	97.2	100	923
1999	总吞吐量（万吨）	7257	2003.3	2016.7	18641
	与连云港相比（%）	360	99.3	100	924

① 《连云港港年鉴（1997）》，第 51 页。

续表

年份	指标	青岛港	日照港	连云港港	上海港
2000	总吞吐量（万吨）	8336.0	2673.8	2708.2	20440.2
	与连云港相比（%）	308	98.7	100	755
2001	总吞吐量（万吨）	10398	2933	3058	22099
	与连云港相比（%）	340	95.9	100	1074
2002	总吞吐量（万吨）	12213	3136	3316	26384
	与连云港相比（%）	368	94.6	100	796

资料来源：《连云港港年鉴》《日照港志》。

从吞吐量来看，自1990年代以来，连云港港与上海港的差距几乎没有缩小，而与青岛港的差距则有拉大的趋势，而近在咫尺的日照港则从1993年起基本与之并驾齐驱。若是从集装箱吞吐量这一衡量现代港口的重要指标来看，连云港与青岛和上海的差距实在是不可以道里计。从1987年开始集装箱运输业务的连云港港，1990年仅有8590 TEU，折合63005吨，四年总共接运16426 TEU，折合74388.19吨。从最初的没有集装箱定期班轮，到1990年时方才有通至日本、韩国、中国香港（东南亚）等地的五条国际集装箱定期航线。① 2000年，港口集装箱吞吐量为12万 TEU。而同期的青岛和上海两港情况完全不同，青岛港1985年开展集装箱业务，当年即有35000 TEU的吞吐量，至1997年全年则突破100万 TEU，2000年则达到212万 TEU；上海港1971年开始与东北试行集装箱运输，1980年2月开辟了至香港的集装箱班轮航线，次年又开辟了至美国的集装箱班轮航线，至2000年时已有516万 TEU。在这种格局中，连云港港只能扮演集装箱运输的支线港角色。

民国时期，连云港港货运以出口为主，出口数量的激增基本依赖于煤炭输出，作为能源和矿产品输出港的特征非常明显。进口量虽逐年增长，但在吞吐量中的占比每年均不超过20%，说明腹地商品经济虽有发展，但依旧落后。货物进出口结构方面，输出物资多为农矿产品等原材料，输

---

① 《连云港港志》，第148页。

入品则多为工业制成品，腹地工业化基本尚未起步。而这一特征在相当长时期内决定了连云港港在沿海贸易结构中的从属地位：该港事实上成为上海、青岛和天津港的中转港口。

联运业务使得连云港港与外界货物运输更加便捷，国内货物流通加快，有利于整体经济的繁荣，但货物与港口当地的联系减少乃至断绝，在这一过程中，作为弱势的中转港口，其地位基本沦为大港体系中的一小环。港口与地方经济的发展关系似乎呈现背道而驰的状况。这一问题时至今日仍旧一再重现。整体经济的发展的确重要，但若没有活跃的地方经济，整体经济也会缺乏有力支撑。作为落后区域似乎没有选择：既然无法避免被卷入的前景，不如主动顺应潮流，借助运输方便的条件，积极发展实业，提升自身在整个区域经济中的地位。

连云港在近代沿海港口格局中处于从属地位，对原有贸易格局的影响仅仅是局部的，而不能像青岛那样取代淄博、烟台，直接更改了山东乃至华北地区的贸易格局。由于当时业已基本固化的贸易路线和沿海港口格局，孙中山预计的商业繁盛的二等港和时人寄予厚望以与青岛、上海抗衡的前景，连云港至少在抗战前的短时期内很难做到大有作为。

近代以来，中国商品流通的基本路线是，南北方向以京广铁路、京沪铁路、京杭运河等为主要通道，东西方向则主要以长江为通道。陇海铁路和连云港由于吞吐能力有限且沿线并无大型中心城市，很难改变这一贸易路线。

1990 年代之后由于日照港的崛起，连云港港面临的竞争更为激烈，从总吞吐量来看，港口与青岛、上海等传统大港的差距基本没有缩小。而集装箱业务方面，连云港港与之相比则差距甚大。因而港口总体与上海、青岛等港差距实际上更大了。

连云港的主要腹地范围是陇海铁路沿线地区，尤以中西部为主。其所在的淮海经济区，与连云港的联系反倒并不紧密，目前由于各成员市经济发展普遍处于本省最低水平，且均不是本省发展的重点，在现行政策下短期内很难有较大的发展。只有距离港口最近的淮海地区经济发展普遍处于较高水平时，才足以支撑起这个港口城市的繁荣。

海州区域从未出现过影响力远远超越本区域的工商业中心城市。即使是距离不到 200 公里的徐州，虽是淮海一带首屈一指的城市，却没有将整个区域凝聚到周围的辐射力，甚至其自身也只不过是津浦（京沪）铁路上的一个运输节点，经由徐州的多数货物与连云港并没有多少直接关系。因此，连云港港口与城市没有形成发达的工商业中心，背后也没有中心城市，类似青岛—济南的双核结构没有出现，也不可能像青岛取代烟台那样，拥有对整条铁路沿线甚至更远区域的强大吸引力。

考察连云港在沿海港口体系中的地位及其竞争关系时，需要指出的是，在沿海港口的竞争中，各个港口城市加大投资力度扩建港口的行为，并不能单纯认为是一种无序的竞争或重复投资导致浪费。事实上，正如王缉宪所说："无论是中心港还是组合港的概念和形式都没有阻止任何港口最终扩建；各个港口城市也没有因此而按照所谓定位而试行分工。长三角地区上海港洋山港区的建成投产及迅速扩产，杭州湾大桥的完工，江苏和浙江主要港口继续扩张。人们看到这里几个城市在不断竞争下投入的所有港口基础设施和相关陆路网络都在迅速形成效益，成为世界工厂向长三角转移的重要条件。"① 长三角港口群中，上海港集装箱吞吐量迈入世界第一的当年，宁波港的集装箱吞吐量也进入了世界前十。珠三角中香港和深圳都是排名世界前四的集装箱大港。当然以目前海州湾两大港口只是沿海主要港口的现状，出现竞争自然不可避免，两个城市加大对港口建设的投入，试图确立领先地位的努力，必然会使海州湾沿岸地区交通等基础设施条件大幅度提升，从而为承接产业转移、促进临海产业带的发展提供良好的基础条件，整个海州湾沿岸地区都会从中获益良多。

---

① 　王缉宪：《中国港口城市的互动与发展》，第 112 页。

第七章　基于时局与政策影响的考察

本章主要考察时局和政策对连云港发展的影响。自陇海铁路终点港口批准、准备建造直至当代港口与城市发展的历程中，时局与政策对港口与城市的发展影响至巨。民国时期的战乱，尤其是抗日战争的爆发，使得港口与城市处于起步阶段的现代化进程被强行中断。1949 年以后，长期以来计划经济体制的运行，虽使连云港港口设施获得较大发展，但加剧了港城分离的态势。其间国家政策的调整，更是使连云港受到极大影响。而江苏省长期以来重视苏南和沿江的发展政策，也使得本就落后的连云港所在苏北地区与苏南差距进一步拉大。

第一节　民国政局下的陇海铁路与连云港

1912 年 9 月《陇秦豫海铁路借款合同》签字，随后开始在欧洲发行债券募集资金。首批债券发行后不久，第一次世界大战爆发，导致后续债券停止发行。陇海铁路工程受此影响，到 1916 年，铁路东段修建至徐州、西段延伸到观音堂后，全路工程完全停止。直到 1920 年春，中国政府代表与比利时银公司、荷兰治港公司代表等在布鲁塞尔签立新约，建筑工程方得于翌年春继续进行。"时因中国政治上变化太多，以致在国外筹款，继续经营为不可能。"[1] 铁路建设因一战影响停工五年左右，对借款修筑的陇海铁路影响自然极大。

徐海地处南北、东西要冲，自古即为战略要地。在近代中国军阀割据

---

① 刘峻峰：《陇海铁路终点海港》，《工程》第 12 卷第 2 期，1937 年 4 月 1 日，第 112 页。

的历史大背景下，徐海一带经常成为各军事集团反复争夺的焦点，可谓战乱频仍。1922 年，直奉战争爆发，津浦铁路成为主战场，各路大军云集徐州。1924 年，第二次直奉战争爆发，徐州铁路被毁。1925 年，江浙战争爆发，张宗昌率军进驻徐州利国、萧县、砀山，直系军阀齐燮元调兵北上，徐州又成为拉锯战的前线。由于战争的影响，至 1925 年路线"东至临洪河岸之大浦，西至灵宝全部工程，再度停止"，① "经济竭蹶，海港进行遂以停顿，商埠建设亦遂之而废"。② 1926 年以后，军事冲突期间，铁路运行开始逐渐受到侵扰，军队占用列车，逐客卸货、扣留占据的情况不一而足，甚至越俎代庖揽运客货以谋取私利，铁路营业受害至巨。1927 年 3 月、5 月，国民革命军两次进攻苏北，先后激战于泗阳、宿迁、淮阴，攻占徐州，宁汉矛盾激化，直鲁军卷土重来，重占徐州、淮阴。9 月，北伐军第三次进攻苏北，激战数月，到 12 月才控制苏北徐淮等地。陇海铁路在战争中蒙受了巨额的营业损失，据时人估计，仅 1924 ~ 1926 年，每年损失均在 1000 万元以上，1926 年全年预估损失 2500 万元。③ 1929 年，西北军将领孙良诚率部从山东撤退至陕西，经津浦铁路至徐州转入陇海铁路西行后，唯恐中央军在后追上，于是将沿路桥梁炸毁数座，郑州以西黑石关的洛河桥竟被炸断。该部到达陇海铁路的通车终点灵宝后，因列车已无法前行，遂将全部机车及车厢脱落黄河岸边。以致连凌鸿勋从南京赴任陇海西路工程局局长时，到徐州转陇海路以后只能乘坐货车改装的木棚车去往郑州。④

　　1930 年中原大战中，蒋介石坐镇徐州，与冯玉祥、阎锡山联军在津浦、陇海铁路沿线混战数月，战火遍及苏北。在这次战争中，陇海、津浦铁路是双方争夺的主要焦点之一，蒙受巨大损失。机车、客货车往往被挪用，对于营业运输，大感困难，有些商家已经交了运费，而货物还没有起

---

① 刘峻峰：《陇海铁路终点海港》，《工程》第 12 卷第 2 期，1937 年 4 月 1 日，第 112 页。
② 沈百先：《视察江北建设纪要》，《江苏建设季刊》第 1 卷第 1 期，1934 年 3 月，"报告"，第 35 页。
③ 章勃：《内乱中铁路的状况》，《现代评论》第 4 卷第 88 期，1926 年 8 月 14 日。
④ 凌鸿勋：《十六年筑路生涯》，《传记文学》第 2 卷第 4 期，1963 年 4 月，第 8、19 ~ 21 页。

运或运到中途，就有车辆被强行摘下，货物就地卸车，这种现象时常发生，各站货物堆积，商家因运销停顿而叫苦不迭。在战争中甚至铁路沿线的路基也有很多被损坏。

1930 年 1 ~ 6 月，军运记账运费总计 1993711.70 元，而 1931 年同期仅为 696366.4 元，多出近两倍。受军运的巨大影响，1930 年 1 ~ 6 月全路货运进款仅有 797111.78 元，1931 年 1 ~ 6 月军运记账运费大幅下降，货运进款立刻飙升至 2706710.05 元。[①] 该路受战争影响的直接损失，由此大致可以估算。

然而，时局动荡对陇海铁路和连云港港口所造成的损失，从以下方面来看，似乎远远不止上述直接损失：（1）陇海铁路全路都是借款修筑，无论停工还是停运，利息的损失都是不可避免的。（2）由于战争的影响，军人遍布，一般旅客见到这种阵势，大多避之不及；商家见到时局动荡，干脆选择歇业。动荡的局面对商家信心以及经济活动的影响，无法用数字来衡量。

处于徐州以东的连云港，直接遭到战火破坏的时候不多，但其作为陇海铁路的出海口，所受影响是显而易见的。

连云港每到秋冬两季，货运往往异常繁忙，工人工作增多。但受西安事变影响，从 1936 年 12 月至次年 1 月，"虽届货运极旺之期，码头上反呈冷落气象轮船停泊无多，货车来往甚少。市面工商业无形中日渐萧条，与往年相较，不啻一与十之比。工商界咸望陇海西路交通早日恢复"。[②] 不能正常运营则必将导致货物绕道其他港口，客观上帮助竞争对手巩固贸易优势，这对于处于起步阶段的新港口显然是更大的损失。

日本占领时期，连云港港口成为向日本输出基础工业原料的中转港口，尤以煤炭输出为最显著特征，作为一个煤炭中转港，其港口与城市无法实现有效互动。连云市的规划即将起步也因抗日战争的全面爆发而中止。处于起步阶段的港口与区域现代化进程被打断。

除此之外，江苏省对苏北地区长期不重视也是一个重要因素。从江苏

---

① 陇海铁路管理局编印《陇海铁路工作报告》，1931，第 12、13、33、50、51 页。
② 《连云港货运不畅》，《航业月刊》第 4 卷第 7 期，1937 年，第10 页。

建省以来，全省的政治经济中心始终是长江沿岸地区，苏州、镇江、南京等均处于长江以南，在中国传统社会，政治中心所在地往往也是经济中心，其城市建设自然要比其他地区先行一步，诸如道路交通、自来水、邮电等基础设施的建设也总是首先顾及中心城市，然后向市郊或其他城市逐步推进。连云港所在的苏北，距离省会非常遥远，且有大江阻隔，各种全省推进的建设也落后于江南。因此早在民国时期，"政治方面，据一般人批评，江苏省政府只重视江南，对于江北以遥远而穷瘠多不注意。连云港虽哄传国内，而政府一无设施，在治安方面全无保障。除本路护路队及盐场税警外省政府漠不关心，县政府亦以能力薄弱无法维护"。①

陇海铁路是联系西北与沿海的重要通道，其东段走向最初颇有抵制外部觊觎之用意，此后经济层面的意义一度比较显著。抗战之前，陇海铁路在开发西北，以图巩固国防的总体战略中扮演重要角色，其政治、军事意义显然是大过经济价值的。政治局势不稳定和战乱频仍是民国时期影响连云港发展的最重要因素，这也是整个中国近代历史的缩影。

第二节 计划经济体制下的连云港

民国时期，陇海铁路从铁路到港口均由陇海铁路管理局统一经营管理。日本占领连云港及陇海铁路东段沿线地区以后，实行的管理体制是分区综合管理，由华北交通株式会社先后设立济南铁路局徐州出张所、开封铁路局徐州办事处、徐州铁路局统一管理分区内所有铁路。1949 年以后实行铁路分区管理体制，徐海地区的陇海线、津浦线以及境内各支线均由徐州铁路分局管理，从 1949 年到 2000 年前后，徐州铁路分局大部分时间归属济南铁路局领导或统一调度指挥，港口则长期由交通部直管或其下属机构代管。在相当长的时间内，连云港在国家的整个计划经济体系中被定位为西煤东输、北煤南运的枢纽，承担的主要任务是运输中西部地区的煤

---

① 冯光烈：《连云港实习调查日记》，1935 年，萧铮主编《民国二十年代中国大陆土地问题资料》，第 52986、52987 页。

炭、非金属矿、农作物等燃料和基础性工业原料，陇海铁路和连云港的定
位只是货物海陆运输的中转地而已。

　　这种定位是基于全国工业布局和计划经济体制而形成的。在计划
经济体制下，由于工农业的"剪刀差"，事实上农业长期"输血"式支
援工业，农村地区普遍处于贫困状态。此外在工业体系内部，以国防
工业为核心的重工业始终是优先发展的对象，处于相对下游的能源、
原材料工业，如煤炭及其他矿藏采掘等，也是处于"输血"的地位，
而加工制造业，尤其是机械、电子、化工、冶炼等则处于整个工业体
系的顶端。拥有上述这些工业企业的地区，经过长期以来农业和基础
工业的"输血"式支援，其经济发展水平显然普遍高于能源与原材料
工业地区。

　　为缓解东南沿海地区燃料和原材料紧缺的局面，国家对煤炭资源和
非金属矿储量丰富的淮海地区重点扶持了能源资源开发以及能源、原材
料工业的发展，但对该区域加工工业，特别是对工业发展带动作用更强
的机械、电子、化工以及钢铁工业的重视不够。到 1994 年时，淮海经
济区中采掘工业和原材料工业产值占该区域工业产值的 42.4%，高于
全国平均水平，而加工工业产值的比重则为 45.79%，低于全国平均水
平，与苏、鲁、豫、皖等省的差距亦较大。① 按照资源状况进行相应的
工业布局，这也符合工业发展的一般规律，但在计划经济体制下，采
掘工业和原材料工业生产的产品并不是按照市场需求确定价格，而是
根据国家计划实行订货生产和调拨，国家定价明显低于计划外的销售
价格，从而实际造成居于工业格局底层的能源和原材料工业向加工工
业输血、能源和原材料产区向东南沿海输血的局面。而生产煤炭和其
他工业原料的淮海地区与中西部地区虽大量输出燃料和工业原料，地
方经济却大大落后于沿海地区。即便是在实行市场经济体制后，煤炭
等能源的销售价格仍然取决于国家的指令性定价，这使得资源丰富的
淮海地区以及中西部在激烈的市场竞争中处境更为不妙。有些地区，
比如徐州，长期以来作为江苏省的煤炭基地，在计划经济时代煤炭生

---

① 《淮海经济区经济和社会发展规划（1996～2010 年）》，第 6 页。

产盛极一时，而到了 1990 年代后期，煤炭资源基本被采掘殆尽，整个城市陷入长期的经济低迷。

处于国家工业和交通布局之下的连云港港口，在计划经济时代无疑是国家交通建设的重点之一，但这种建设强化了港口作为基础工业原料输出和工业品输入的中转地位，铁道、站场、码头、仓储等设施的新建、扩充，带来的大部分效益只是港务局货物吞吐量和利润的增加。港口当局则因实质上并不需要对地方政府负责而更多沉迷于这种数字的增加，而不会过多考虑港口对地方经济尤其是临海工业的推动。到了市场经济时代，由于城市和腹地经济发展的落后，连云港港口与城市的转型困难重重。

按照经济社会发展水平以及地理位置，江苏一省通常被划分为苏南、苏中和苏北。长江以南的苏南，近代以来即为全国经济最活跃的地区之一。改革开放以来，苏北与苏中、苏南的差距加大，除原先基础薄弱外，江苏省的发展政策导向起到的作用也是不可忽视的重要因素。

苏北地区长期以来是江苏全省的煤炭供应基地和粮食生产基地，如上文所述，处于农业向工业和原材料向加工工业"双重输血"格局中。实行市场经济体制以后，这种局面并没有多少改观。因此不少苏北人提出，应按市场经济的要求和产业政策的规定，给予苏北"必要的政策倾斜，使产业倾斜与地区倾斜相结合，更有必要"。并呼吁："在支持苏北问题上，特别希望省里有关部门转变一下老观念，真正按市场经济的要求公平办事，千万不要再照传统规定那样，审批苏北项目，就讲市场经济，强调经济效益；向苏北要煤、要粮，就讲计划经济，奉行低价调拨。这实际上是让苏北出血、流血。"其实给予苏北一定的政策倾斜，"有些只是向省里要一些应有的价值补偿"。① 1980 年代初，江苏省提出了"积极提高苏南，加快发展苏北"的口号。

除此之外，中央政府的部门决策与地方也有颇多冲突之处。"六五"计划期间国家安排了东陇海铁路改造项目和连云港煤码头同步建设的工

---

① 　江苏省社科院调查组：《打好"桥牌"、共抬"龙头"：推进东陇海沿桥地带的开发建设——赴徐连盐淮调查专题报告之四》，《江苏经济探讨》1995 年第 7 期。

程，原计划 1986 年 7 月建成交付使用，但煤炭码头建成投产后，铁路改造工程建造缓慢，直至 1990 年上半年仍未完成，其中 9 公里长的新海绕行线段，建设工期比原定计划拖延了好几年。新火车站附近新建长途汽车站 1990 年即可建成，但因铁路工程拖延不能使用，车站广场及道路工程也已启动。连云港市政府曾多次向铁道部反映，但状况始终没有改善，地方政府只能再次向铁道部发文，"恳切要求铁道部能体谅地方政府的困难"，适当增加投资以加快工程进度，确保此段工程能在 1992 年上半年建成使用。① 铁道部答复称，1990 年"徐连线铁道部安排投资 6000 万元，重点安排邳县（邳州市）以西复线建设配合邳县港扩建后煤炭下水 300 万吨的需要，以及新浦改线工程继续施工"。铁道部表示，由于该部建设资金严重短缺，目前调整计划十分困难，如下半年财政状况有所好转，将力争对改线工程追加投资，争取于 1992 年建成。② 显然，铁道部的首要目标是配合京杭运河上的邳县港煤炭输出工程。

　　由于铁路、港口分别归属铁道部和交通部管辖，不同管理部门间各有其计划，相关部委对地方建设有时能够产生相当大的影响力，连云港建设深水大港时，铁道部鼎力支持日照建设 10 万吨级煤炭专用码头，以输出兖州煤炭，将日照码头与铁路捆在一起，以出口煤炭、补偿贸易的方式解决建设资金问题。③ 这种情况其实是计划经济的常见现象。地方政府时常苦于自主权不足，同时积极奔走于各部委，以争取更多的政策和投资倾斜。

第三节　政策影响

一　深水大港建设延误

改革开放以来，随着经济体制改革的逐步推进，全国经济开始进入快

---

① 连云港市人民政府：《关于要求增加东陇海铁路改造项目投资的函》（连政传〔1990〕18 号，1990 年 5 月 3 日），连云港市档案馆藏，3 - 2 - 1 - 458 - 2。
② 铁道部计划司：《关于徐连线新浦改线增加投资问题的复函》（计营〔1990〕47 号，1990 年 5 月 11 日），连云港市档案馆藏，3 - 2 - 1 - 458 - 1。
③ 《连云港港志》，第 88 页。

速增长时期。然而处于计划经济向市场经济转型的时期，地方经济的发展很大程度上依赖于国家政策的导向，这主要体现在两大方面：一是各种权力的下放和政策优惠，二是大型项目的投资。从1978年底开始，其间虽有1984年连云港被列为沿海港口开放城市，但在几个重大机遇上接连遭遇的挫折，还是对连云港港口与城市的发展造成了直接的影响，其中以深水大港建设的延误最为突出。

　　1990年代，随着改革开放的逐步推进，中国各沿海港口吞吐量逐年增长，少数港口甚至出现爆发式增长的态势。伴随经济的发展和港口吞吐量的跃升，港口开始出现新的发展趋向。

　　最明显的特征就是大型化和专业化的趋势，即由于港口码头深水泊位的数量大幅增加，港口吞吐量不断扩大，以及适应船舶大型化要求的装卸设备大型化。由于船舶大型化和专业化可以显著降低运费，为适应这种趋势，船舶的大型化和专业化程度不断提高，这种需求也促使港口码头泊位向高效和专门用途方向发展，如集装箱码头和煤码头、铁矿石码头等。

　　但在这一进程中，连云港港口设施的建设方面明显落于下风。事实上，早在1970年代中后期，连云港港口的决策者即努力争取将连云港港建设成为深水大港。然而遗憾的是，连云港建设深水泊位的工作遭遇重大挫折。码头货运基础设施在相当长一段时间内没有赶上经济飞速发展的难逢机遇，港口吞吐量的增长，大多依靠挖掘现有设施潜力的方式。基础设施的不足，从根本上限制了港口的快速成长，从而在中国沿海港口的激烈竞争格局中日趋落后。

　　连云港建设深水大港的整个过程，包括动员、申报、科研论证以及邀请荷兰专家来华协助设计的谈判过程以及最后终止谈判，确定连云港港缓建深水码头，从开始时的大有希望到最后的预想落空，颇为曲折。《连云港港志》一书"专记《连云港建设深水大港始末》"以近三万字的篇幅详细记述了这一过程。然而笔者在阅读中发现其中颇有令人生疑之处，即连云港港的缓建和日照港的快速启动，并不仅仅依据对建港岸线条件以及经济效益的考量，隐藏在港口选址之后的决策过程或者说角力才是决定港口选址的关键因素。

　　1978年，经过"三年大建港"的努力，连云港港的基础设施和货物吞吐量均较此前取得较大进步。连云港航道、港池的水深分别由原来的 4.5 米和 7 米提高到 6.5 和 7 ~ 9 米；一号码头由 73 米加宽到 206.5 米，二号码头由 83 米加宽到 200 米，全港新建、改建了万吨级泊位 5 个、5000 吨级泊位 2 个，港口实际完成的吞吐量由 1973 年的 244 万吨增加到 1977 年的 423 万吨。随着改革开放的启动，地方经济活动尤其是外贸的发展，以及腹地的发展，连云港建设深水大港的必要性越来越明显。港口设施不能满足地方经济快速发展带来的进出口货物增长迅速的需求，因而扩建港口成为当时迫不及待的发展目标。

　　1975 年 6 月 25 日，国务院港口建设领导小组召开的全国港口"五五"时期建设规划会议上，连云港建设深水大港的设想即得到初步认可。会议通过了连云港开辟庙岭新港区的规划方案，确定首先建设深水煤炭专用码头。根据此次会议的决定，以及多年来科学研究成果和腹地经济调查资料，同年 8 月，江苏省连云港建港指挥部正式上报《关于连云港庙岭新港区及新建煤码头工程计划任务书》和《关于配合连云港港区总体布置港前编组站及港区车场规划设计任务书》，提出建设 2 万 ~ 3 万吨级煤炭泊位 3 个（装船能力 1000 万吨，堆场容量 100 万吨，翻车机 4 台，装船机 4 台，堆取料机 8 ~ 10 台）。上述报告经交通部审定后，于 1976 年 7 月上报国家计委。次年 7 月 25 日，国家计委正式批准连云港庙岭煤码头建设计划任务书，"同意在连云港庙岭建设煤炭码头 3 个泊位。码头结构，2 个泊位按 2 万吨级设计，1 个泊位按 3 万吨级设计，近期港池、航道均按 2 万吨级设计。综合通过能力按 900 万吨一次设计，分期配套，第一期先形成 600 万吨的综合通过能力"。① 1977 年 11 月 21 日，时任国务院副总理谷牧指示国务院港口办："连云港是中国的重要港口，位于我国沿海的脐部，地位非常重要。铁路从东到西，横的有陇海铁路，纵的有津浦铁路，还有京广铁路，可以向南北疏散物资，还有宝成铁路通四川，陇海铁路最后通新疆，涉及 9 个省区，经济腹地广阔。军队同志积极性很高。从经济上、军事上都很需要。中央考虑要大闹连云港，不是小打小闹，也不是中打中闹，而是大打大闹。江苏省对连云港建设气魄很大，要

---

　　① 《连云港港志》，第 76 页。

建 5 万、10 万吨级码头，要大搞，还要把铁路大桥搬去连接东西连岛（即后来的西大堤）。"①

根据中央副主席李先念和副总理谷牧的指示，1977 年 11 月 29 日和 12 月 8 日，国务院港口建设领导小组和交通部分别在北京召开座谈会，讨论连云港港口建设规划。国务院港口办、交通部以及连云港建港指挥部、连云港港务局等单位负责人和科技人员参加会议，华东水利学院、华东师范大学、交通部水运规划设计院、上海航道局、上海第三航务工程局、南京水利科学研究所、天津水利科学研究所、青岛海洋研究所等长期从事连云港泥沙问题研究的相关科研设计单位专业科技人员应邀参加讨论。座谈会研讨了连云港回淤问题和 10 万吨级深水泊位建设可行性报告，以及连云港港口规划方案。会议经过讨论后认为："连云港的回淤问题已经搞清楚，可以建设现代化深水大港。"交通部党组在听取了会议情况汇报后，将规划建设规模进一步扩大，并作为第一期工程：原定的庙岭煤码头由原来的两个 2 万吨级和一个 3 万吨级，改为 2 万吨级、5 万吨级和 10 万吨级各一个，年吞吐能力为 2500 万吨，并建设黄莺嘴到西连岛拦海大堤。两项工程要求在 1981 年基本建成，总投资约 4.6 亿元。第二期工程是：1985 年基本建成庙岭港区的 16~18 个泊位，综合通过能力达 5000 万吨左右。第三期工程是：1995 年前完成海峡内的全部工程。② 1977 年 12 月 8 日上午，国务院港口办听取了汇报，并基本肯定了交通部党组的方案，要求尽快写出书面报告、设计任务书，报国家计委和中央领导审定。

然而就在一切工作均在按部就班进行的时候，一封人民来信彻底"扭转了局面"。《连云港港史》、《连云港港志》和《日照港志》中均有提及，并认为其影响巨大。鉴于此，兹照录原文如下：

　　李副主席：你好
　　关于连云港建成深水大港问题，我们写了一点意见，希望领导看

---

① 转引自赵泳《东方大港梦的领航人》，中共连云港市委宣传部编《大海扬波——怀念谷牧同志》，中央文献出版社，2014，第 303 页。
② 《连云港港志》，第 76 页。

一看。你每天都是很忙的，这类问题也来打搅你，我们感到太冒昧了，请你原谅。

一、关于连云港作为深水大港的选址问题，有的干部同志不恰当的利用了你的部份讲话"……把连云港建成与世界名港媲美的深水大港……"作为领导的意愿向下贯彻，使科技人员只能为建连云港而谈连云港。这不仅影响了社会主义的民主，影响了百家争鸣的政策，也影响了你的声誉。

二、某些干部同志，在连云港与岚山港作为深水大港的港址选择问题上，存有成见。因为两个港址，在投资问题上，与建成后的管理维修问题上，相差很悬殊。领导干部不广泛的听取科技人员的意见，不进行合理的经济比较，不顾技术后果，硬性的把连云港作为深水大港进行建设，就妨碍了人尽其才，地尽其利的四个现代化建设的进行。

三、建设连云港在淤泥问题上提出了不合理的观点，即连云港的淤泥量，约等于塘沽港为标准（港口吞吐量，接近于稀淤疏浚量）。这样的观点就为现代的建港工程树立了一个既浪费又不负责任的目标。也给子孙后代背上了一个清理淤泥的包袱，这不是四个现代化建设的方向，这要负历史责任的。

因此我们恳切要求李副主席关心这个事并希望由国家科委召开有关海洋工程，港口工程的科技工作者会议。探讨有关连云港、岚山港作为深水大港的港址资料，以确定港址的选择方案，供领导参考。

这样做，不仅有利于发挥科技工作者的作用，也能广开言路，使科技工作者，从各方面关心四个现代化建设，使我们所有工程都能多快好省，不遗后患的进行建设。

敬礼

山东省海洋学院副教授　侯国本
中国科学院海洋研究所实研　王　涛
1978 年 12 月 24 日[1]

---

[1] 《日照港志》，第 214、215 页。

根据记载，批示这封信的中央领导人按时间顺序有中共中央主席华国锋（1978 年 12 月 27 日）、国务院副总理余秋里（1978 年 12 月 27 日），中央副主席李先念（1979 年 1 月 1 日），其中李先念在批示中说：

> 看来有不少意见（前已转出二信），我虽召开过会议赞成这个方案，现在有的同志提出不同意见，这些同志的心情是好的，我想他们是对这么大的工程抱负责态度的。为了慎重起见，请谷牧、叶飞同志主持，方毅同志如能参加更好，再召集不同意见的同志和赞成这个方案的同志一起，多议几次，听取不同意见大有好处。请认真斟酌。①

从这一批示中更可以看出，类似的来信此前已有两次转出。据《日照港志》的记载，"出于对'四化'事业的高度责任感，中国科学院海洋研究所和山东海洋学院的几位科学工作者为选定一个好的港址，三次上书中央领导"。② 应该指的就是这三次来信，而此前两份来信的具体日期并不清楚。

据记载，李先念于 1977 年 9 月 16 日在新华社记者廖原来、通讯员沈召平的"内参"文章《连云港港口建设取得很大成绩》上做出批示：

> 这个港口大有前途，大有希望，应当十分热心建设好这个港口，要建设更多更大泊位的深水码头。情况虽然复杂，困难可能很多，但还是应当把这个项目列入计划，哪怕时间长些，十年或者更长时间，也应当下决心建设，逐步投入生产。还可以考虑进口大型挖泥船，加快深水泊位的建设进度。我想只要领导政治挂帅，又能充分发动群众，大搞技术革新，终究可以把连云港建成一个很大很好，甚致（原文如此——引者注）可以与世界现代化名港媲美的港口。以上意

---

① 《日照港志》，第 213 页；《连云港港志》，第 85 页。
② 《日照港志》，第 4 页。

见可否，请慎重斟酌。①

　　另一条关于连云港的批示也能说明李先念的态度。1978 年 4 月 14
日，江苏省和交通部联合向国务院上报《关于连云港港口建设规划的报
告》。同月 21 日，李先念批示："我很想找连云港的同志到北京汇报一
次，并带上详细地图和粗略的施工计划（包括究竟要多少设备在内），时
间在 5 月下旬如何？"6 月 6 日下午，江苏省和连云港建港指挥部周一峰、
耿杰民等向李先念、国务院副总理康世恩以及国家计委、国家建委、铁道
部、交通部相关人员汇报连云港港口建设问题。上述人员对加快建设连云
港表示认可，同时"鉴于连云港的建设规模比较大，建议请国际上对筑
港有经验的荷兰专家来华协助研究规划"。②

　　从相关记载来看，1978 年全年中连云港扩建规划工作并没有停止。
1978 年 8 月底，交通部牵头与应邀来华的荷兰筑港技术代表团开始了第
一轮谈判。9 月 15 日，李先念、余秋里、康世恩听取了交通部关于邀请
荷兰专家协助建设连云港、整治长江口会谈情况的汇报。9 月 15 日下午、
9 月 17 日下午，外贸部部长李强、交通部部长叶飞先后会见荷兰代表团
全体成员，荷兰驻华大使多勒曼等均在座。17 日晚上，国务院副总理康
世恩又会见了荷兰驻华大使多勒曼，康世恩明确表示，国务院决定要叶飞
部长给荷兰去函正式委托荷兰承接这两项工程。1978 年 9 月 23 日，中共
中央、国务院正式批准了交通部《关于请荷兰帮助建设连云港和整治长
江口设想意见书的请示》。③

　　然而，由于决策的改变，连云港深水大港建设推迟了三年半。同时被
叫停的还有利用外资建设连云港的谈判。由于连云港早期是由荷兰方面承
建的，且 1970 年代末国际金融状况对中国比较有利，为更好地促进连云
港港口建设和未来发展，交通部于 1978 年 7 月 11 日向国务院上报了《关
于邀请荷兰专家（或企业）来华协助建设连云港和治理长江口岸航道的

---

① 《连云港港志》，第 75 页。
② 《连云港港志》，第 78 页。
③ 《连云港港志》，第 80、81 页。

报告》。谷牧同志当日即签署意见："拟同意，请（李）先念、（纪）登奎、（余）秋里、方毅、王震、（康）世恩、（陈）慕华同志批。""送华主席、邓副主席批。"上述领导同志均圈阅同意。7月21日，交通部将报告及批阅的"影印件"转发有关部委和江苏省、上海市。这一批示开了利用外资建设连云港港口的先河。其间历经多轮谈判，就在即将成功之时，根据有关"我国国民经济战略的调整和外汇问题"，交通部于1979年5月4日写信给谷牧副总理，提出正式终止委托荷兰承建连云港项目的谈判。①

综上所述，连云港深水大港项目，在港口和交通部的努力之下，得到了中央副主席和国务院副总理的支持，并经五届人大一次会议确认列入国家建设规划，最终却戛然而止。与"深水大港"同时被叫停的，还有徐州至连云港的铁路改造工程（此时津浦线及陇海线徐州以西段均已改造完成）。② 如此庞大的工程暂缓实行或被叫停倒是不难，而恢复和重新启动则是困难重重，直到1998年，即庙岭煤炭深水码头建成后的12年，徐州至连云港方实现复线通车。

二　集资建港半途而废

1949年以来，中国大型工业交通项目建设的审批，大致程序是由地方政府与主管部委提出建设申请，再由国家计委审核同意立项，国务院则根据国家计委的报告，进行程序性的审批。在整个过程中，最关键的就是国家计委能否立项，立项了才能获得国家财政拨付的建设款项，或者从其他渠道筹集资金。而在改革开放初期，大型工业交通项目的资金，几乎完全来自国家拨款，少有其他途径能够募集巨量的建设资金。对连云港港口而言，1970年代末深水大港建设，先是列入国家计划而后又突然下马。国家投资不足且严重推后，港口自身又难以承担建港的巨额费用。1980年代，连云港又采用了当时颇有影响的集资建港的方式建设深水泊位，即联络陇海铁路沿线各省份分别出资建设泊位。

---

① 《连云港港志》，第89页。
② 徐德济主编《连云港港史（现代部分）》，第234页。

集资建港的提出和初步实施。到 1984 年底，连云港港已建成装卸泊位 9 个，其中万吨级泊位 5 个，设计货物吞吐能力共达 505 万吨，1984 年实际完成货物吞吐量 902 万吨，比 1949 年增长 158.6 倍，比 1978 年增长 50%，开辟了日本、朝鲜、澳大利亚、新加坡、马来西亚、波斯湾、地中海、红海、欧洲和南美洲等地的航线，与 64 个国家和地区、167 个港口有贸易往来，成为中国沿海中部一个内外贸结合的重要港口。但由于泊位不足，压港压船的情况十分严重，1986 年时泊位和待泊船只之比平均为 1∶4，1985 年全年泊位和待泊船只之比为 1∶5，[①] 最高时 3 月达 1∶6。1983 年平均每天在港船舶为 17.5 艘，高峰月日均 21.9 艘；1984 年平均每天在港船舶为 21.9 艘，高峰月日均 30.7 艘；1985 年上半年日均在港船舶又增加到 29.2 艘，高峰月日均竟达 36.6 艘。随着到港船舶数的增加，船舶停港时间也不断延长，1983 年为 7.46 天，外贸船舶为 13.44 天；1984 年为 9.34 天，外贸船舶为 15.72 天；1985 年上半年为 12.54 天，外贸船舶为 17.48 天。[②]

泊位不足和集疏运通道的不畅通，除了导致船只在港时间延长，更为严重的是船舶停泊在锚地等待进入港区的时间也被拉长，据连云港建港指挥部统计，1985 年，85% 以上的船只等泊时间超过两个月，有的长达 95 天之多。[③]

针对这一状况，扩建码头深水泊位，扩大港口货物通过能力，成为连云港港口发展迫不及待的要求。而自日照港于 1980 年代成为该区域国家重点建设的港口后，再向同一区域投入大量资金建设连云港港的可能性并不大，而港口此时仍是交通部管辖的港口，并无多少自主经营权，更无财力承担港口建设需要的巨额资金。在这一背景下，1984 年 9 月，由时任江苏省省长顾秀莲出面邀请，在连云港举行中央有关部委和连云港腹地

---

① 连云港建港指挥部：《集资建港是加快港口建设的一条重要途径》，《经济工作通讯》1986 年第 7 期。

② 朱恩浩：《集资建港是加快连云港建设的有效途径》，《经济研究参考资料》第 53 期，1986 年，第 23 页。

③ 连云港建港指挥部：《集资建港是加快港口建设的一条重要途径》，《经济工作通讯》1986 年第 7 期。

10 个省区市参加的"内联"会议，向腹地省区市发出了集资建港的倡议并得到内地省区市积极的响应。连云港港口集资建港的举动，也得到了高层的认可。1985 年 4 月 19～25 日，时任国务院副总理李鹏在国家计委、经委、交通部、铁道部、水电部等部委负责人陪同下，考察了山东和苏北各港口，随后撰写了《关于考察山东和苏北港口的报告》。李鹏在报告中认为："连云港腹地广阔，包括河南、陕西、甘肃、青海、新疆以及苏北、皖北、川北、晋东南、鲁南等 10 个省区，因此，连云港的开发对发展我国中原、西北地区的经济，具有非常重要的意义。"鉴于港口泊位不足、建设资金紧张的现状，"鼓励地方集资建港，要充分发挥地方集资建设的积极性，交通部可根据具体的地方港口在经济建设中的地位和作用，适当投资，给予扶助，连云港的建设，除主要应由交通部投资外，还要注意调动陇海铁路沿线各省、区投资建港的积极性"。[1]

1985 年 6 月 9 日，交通部在厦门召开的沿海开放城市港口发展座谈会上，进一步明确提出了加快沿海开放城市港口建设的六条意见。(1) 实行大中小并举的方针。(2) 建立多种方式的港口集疏运系统。在强调铁路与港口配套同步建设的同时，应充分发挥公路、水运及水上过驳在集疏运物资中的作用，建立多种方式的港口集疏运系统，改变单一依靠铁路疏运的状况。(3) 加强对现有港口的技术改造。(4) 实行中央和地方并举的方针，多渠道集资建港。(5) 积极引进、利用外资和先进技术。支持地方政府与外商广泛接触，争取外资参与港口建设。(6) 实行招标制，提高建港的效率和效益。[2]

根据这一原则，同年 10 月由交通部和江苏省牵头，邀请安徽、河南、陕西、甘肃、青海、新疆等省区市在连云港举行了第一次集资建港会议，座谈会制定了《关于筹集资金加快连云港港口建设的试行办法》；河南、陕西、甘肃三省决定"七五"计划期间在连云港投资建设 7 个万吨级深水泊位，并与连云港建港指挥部正式签订了协议。协议中规定的原则有两

---

① 李鹏：《关于考察山东和苏北港口的报告》（国阅〔1985〕36 号，1985 年 5 月 6 日），连云港市档案馆藏，3－2－1－513。

② 中国社会科学院经济研究所编《中国改革开放以来经济大事辑要（1978～1998）》，经济科学出版社，2000，第 489 页。

条最为重要：一是实行投资分摊，码头的水下基础设施，包括码头的水工建设、航道、港池、防波堤、陆域形成、护岸等工程投资较大，回收期慢，经中央有关部门同意，仍由国家投资，并免还本息；参加集资建港的省、区只负责筹集港口地面设施的建设资金，包括码头堆场、仓库、港内道路、给排水、供电、通信、装卸机械、港作车船及生产和生活辅助设施等。码头建成后，地面设施的所有权归参加集资的省、区所有，水下基础设施的所有权归国家所有，但使用权全部归集资省、区。

二是坚持"谁投资，谁使用，谁受益"的原则。码头建成后的经营方式，根据集资省、区的意愿，可以自行经营，也可以委托港务局经营，由港务局按照审定的设计能力，保证集资省、区的货物装卸，经营利润双方分成，还可以采取双方认为适宜的其他经营方式。[①]

这两项原则有效兼顾了中央和地方的权责，因而得到了各省、区的支持，单是河南省即提出建设 5 个万吨级泊位。此项集资建港工作被列为国家水运基本建设体制改革的试点项目。由腹地省、区出资建设码头泊位，长期以来困扰连云港发展的资金短缺难题似乎看到了解决的曙光。

1990 年 10 月下旬，为进一步商谈集资建港事宜，连云港集资建港领导小组副组长、连云港市政协主席胡为德率领连云港集资建港代表团访问西安和兰州。29 日，代表团在西安与陕西省计委副主任刘陶生、陕西省交通厅厅长萨音等会谈并签订补充协议。31 日，在兰州，代表团与甘肃省计委主任郭琨、交通厅副厅长夏家邦等协商签订了补充协议。兹将与甘肃省协议择要摘录如下：

一、双方认为：在以连云港为起点的亚欧大陆桥正式开通以后，由部、省合资参建码头对于内陆省区对外开放，对于我国西部地区的经济发展具有十分重要的意义，并一致同意墟沟港区应尽快建设。

---

① 朱恩浩：《集资建港是加快连云港建设的有效途径》，《经济研究参考资料》第 53 期，1986 年，第 23 页。

二、双方一致同意，按 1985 年原协议即基础设施由国家投资，并免还本息的原则下，甘肃在墟沟港区一期工程中投资建设万吨级泊位一个（年通过能力 35 万吨）。连云港方面愿意为此提供各种方便。

三、对由于物价上涨，各种费率、定额调整，以及使用第三批日本国海外协力基金贷款后汇率变化等因素，造成码头工程费用加大的状况甘肃省表示理解。甘肃省同意继续负责筹集一个泊位的地面部分的建设资金，并同意利用日元贷款和负责还贷。经双方商定，待任务书批准后，对初步设计概算应由投资省和建港指挥部共同予审，联合上报。

四、双方商定甘肃码头建成后，采取委托经营方式，具体事宜待任务书批准后进一步研究。

五、双方认为墟沟港区一期工程前期工作较充分，陆域回填等前期工程已基本完成，具备主体工程开工条件，希望早日批准建设，发挥其经济效益。

六、甘肃省建议，请交通部长、江苏省省长牵头在适当时机召集集资省省长参加的高层次会议，最后确定投资方案比较适宜。[1]

甘肃省地处中国中西部内陆地区，通过陇海铁路与连云港连接，距离出海口路途遥远，但其发展对外经济的意愿并不弱于其他距离出海口更近的省区市：在集资建港协议签订后不久，甘肃省已成立了驻连云港建港筹建处，并率先将集资建港资金 500 万元（现金 464 万元）汇入驻连云港建港筹建处账户。[2]

陕西省则在补充协议中表示，将在 1985 年原协议基础上在墟沟港区一期工程中投资建设万吨级泊位两个，年通过能力 70 万吨。基础设施应

---

[1] 《关于甘肃省在连云港投资建设码头的补充协议》（1990 年 10 月 31 日），连云港市档案馆藏，3 - 2 - 1 - 514。

[2] 连云港市政府文件：《关于连云港墟沟港区一期工程项目实施问题的报告》（连政发〔1991〕192 号，1991 年 12 月 25 日），连云港市档案馆藏，3 - 2 - 1 - 514。

按原集资建港协议的原则由国家投资，并免还本息。① 其余内容则与甘肃省协议大致相同。

根据上述协议，并经连云港港务局和建港指挥部重新编报建设规划，1988 年交通部与甘肃、陕西、安徽、河南和江苏省政府联合上报国家计委《关于报送连云港墟沟港区一期工程设计计划任务书的报告》，要求建设连云港墟沟港区一期工程。

陇海铁路横贯全省的河南省，对在连云港集资建港的态度则发生了巨大转变。第一次集资建港会议时，河南曾要求在连云港投资建 5 个万吨级深水泊位，之后不久就减为 2 个。1990 年 11 月 20 日，河南省计划经济委员会致函连云港集资建港指挥部。函称，就最近港口建设泊位对河南是有利的，但目前到连云港的交通状况不能适应，希望商丘至连云港段建成高速公路并和港口泊位建设同步，否则建成泊位难以发挥更大效益；河南财力紧张，"据对'八五'和后十年河南规划目标测算，资金缺口矛盾非常突出，实难进行自己超能力的投资建设"。河南难以承受物价上涨和利用外资的费用增加，因而"原定的两个泊位只能暂缓建设"，② 实际上宣告退出此次集资建港。

1991 年 10 月 25 日，国家计委做出批复。第一，原集资建港座谈商定并上报的建设计划是 7 个万吨级泊位，批复时则变成了 6 个。连云港早在 1984 年时，设计吞吐能力为 505 万吨，实际完成吞吐量 902 万吨，超出设计能力近 400 万吨，而国家计委批复的新增吞吐能力仅为 210 万吨，从 1984 年至批复时五年中的新增吞吐量因素也就更没有充分顾及。

第二，此前各投资省份希望水下基础设施由国家投资并免还本息，交通部也认可，而国家计委的批复中，除要求各省份负责国内投资外，日元贷款 30% 的本金和全部利息及其他费用的外汇额度及全部外汇配套人民币资金，均由连云港港务局和甘肃、陕西、江苏省负责偿还。当时日元急

① 《关于陕西省在连云港投资建设码头的补充协议》（1990 年 10 月 29 日），连云港市档案馆藏，3 - 2 - 1 - 514。

② 河南省计划经济委员会：《关于集资建港问题的函》（〔90〕计经字第 4 号，1990 年 11 月 20 日），连云港市档案馆藏，3 - 2 - 1 - 444。

剧升值,[①] 加上国内物价上涨速度较快,这样一来,所需费用大大超过了各省份原来的预期。

各集资省原本希望在"七五"期间尽快投资建设,而国家计委的批复则是在计划任务上报之后三年才批复下来,其间由于物价上涨较快,投资额增加了2倍多,大大超出预期,退出集资建港也就成为各省的自然选择。

而墟沟港区一期工程却是连云港发展必须要走的一步,因而建设使用的日元贷款全部本息的偿付,完全落到了连云港港口身上。交通部撤出后由于当时省政府也不管,港务局只能自己推进,因此背上了8亿元的债务,每年还贷款利息就达5000万元人民币。[②] 连云港港口开始时信心十足地筹划集资建港,到最后却像陇海铁路管理局最初筹建港口时一样,背上了极其沉重的债务包袱。

三　大型钢铁项目申报失败

推动地方经济发展的主要动力是工业化,港口城市发展最为便捷的途径就是充分利用优越的水运条件发展临港型重化工业,如大型冶金、石油化工、大型钢铁企业等。以日本为例,1980年代日本工业出口额60%的产品由临海工业区生产。[③] 中国早期工业发展以及改革开放以来沿海对外贸易的活跃,也与港口密不可分。大型工业企业由于产业链较长,所需要的配套供应和下游产业很多,对地方经济的促进作

---

① 1985年9月,美国、日本、联邦德国、法国、英国等五个发达工业国家财政部部长及五国中央银行行长在纽约广场饭店(Plaza Hotel)举行会议,达成五国政府联合干预外汇市场协议,使美元对主要货币的汇率有秩序地下调,以解决美国巨额的贸易赤字。这就是著名的"广场协议"(Plaza Accord)。"广场协议"签订后,五国联合干预外汇市场,各国开始抛售美元,继而形成市场投资者的抛售狂潮,导致美元持续大幅贬值。1985年9月,美元兑日元在1美元兑250日元上下波动,协议签订后,在不到3个月的时间里,快速下跌到200日元附近,跌幅20%。1986年底,1美元兑152日元,1987年,最低到达1美元兑120日元,在不到三年的时间里,日元升值一倍多。从日元对美元名义汇率来看,1985年2月至1988年11月,升值111%;1990年4月至1995年4月,升值89%;由于中国当时实行的是人民币钉住美元的汇率制度,日元对人民币的汇率也相应升值一倍。

② 杨培举:《连云港腾飞中的沉重》,《中国船检》2003年第9期。

③ 〔日〕竹内良夫:《港口的开发及其评价方法》,第2页。

用远非一般产业所能比拟，有时甚至能够彻底改变城市经济的发展。以港口为中心，发展临港型重化工业，是大多数港口城市发展的一般经验。连云港自然也不例外。因此，当 1990 年代初冶金部提出在全国范围内布局大型钢铁企业时，连云港也积极行动起来，希望能够成为最终选址。

据记载，早在 1977 年 8 月，江苏省和连云港市即正式提出在连云港建设大型钢铁联合企业的建议。[①] 当时中央决定在沿海建设一个年产 1000 万吨级的大型钢铁基地，在全国考察了诸多选址，如连云港、天津、镇海、大连等 10 多个地方，这些地方突出的问题是工业基础和综合能力薄弱，难以支撑庞大的现代化钢铁基地。[②] 最终选定的厂址为上海宝山，也就是此后著名的宝山钢铁。连云港当时就是进入了考察，才第一次提出了建设钢铁企业的建议。1977 年 12 月，冶金部马鞍山钢铁设计研究院受冶金部和江苏省的委托，通过实地调查，编报了《江苏沿海地区建设大型钢铁厂厂址方案》。1985 年 2 月编报了《在连云港建设大型钢铁厂的设想》。[③]

1980 年代以来，随着国民经济的飞速发展，各地各部门钢材短缺的矛盾十分突出，1980～1989 年平均每年需要进口钢材 1138.7 万吨，耗费外汇 36.4 亿美元。经测算到 2000 年，全国需要钢材 9000 万～9500 万吨，缺口为 1500 万～2000 万吨。因此，为充分利用外资和进口铁矿石两种资源，国家决定在"八五"（1991～1995）、"九五"（1996～2000）期间在沿海建设一至两个大型钢铁厂。[④] 消息传出以后，很多地方成立专门工作组以争取成为最终选址，连云港渴望成立大型临海钢铁企业已有多年，于是也加入了争取的行列。

1988 年底，江苏省政府委托省计划经济委员会、冶金厅和连云港市

---

① 赵泳：《东方大港梦的领航人》，《大海扬波——怀念谷牧同志》，第 301 页。
② 《宝山钢铁的建设发展之路》，https：//www.sohu.com/a/199487646_313737，2019 年 5 月 18 日。
③ 《连云港钢铁厂建厂条件概况》，连云港市档案馆藏，3-2-460-3。
④ 江苏省冶金工业厅、连云港市人民政府：《连云港钢铁厂项目建议书》（1990 年 12 月），连云港市档案馆藏，3-2-460-4。

政府共同主持召开"连云港钢铁厂建厂条件咨询论证会"，同年连云港市委托中国国际工程咨询公司规划咨询该市产业发展规划，马鞍山钢铁设计研究院受连云港市委托编写过《连云港钢铁厂建厂条件论证报告》。①

1990 年 5 月 22 日，江苏省政府副秘书长沈振寀主持召开会议，研究在连云港筹建大型钢厂等问题，江苏省计划经济委员会、冶金厅、财政厅、省开放办、省经济研究中心等部门参加。会议认为，在沿海地区建设大型钢厂，连云港市具有优越条件，在选址阶段要积极向国家推荐，鉴于入选"不仅关系到连云港市的发展，而且关系到江苏若干年后的经济发展后劲问题"，会议同意以省政府名义向国务院提出将海港钢厂建设在连云港市的请求，并决定"此事由省冶金厅负责组织，连云港市负责做好各项具体工作，并迅速制定出前期工作计划"。会议还决定筹建钢厂的 1990 年前期工作费用为 100 万元，由省承担 70%（省财政厅 35 万元，省计经委 35 万元），连云港市承担 30%。②

1990 年 6 月 15 日，江苏省政府向国务院上报请求在连云港市建设大型钢铁企业，请示认为连云港市具备了建设大型钢铁企业的很多优越条件：一是多功能的交通运输网络基本形成。港口有 17 个泊位，年吞吐能力为 1545 万吨，20 世纪末可以达到 5000 万吨以上。5 万吨级货船可以正常乘潮进出港，未来建设 10 万吨级深水码头技术上可行。陇海铁路沟通 11 个省区市，"八五"期间徐连段将全线实现复线电气化，运输能力可以提高到每年 6000 万吨。二是淡水资源丰富。该地属半湿润的暖风带季风气候区，年平均降雨量为 925 毫米，平均径流为 255 毫米，雨量比华北、山东多 1/3。河流众多，素有"洪水走廊"之称，完全可以满足钢铁厂所需水源。三是工厂用地及地质良好。云台山南麓低山丘陵区地势平坦开阔。四是辅助原料供应充裕，机修配套能力较强。省内为宝钢配套的镇江石灰石矿、南京白云石矿和东海蛇纹石矿可同时满足连云港大型钢铁厂需求，江苏机械工业配套能力强。此外，能源供应条件较好。连云港电厂扩

---

① 《连云港钢铁厂建厂条件概况》，连云港市档案馆藏，3 - 2 - 460 - 3。
② 江苏省人民政府办公厅：《情况通报》第 32 号，1990 年 5 月 28 日，连云港市档案馆藏，3 - 2 - 1 - 460 - 5。

建并与华东电网并网，连云港是中西部煤田最方便的出海口，距离徐州、山东鲁西南和安徽两淮煤田铁路运距仅 300 余公里。城市依托和农业基础良好。① 7 月 16 日，冶金部第一次派出计划司司长吕寿全到连云港现场考察，为确定连云港市能否参加全国比选做前期工作准备。② 四天之后，即 7 月 20 日，国家计委办公厅答复江苏省称，如果确定要建设一个新厂，将对"连云港厂址和其他地方、企业提出的冀东、石臼所、湛江、宁波、济宁、攀西等厂址一并进行择优比选，深入论证"。③ 连云港市被列为备选厂址。

1990 年 10 月 22 日，连云港市委书记秦兆桢、市长王稳卿在上海宝钢向时任冶金部部长、副部长汇报争取在连云港建大钢厂的初步设想。10 月 24 日，冶金部计划司、规划院和中国国际工程咨询公司冶金项目部联合召开大钢厂外部建设条件汇报会，江苏省计经委副主任郭世良、冶金厅厅长李三元和连云港市市长王稳卿带队参加汇报。10 月 29 日，江苏省政府副秘书长沈振寀主持召开第二次协调会，研究筹建钢铁厂工作。④

1991 年 2 月 9 日，江苏省向国务院上报了连云港钢铁厂项目建议书和预可行性研究报告，再次请求国家在连云港地区建设大型临海钢铁联合企业，并请列入国家"八五"计划和十年规划。⑤

1991 年春节后，冶金部和中国国际工程咨询公司开始了钢厂选点工作，对河北冀东、山东济宁、石臼所（日照）、江苏连云港、浙江宁波、四川攀西、广东湛江、惠州八个厂址开展比选。该项工作由中国国际工程咨询公司总经理石启荣、冶金部副部长王汝林负责，并聘请专家成立了八个专家组，分别为综合组、冶金组、布局组、能源组、交通组、供水组、环保组、

---

① 江苏省人民政府：《关于要求在连云港市建设大型钢铁企业的请示》（苏政发〔1990〕71 号，1990 年 6 月 15 日），连云港市档案馆藏，3 - 2 - 1 - 460 - 2。

② 连云港市人民政府：《关于争取我省连云港大钢厂选点工作的情况报告》（连政发〔1991〕132 号，1991 年 9 月 9 日），连云港市档案馆藏，3 - 2 - 1 - 516 - 7。

③ 国家计委办公厅：《关于在连云港建设大型钢铁企业问题的复函》（计办工〔1990〕571 号，1990 年 7 月 20 日），连云港市档案馆藏，3 - 2 - 1 - 460 - 1。

④ 连云港市人民政府：《关于争取我省连云港大钢厂选点工作的情况报告》（连政发〔1991〕132 号，1991 年 9 月 9 日），连云港市档案馆藏，3 - 2 - 1 - 516 - 7。

⑤ 江苏省人民政府：《关于上报连云港钢铁厂项目建议书和预可行性研究报告的请示》（苏政发〔1991〕12 号，1991 年 2 月 9 日），连云港市档案馆藏，3 - 2 - 1 - 516 - 1。

经济组等。专家组认为连云港厂址材料最齐，条件优越，有很大的竞争性。

　　连云港没能成为沿海钢厂的最终选址，原因不得而知。但可以确定的是，江苏省并没有拿出像 1983 年争取扬子乙烯工程那样的力度来帮助连云港争取中央投资项目。① 江苏省政府能够提供的优惠条件有：城市配套费减半收取；土地使用税、费比照国家和省市鼓励外商投资的最优惠政策；项目前期工作由江苏省组织实施，所需部分经费由本省安排；本省所提供的配套设施、辅料等资源利用予以优先保证。② 这些优惠政策与毗邻的山东省相比，似乎毫无优势。半年之后的 1991 年 2 月 9 日，江苏省在给国务院的请示中提出，该项目一期工程总投资初步估算为 245 亿元，除利用外资 15 亿美元（折合人民币 78 亿元）外，尚需内资 167 亿元，"我省可承担 35 亿元，其余内资请国家安排，并可在国家指导下组织外省市集资一部分"。③ 支持力度远远小于山东省。

　　除此之外，江苏省还大大压缩了前期工作经费。1991 年 9 月 9 日，连云港市政府上报省政府，要求省有关部门抓紧下达该年 90 万元的工作费用计划。④ 年底，江苏省计划经济委员会发文称，"近年因资金困难，核减了部分工作内容"，所需前期工作经费从 150 万元相应核减为 90 万元。拨付方式"仍比照省政府 90 年 32 号通报的意见，由省市共同承担"，其中省计经委安排 30 万元，省财政安排 30 万元，连云港市承担 30 万元。⑤

　　民国初期，由于一战爆发，无法募集建设资金，陇海铁路工程大受影响，其间又因国内战争蔓延，陇海路用了近十年时间方才从徐州延伸到海

---

① 见连云港市委办公室《首钢顾问李忠凡在连谈上大钢厂项目问题》，中共江苏省委办公厅信息查办处：《快报》（增刊）第 34 期，1990 年 8 月 4 日，连云港市档案馆藏，3 - 2 - 1 - 460 - 7。
② 江苏省人民政府：《关于上报连云港钢铁厂项目建议书和预可行性研究报告的请示》（苏政发〔1991〕12 号，1991 年 2 月 9 日），连云港市档案馆藏，3 - 2 - 1 - 516 - 1。
③ 江苏省人民政府：《关于上报连云港钢铁厂项目建议书和预可行性研究报告的请示》（苏政发〔1991〕12 号，1991 年 2 月 9 日），连云港市档案馆藏，3 - 2 - 1 - 516 - 1。
④ 连云港市人民政府：《关于争取我省连云港大钢厂选点工作的情况报告》（连政发〔1991〕132 号，1991 年 9 月 9 日），连云港市档案馆藏，3 - 2 - 1 - 516 - 7。
⑤ 江苏省计划经济委员会：《关于下达连云港钢铁厂 1991 年前期工作和用款计划的通知》（苏计经基〔1991〕1303 号，1991 年 12 月 21 日），连云港市档案馆藏，3 - 2 - 1 - 516 - 13。

州新浦。此后又是用了近十年时间才铺轨到海边，正式海港建成时已是1936 年，港口与城市的发展很快因抗战爆发而中断。日本占领时期将连云港纳入统制经营，港口沦为向日本输出煤矿、铁矿石的中转地，港口与地方社会几乎完全无涉。至抗战结束时，港口设施毁损倒在其次，港口周边经济处于濒临崩溃的状态。随后的解放战争期间，该区域又处于国共双方对垒的前沿，港口与城市发展无从谈起。纵观整个民国时期，陇海铁路和连云港的发展历程，受时局因素影响至巨。

计划经济时期，连云港主要承担将中西部以及苏北一带矿产资源和粮食等运往上海、天津、广州等地，并将中西部地区所需工业消费品运回的任务，货源结构与民国时期相似。但由于优先发展工业导致的工农业"剪刀差"，中西部和苏北等地输出的矿产资源和农产品远低于正常市场价格，严重拖累了腹地经济发展。与此同时，港口、铁路和城市分属交通部、铁道部和江苏省管理，三者之间很难协调一致，这加剧了久已存在的港口与城市的分离。

连云港深水大港建设从立项到暂缓，从工程技术角度来看，当时淤泥质海岸建设深水大港，软基加固和港池航道回淤并没有完全解决，这成为产生争议乃至影响决策的一个重要问题。但在其中起到主导性作用的因素是高层决策的变化。1990 年代前后，深水大港建设延后、集资建港半途而废，使得连云港港口基础设施滞后。在 1990 年代中期，交通部将大量港口移交地方管理时，正是港口大型化、专业化关键转型期，连云港也没有充分准备应对竞争，因此处于十分不利的境地。大型钢铁项目最终未能选址于连云港，又使得该城市错过了发展临港重化工业的绝佳机会，也错过了通过重化工业引领经济发展的时机。

连云港市的城市重心，其实从未真正践行以港口为中心的理念。1949年以后，城市发展规划以新浦区为中心，港口所在的连云区，有时候会被时尚地称为副中心。需要指出的是，对于连云港市这样一个经济基础薄弱的小城市而言，城市中心放在新浦，实际上等于放弃了港口区域：连云区根本无力承担城市基础设施建设的庞大投资，这导致港口周边基础设施远远落后于新浦。

结　语

　　由于陇海铁路东筑到海以及连云港开港，这个原本默默无闻的荒僻渔村一时成为全国关注的焦点。因港口而设立的连云市与新浦、海州一起奠定了现代连云港市的基础。当初无论是孙中山的《建国方略》中于海州修建二等港的规划，还是社会各界人士的展望，连云港都是发展前景极为广阔的城市，也将成为东部沿海地区首屈一指的大都市。连云港在1984年被列为首批沿海港口开放城市，经过二十多年的发展之后，与最初预期颇有差距。作为陇海铁路终点海港以及新亚欧大陆桥的东桥头堡，港口与城市发展间的巨大差距有颇多值得反思之处。

　　仔细考察连云港港口及城市近一个世纪的发展历程，其发展失衡的原因不外乎以下诸条。首先是由于自然环境的变化，海州地区的港口随海岸线东移，而中心城市在近代以后并没有随着连云港的建港而迁移到港口附近。因此从连云港一开始建港，就形成了港城分离的态势。而连云港的建设直到抗战前一年才基本竣工，港口与城市相互影响促进的时间太短，这就使港口能够发挥的效用大打折扣。

　　诸多原因中，陇海铁路独特的建筑方式也决定了连云港早期很难发展壮大。该路从中间开封至洛阳一段分别往两端延伸，从1912年签订合同，直到1935年才延伸到海边。这种建设方式最大的问题是直到正式海港投入使用前，沿路物产会分流到其他口岸，与陇海路交会的津浦铁路、京杭运河以及京汉铁路使得大量陇海铁路沿线物产转运到青岛、浦口、汉口甚至天津等市场，最终出现港口尚未建成而腹地已经被其他口岸瓜分殆尽的局面。毗邻的青岛港与胶济铁路则是首先建造海港，再将铁路从海边延伸到内陆，如此一来，港口可以通过铁路迅速将内陆地区吸纳为自己的腹地。作为后来者的连云港面临的竞争可想而知。

中国东部沿海港口自北向南建设较多，但仅有少数港口可以成为区域进出口的主要枢纽，除了建设时间较早、基础较好或特殊政策吸引等因素成长起来之外，一个极其重要的因素就是腹地商品经济的发达。而连云港背后的腹地苏北、鲁南、安徽、河南、陕西及甘肃等地，无论是当时还是现在，都不是中国经济的相对发达区域。1949 年以后，由于国家将淮海地区、江苏省将苏北定位为原材料和煤炭生产基地以及粮食生产基地，工农业之间的"剪刀差"和工业中采掘工业与加工工业间的"剪刀差"，使得这一地区长期以来工业发展失衡，采掘工业高度发达，而附加值较高的加工工业则远远落后于东南沿海其他地区。这使得该地区在向市场经济过渡时处于相对不利的地位。在以外贸拉动经济转型的现代化初期，其对港口的支撑相对有限，从而大大限制了连云港的发展，也直接影响了连云市和今天的连云港市的发展。

计划经济时代的连云港，被定位为北煤南运、西煤东输的煤炭输出港，在全国沿海港口格局中地位相对重要，其港口设施在国家投资的支撑下有较大发展，港口吞吐量逐年攀升。但在这种由交通部经营的港口体制下，港口的繁荣与地方关系并不大。港口不能得到较好的城市依托，城市也无法受益于港口发展，从而实际上加剧了港城分离的态势。

现代港口已经不仅仅是海陆运输的枢纽，临港地区更是新兴产业的活跃地带，需要公路、铁路、海运、内河航运、管道运输、航空等多种运输途径的有机结合，从而形成完备的集疏运体系。连云港建港时，由于陇海路局资金不足而只能因陋就简，港口设施从一开始就落后于其他大港。长期以来集疏运通道主要依靠陇海铁路，陇海铁路货运量在较长时期内占据了港口吞吐量的绝对比重。然而陇海铁路的东段，即从徐州到连云港的这200 公里左右的铁路，直到 1998 年才完成复线工程，即使是复线工程改造完成后的东陇海线，其技术标准也低于徐州以西的路线，因而其货运通过量仍是全线最低。与此同时，大量腹地货物经由京广铁路、京沪铁路以及京杭运河分流。日照建港导致连云港建设深水大港的计划推迟，港口泊位、航道水深不足，总体设施落后，使得连云港港口在面对其他大港时更显竞争力不足，事实上成为其他沿海大港的支线港口。连云港港口在沿海格局中地位随之逐步下降，从民国时期名噪一时的自建港口，到计划经济时代重点建设的五大港口之一，再到 1990 年的八大港口，而今则再难跻身国内十大海港之列，算上内河港口，连云港仅能勉强挤入前十五名。

连云港港口与城市的发展历程中，时代环境与国家的宏观政策曾分别起到主导性作用。民国变乱的政局，以及此后长期由国家主导的港口运作在客观上加剧了其原本即已存在的港城分离，致使港口与城市发展出现失衡而无法实现互动。

在连云港港口和城市发展的历程中，政治决策在某些时候的影响力远超经济发展本身。连云港建设深水大港的延误，固然有日照水深条件更好的自然因素，但高层决策是不可忽视，甚至具有压倒性作用的因素。以集资建港的方式建设深水泊位，成为此后迫不得已的选择，最终半途而废，港口在 1990 年代全国经济腾飞的历史机遇面前，深水泊位严重缺乏，遭遇发展瓶颈。江苏省政府长期以来重苏南、轻苏北的政策导向，以及在支持连云港建设时省级决策部门的不力，在连云港开展集资建港和争取沿海钢铁项目上表现得尤为明显。而连云港市政府在港口下放地方之后，没有主动向港口靠拢，从空间上弥补原已存在的港城分离，依旧将新浦作为城市发展重心，并在城市发展规划中强化新浦的中心地位的举措，也是应当值得反思的决策失误。"如何发挥东桥头堡的作用，市里目前尚无新的完整的规划构思。"① 彼时江苏省计经委的评价，似乎不无道理。

连云港港口发展的历史表明，拥有良好交通条件的港口或铁路终点城市，并不必然能够发展成为新兴的经济中心城市。在港口城市发展的早期，对港口与城市实行统一规划，进行足够多的投入以改善城市基础设施、有效管理城市，港口背后应有充足平地作为工商业的发展空间，并扶助城市和腹地工商业以支撑港口长远发展等因素，都会影响港口和城市的未来发展。这些因素之间相互关联又相互影响。

---

① 《江苏省计划经济委员会便函》（1991 年 6 月 8 日），连云港市档案馆藏，3 - 2 - 1 - 516。

在考察中国沿海港口格局时，港口间相互竞争的状态固然值得关注，避免过度竞争是完全必要的，但更应注意的是，在港口下放地方之后，港口与城市互动增强，对区域经济的促进作用日趋明显，正因如此，地方政府投资港口的热情在全国范围内普遍高涨。海州湾区域内相距不远的日照港与连云港港亦是如此。日照港在连云港港旁边崛起，目前两港腹地重合度较高。面对此种形势，两港必定会积极谋求港口基础设施的扩建和改造，提升管理水平和争取更多的货物经由本港出入，以实现港口吞吐量的不断攀升。从表现形式上来看，两港之间的确会呈现激烈的竞争态势。不过，如果能从更广的视角来看待这个问题，这种激烈的竞争并不是坏事。比邻而居的两地，为谋求港口与城市的均衡发展，必然会致力于城市、港口基础设施的改善，以营造良好的经济发展环境。而两港为提升吞吐量所做的努力，从客观上也会吸引更多的货物集中于该区域。未来若能有效打破政区藩篱，两个港口尽量避免相互间的过度竞争，并根据自身特点相互合作，辅之以海州湾内的其他小港，形成海州湾港口群，统一组织货源再按各自能力和特点分配，步调一致地开展对外竞争，发挥港口集聚效应，则整个区域中临海工业的起飞大有希望。事实上，这样的合作先例比比皆是，也是现代化大港发展的趋势之一。

世界著名的几大港口群的内部各港口的合作方法基本相同。在南北长80公里、东西宽20~30公里的东京湾中，有东京港、横滨港、千叶港、川崎港四个特定重要港口和木更津港、横须贺港两个重要港口，六大港口组成东京湾港口群，各个港口根据自身特点，分别发展不同业务，承担不同职能。这些港口在经营上虽保持各自独立，但在对外竞争中则是一个整体，比如共同揽货和整体宣传方面的合作。有些甚至成立港口委员会，统一协调管理群内各港，比如美国东海岸的纽约、新泽西州组合港于1940年代自愿组合，还有西海岸的洛杉矶、长滩组合港。此类先例，完全可以为连云港港和日照港未来展开深度合作提供有益经验。

参考文献

一 史料

1. 未刊档案

连云港市档案馆藏档案。

台北中研院近代史研究所档案馆藏档案。

日本国立公文书馆藏档案。

2. 报刊资料

《北洋法政学报》《丙辰》《参议院公报》《大公报》《大陆银行月刊》《导光周刊》《地学杂志》《东方杂志》《东海民报》《妇女月报》《工程》《工业杂志》《国本》《国衡》《国闻周报》《海光》《海事》《海外月刊》《海王》《航务月刊》《航业月刊》《淮海》《建筑月刊》《江苏》《江苏财政公报》《江苏建设》《江苏省公报》《江苏省政府公报》《江苏实业月志》《江苏研究》《江苏月报》《交行通信》《交通杂志》《津浦铁路月刊》《军政旬刊》《矿业周报》《陇海铁路旅行指南》《旅行杂志》《欧洲时报》《钱业月报》《人与地》《陕西教育官报》《申报》《申报月刊》《时报》《时事汇报》《时事月报》《四川经济月刊》《苏行谈座》《铁道》《铁道半月刊》《铁道公报》《铁路协会会报》《铁路协会月刊》《铁路月刊：津浦线》《铁路杂志》《文摘》《现代评论》《新闻报》《星华》《益世报》《银行周报》《禹贡半月刊》《政府公报》《政治成绩统计》《政治官报》《政治评论》《中国经济》《中国实业》《中国实业杂志》《中行月刊》《中华实业丛报》《中外经济周刊》《中央日报》《中央银行月报》

3. 其他文献资料

（明）宋濂：《元史》，中华书局，1976。

（清）张廷玉等：《明史》，中华书局，1974。

财政科学研究所、中国第二历史档案馆编《民国外债档案史料》第 7 卷，档案出版社，1990。

广东省社会科学院近代史研究所等编《孙中山全集》第 6 卷，中华书局，1985。

河南农工银行经济调查室编印《河南之牛羊皮》，1943。

河南省地质调查所编印《河南矿业报告》，1934。

河南省实业厅编印《河南省棉业调查报告书》，1925。

江苏省地方志编纂委员会编《江苏省志·交通志·铁路篇》，方志出版社，2007。

《江苏统计年鉴》（1990～2000），中国统计出版社，1991～2001。

交通部铁道部交通史编纂委员会编印《交通史·路政编》第 14 册，1935。

居之芬主编《日本对华北经济的掠夺和统制——华北沦陷区资料选编》，北京出版社，1995。

连云港港务局编《连云港港年鉴》（1991、1992、1993、1994、1997、1999、2001），中国矿业大学出版社，1992、1993、1994、1995、1998、2002。

连云港港务局史志编审委员会编《连云港港志》，人民交通出版社，1993。

《连云港口岸志》编纂委员会编《连云港口岸志》，人民交通出版社，1992。

连云港市地方志编纂委员会编《连云港市志》上册，方志出版社，2000。

连云港市交通局交通史编写办公室编《连云港市交通史》，南京大学出版社，1989。

凌鸿勋：《中国铁路志》，台北，文海出版社，1954。

刘凤光编著《沈云沛年谱》，中国文化出版社，2013。

《隆庆海州志》卷2,《天一阁藏明代方志选刊》,上海书店1962年据宁波天一阁藏明隆庆刻本影印。

陇海铁路管理局编印《陇海铁路工作报告》,1931。

陇海铁路管理局编印《陇海年鉴》,1933。

陇海铁路局车务处编印《1932年度陇海铁路全路调查报告》,1933。

〔澳〕骆惠敏编《清末民初政情内幕——〈泰晤士报〉驻北京记者袁世凯政治顾问乔·厄·莫理循书信集》,刘桂亮等译,知识出版社,1986。

倪爱传主编《锦屏磷矿志》,中国矿业大学出版社,1999。

《日照港志》编纂委员会编《日照港志》,齐鲁书社,1996。

山西省史志研究院编《山西通志·对外贸易志》,中华书局,1999。

申国祥主编《铁路轨道》,中国铁道出版社,1996。

实业部国际贸易局编《中国实业志·江苏省》,实业部国际贸易局,1933。

〔日〕水野幸吉:《汉口——中央支那事情》,湖北嚶求学社译,1908。

谭其骧主编《中国历史地图集》第2册,中国地图出版社,1982。

铁道部铁道年鉴编纂委员会编印《铁道年鉴》第2卷上册,1935。

王培棠编著《江苏省乡土志》,商务印书馆,1938。

萧铮主编《民国二十年代中国大陆土地问题资料》,台北成文出版社、(美国)中文资料中心,1977。

新浦区地方志办公室编印《新浦历史资料汇编》,1996。

徐百齐编《中华民国法规大全》第1册,商务印书馆,1936。

徐州铁路分局史志编审委员会编印《徐州铁路分局志(1908~1985)》,1989。

许绍蘧编《连云一瞥》,自印出版,1936。

亚丹士:《现代都市计划》,林本译,商务印书馆,1933。

姚贤镐编《中国近代对外贸易史资料》第1册,中华书局,1962。

于光远:《1978:我亲历的那次历史大转折》,中央编译出版社,2008。

曾鲲化：《中国铁路史》，新化曾宅，1924。

张公权：《抗战前后中国铁路建设的奋斗》，台北，传记文学出版社，1974。

张謇：《张季子九录》，中华书局，1931。

郑伯彬：《抗战期间日人在华北的产业开发计划》，国民政府资源委员会经济研究所，1947。

郑州铁路局史志编纂委员会编《郑州铁路局志》，中国铁道出版社，1998。

政协江苏省连云港市委员会文史资料研究委员会编印《连云港市文史资料》第 5、7、8、10 辑，1987、1989、1991、1995。

中国城市规划设计研究院、连云港市规划管理局编印《1991—2010 连云港市城市总体规划》，1993。

中国第二历史档案馆编《中华民国史档案资料汇编》第 5 辑第 1 编《政治》（1），江苏古籍出版社，1994。

《中国地方志集成·江苏府县志辑》，江苏古籍出版社，1991。

矢田敬三『連雲港背後地ノ工業立地條件ニ就テ』南滿洲鐵道株式會社北支經濟調查所化學班、1940。

岡崎弘文『連雲港經營現状ノ概要卜對策案』南滿洲鐵道株式會社調查部、1941。

華北交通株式會社連雲碼頭事務所『連雲碼頭事務所史』、1942。

滿鐵經濟調查會『連雲港移出入貨物ノ概況』、1935。

滿鐵鐵道總局調查局『連雲港調查報告書』鐵道總局調查局調查課、1939。

伊藤香象·森俊夫「青島、連雲港出張視察報告」昭和 11 年 4 月、支那駐屯軍司令部乙囑託港灣班『北支港灣調查報告（第一隊）』、1937。

二　论著

复旦大学历史地理研究中心主编《港口—腹地和中国现代化进程》，齐鲁书社，2005。

谷中原：《交通社会学》，民族出版社，2002。

郭孝义主编《江苏航运史（近代部分）》，人民交通出版社，1990。

姜新:《苏北近代工业史》,中国矿业大学出版社,2001。

居之芬、张利民主编《日本在华北经济统制掠夺史》,天津古籍出版社,1997。

〔美〕彭慕兰:《腹地的构建:华北内地的国家、社会和经济(1853~1937)》,马俊亚译,社会科学文献出版社,2005。

任银睦:《青岛早期城市现代化研究》,三联书店,2007。

寿杨宾编著《青岛海港史(近代部分)》,人民交通出版社,1986。

宋炳良、〔荷〕德兰根编著《港口经济、政策与管理》,格致出版社,2009。

宋炳良:《港口城市发展的动态研究》,大连海事大学出版社,2003。

孙加夫主编《河南对外经济贸易概况》,河南人民出版社,1993。

童大埙:《铁路轨道基础知识》,中国铁道出版社,1997。

王缉宪:《中国港口城市的互动与发展》,东南大学出版社,2010。

王庆云主编《交通运输发展理论与实践》,中国科学技术出版社,2006。

吴松弟主编《中国经济百年拼图:港口城市及其腹地与中国现代化》,山东画报出版社,2006。

徐德济主编《连云港港史(古、近代部分)》,人民交通出版社,1987。

徐德济主编《连云港港史(现代部分)》,人民交通出版社,1989。

余明侠:《徐州煤矿史》,江苏古籍出版社,1991。

张丽君、王玉芬:《改革开放三十年中国港口经济发展》,中国经济出版社,2008。

张文尝、金凤君、樊杰主编《交通经济带》,科学出版社,2002。

〔日〕竹内良夫:《港口的开发及其评价方法》,王益萍译,人民交通出版社,1989。

塩原三郎「新浦と連雲港視察記」昭和14年10月、『都市計画・華北の点線』、1973。

三　论文

陈为忠:《近代山东港口与腹地研究》,硕士学位论文,复旦大学,2003。

邓焕彬、朱善庆：《全国沿海主要港口吞吐量与地区经济发展关系研究》，《中国港口》2009 年第 2 期。

樊如森：《港口—腹地与中国现代化进程学术研究综述》，《史学月刊》2004 年第 12 期。

方未：《壮哉，青岛港人！——贺青岛港集装箱吞吐量突破百万 TEU 大关》，《集装箱化》1998 年第 1 期。

管卫华、赵媛、林振山：《改革开放以来江苏省区域空间结构变化》，《地理研究》2004 年第 4 期。

郭海成：《陇海铁路与关中城市化进程研究：1905～1945》，博士学位论文，南开大学，2009。

何赋硕、吴学志：《发起新的"淮海战役"》，《经济参考》1985 年 1 月 28 日，第 6 版。

江沛、熊亚平：《铁路与石家庄城市的崛起：1905～1937 年》，《近代史研究》2005 年第 3 期。

江沛、徐倩倩：《港口、铁路与近代青岛城市变动：1898～1937》，《安徽史学》2010 年第 1 期。

江沛、张志国：《日本在连云港的统制与经营述论》，《安徽史学》2011 年第 6 期。

江沛：《二十世纪上半叶天津娼业结构述论》，《近代史研究》2003 年第 2 期。

连云港建港指挥部：《集资建港是加快港口建设的一条重要途径》，《经济工作通讯》1986 年第 7 期。

刘晖：《铁路与近代郑州城市化进程研究（1905～1937)》，博士学位论文，南开大学，2010。

秦熠：《津浦铁路与沿线社会变迁（1908～1937)》，博士学位论文，南开大学，2008。

曲永岗：《港口发展战略及其在连云港港口发展中的应用》，博士学位论文，河海大学，2003。

苏全友：《论清末的干路国有政策》，"第一届中国近代交通社会史学术研讨会"论文，天津，2009。

唐巧天：《上海外贸埠际转运研究（1864～1930年）》，博士学位论文，复旦大学，2006。

王公卿、李安庆：《论连云港港口发展与城市依托关系》，王家典、陆仰渊、徐梁伯主编《港口发展与中国现代化》，上海社会科学院出版社，1989。

王汉筠：《中兴煤矿企业史研究（1880～1937）》，硕士学位论文，苏州大学，2003。

王列辉：《区位优势与自我增强——上海、宁波两港空间关系演变的多维分析（1843～1941）》，博士学位论文，复旦大学，2007。

张道刚：《尴尬的淮海》，《决策》2006年第Z1期。

张志国：《近代连云市都市计划述论》，《历史教学》（下半月刊）2015年第7期。

章银杰：《近代徐连经济区形成和发展研究：以路、港的筹筑为中心的考察》，硕士学位论文，苏州大学，2007。

赵泳：《东方大港梦的领航人》，中共连云港市委宣传部编《大海扬波——怀念谷牧同志》，中央文献出版社，2014。

赵志强：《平汉铁路债务研究（1908～1937）》，《历史教学》（高校版）2008年第12期。

中国科学院国家计划委员会地理研究所：《淮海经济区经济和社会发展规划（1996～2010年）》，内部发行，1996。

中国社会科学院经济研究所编《中国改革开放以来经济大事辑要（1978～1998）》，经济科学出版社，2000。

朱恩浩：《集资建港是加快连云港建设的有效途径》，《经济研究参考资料》1986年第53期。

朱勤虎：《沿东陇海线产业带发展研究》，博士学位论文，南京农业大学，2006。

朱榕榕：《连云港港口与其腹地对外贸易发展研究》，硕士学位论文，南京理工大学，2007。

后 记

本书是在我博士学位论文基础上修改出版的。毕业后，一直没顾得上修改，一放就是好几年。2018 年底，我觉得再放着实在不合适，刚好学院有经费支持，于是着手修改书稿。搁置久了，重新进入论文的思维体系实在艰难。此外，随着新观点和新资料的出现，原稿需要修改之处颇多，结果也未完全达到预期，仍有很多地方我并不满意。

与论文相比，更难忘的是南开四年。能够跟随江沛老师读书，是我最大的幸运。最初只觉得老师为人善良，风趣幽默，学风扎实而不守旧。等到自己有了更多的人生经历才发现，老师真是有着非凡的胸襟。他能容忍学生有不同的观点，甚至鼓励大家立异创新。本书中诸多问题，我与老师的观点并不相同，有些甚至颇有分歧，他也不以为意。江老师还乐于帮助学生，且并不限于自己门下，对我的帮助和提携更是让我永生难忘。大约在我毕业时，很多同门开始叫他师父。我觉得，应是大家认为江门师生更像传统师徒关系的自然流露。

感谢南开大学历史学院荣休教授魏宏运先生。先生对我很是关照，读书期间，我时常登门拜访。与先生的谈话，给了我很多启发。感谢天津社会科学院张利民研究员。张老师在南开兼任博导，我有幸听了他的"城市史研究"选修课，颇有收获。

感谢社会科学文献出版社历史学分社总编辑宋荣欣、责任编辑邵璐璐两位老师，她们的专业和付出，保证了本书的出版质量。

感谢云南师范大学中国史学科的资助，本书因此得以顺利出版。

张志国

2020 年 9 月于万溪冲

图书在版编目（CIP）数据

不充分发展：1930 年代以来的连云港港口、城市与
腹地/张志国著 . -- 北京：社会科学文献出版社，
2020. 10
（中国近代交通社会史丛书）
ISBN 978 - 7 - 5201 - 6307 - 1

Ⅰ. ①不… Ⅱ. ①张… Ⅲ. ①港口腹地 – 交通运输史
– 连云港 – 近现代 Ⅳ. ①F552. 9

中国版本图书馆 CIP 数据核字（2020）第 028677 号

中国近代交通社会史丛书
不充分发展：1930 年代以来的连云港港口、城市与腹地

著　　者 / 张志国

出 版 人 / 谢寿光
责任编辑 / 邵璐璐
文稿编辑 / 肖世伟

出　　版 / 社会科学文献出版社 · 历史学分社（010）59367256
　　　　　地址：北京市北三环中路甲 29 号院华龙大厦　邮编：100029
　　　　　网址：www. ssap. com. cn
发　　行 / 市场营销中心（010）59367081　59367083
印　　装 / 三河市东方印刷有限公司

规　　格 / 开　本：787mm × 1092mm　1/16
　　　　　印　张：18. 75　字　数：291 千字
版　　次 / 2020 年 10 月第 1 版　2020 年 10 月第 1 次印刷
书　　号 / ISBN 978 - 7 - 5201 - 6307 - 1
定　　价 / 138. 00 元